Vergangen und vergessen – weil's »zum Lesn nich (mehr) lohnt«?

Revisionen, Entdeckungen & Erinnerungen – Sechste Folge / Zusammengestellt von Heiko Postma & Peter K. Kirchhof.

Inhalt

Sibylla Schwarz: Mein Alles ist dahin / Mein Trost in Lust und Leiden 4
Heiko Postma / Johann P. Tammen: Außer Kurs geraten? – Und dennoch Zeitgenossen! / *Zu diesem Band:* 5
Christa Reinig: Verwandlung 7

I. »VON SEINEM RUHM IST SEITHER NICHTS ABGESCHMOLZEN ...«

Heiko Postma: »... Dann kriegt der Mensch auf eine Wallfahrt Lust.« / Geoffrey Chaucer (1340 – 1400) – Dichter der »Canterbury Tales« 9
Jens Prüss: Gier als Lebensprogramm / Über Christian Friedrich Daniel Schubart (1739 – 1791) – Schmuddelkind des Sturm und Drang 35
Jürgen Heizmann: »Ist der Mensch ein wunderliches Geschöpf.« / Über den Dichter und Kalendermann Johann Peter Hebel (1760 – 1826) 69
Georg Ruppelt: Der Köchin flicht die Nachwelt keine Kränze? O doch! / Die Bestsellerautorin Henriette Davidis und ihr berühmtes Kochbuch 94

II. »DAS SCHEINT MIR DOCH ETWAS BESONDERES ZU SEIN ...«

Martin Lowsky: Menschen, die verblüffen / Trien' Jans und andere Nebenfiguren bei Storm, Fontane & Karl May 107
Ulrich Klappstein: Schmidts Eduard – Spurenlese / Wilhelm Busch im Werk Arno Schmidts 113
Rudi Schweikert: Tittlebat Titmouse wird wach und macht Toilette / Empfehlung eines Romans von Samuel Warren 123
Piet Hooksma: »In het spoor van Uilenspiegel« / Eine Flandernreise zu Charles de Costers Roman »Ulenspiegel ...« ... 133

Fortsetzung Seite 3

54. Jahrgang, Band 2 / 2009, Ausgabe 234

Marginalien

In einem wahrhaft schönen Kunstwerk soll der Inhalt nichts, die Form aber alles tun; denn durch die Form allein wird auf das Ganze des Menschen, durch den Inhalt hingegen nur auf einzelne Kräfte gewirkt. Der Inhalt, wie erhaben und weitumfassend er auch sei, wirkt also jederzeit einschränkend auf den Geist, und nur von der Form ist wahre ästhetische Freiheit zu erwarten.

Friedrich Schiller: Über die ästhetische Erziehung des Menschen, 22. Brief

In dem Feuilleton, das Walter Benjamin 1926 zum hundertsten Todestag von Johann Peter Hebel in der Magdeburgischen Zeitung veröffentlicht hat, heißt es eingangs, das 19. Jahrhundert habe sich um die Einsicht betrogen, im *Schatzkästlein des rheinischen Hausfreunds* eines der lautersten Prosawerke der deutschen Literatur zu besitzen. Aus Bildungshochmut habe man den Schlüssel zu dieser Schatulle unter Bauern und Kinder geworfen und keine Notiz genommen von dem, was verwahrt lag in ihr. Tatsächlich gab es zwischen dem Lob, das Goethe und Jean Paul dem badischen Kalendermacher zollten und der späteren Wertschätzung durch Kafka, Bloch und Benjamin kaum eine Stimme, die Hebel der bürgerlichen Leserschaft näher gebracht und ihr erklärt hätte, was sie mit ihm verloren hatte an eigenen besseren Vorstellungen von einer an den Idealen des Rechts und der Toleranz sich orientierenden Welt.

W.G. Sebald: Es steht ein Komet am Himmel – Kalenderbeitrag zu Ehren des rheinischen Hausfreunds. In: Logis in einem Landhaus

Nicht in Coimbra fand ich 1927 eine Anstellung als Bibliothekar, sondern in Hannover. Sie war lebenslänglich und hörte 1933 auf. Ich verdanke sie zwei überzeugten Demokraten. Der eine, ein hoher deutscher Beamter in Hannover, hat sich das Leben genommen, als Hitler zur Macht kam. Es fand sich eine schöne Wohnung in der Nähe des Waldes, und es schien alles gut, es wurde langsam alles schlechter, man merkte es nur nicht, wir waren jung, und ich hatte noch die Kraft, von vielem abzusehen, was mich ernst hätte machen müssen. Wohl sah ich die schwarze Wolke am Himmel, aber ich zog die grüne Erde vor. (...) Ich paßte mich an, aber so, daß jeder merkte, daß ich mich nicht anpaßte.

Werner Kraft: Spiegelung der Jugend

Was war er denn? Er ist gewesen. / Was tat er denn? In einer Fibel lesen. / Was las er da? Ich weiß nicht mehr. / Besinn dich doch! Ist schon zu lange her. / Die Fibel wurde eingescharrt wie er.

Günter Bruno Fuchs: Fibel

Perfekt sind wir nicht.

V. O. Stomps: Fabel vom Bahndamm – Eine Selbstbespiegelung

Inhalt

III. » … UND ICH DACHTE, ER WOLLE MICH TADELN …«

Otto Julius Bierbaum: Müde ... 141
Georg Oswald Cott: Wort aus der Leere /
Über den Dichter und Sprachforscher Werner Kraft ... 143
Ekkehard Böhm: Endzeit /
Über Ernst Jünger, Julien Gracq und Dino Buzzati ... 163

IV. »SALOPPES S – STUPIDER SALAT – SABBAT UND SAKRISTEI …«

Über den Verleger, Autor & »alphabetischen Fährtensucher«
Victor Otto Stomps – Ein Memorial als Spiegel der Zeit /

Mit Grafik & Fotos von Uwe Bremer, WP Eberhard Eggers, G. B. Fuchs, Gustav Hildebrand, Bernhard Jäger, Sigurd Kuschnerus, Christoph Meckel, Pit Morell, Albert Schindehütte, Uve Schmidt, Johannes Vennekamp & Arno Waldschmidt

Peter Huchel: Landschaft hinter Warschau ... 170
V. O. Stomps: Saloppes S, St, Sceha ... 171
Christa Reinig: Der Rächer ... 172
Christoph Meckel: Lied ... 173
Otto Jägersberg: Ich bin kein flugbereiter Europäer ... 174
Guntram Vesper: rückkehrer ... 175
Aldona Gustas: mutwillig ging ich barfuß … / gebärde mich toll … ... 176
Günter Bruno Fuchs: Nationalhymne (n) ... 177
Uve Schmidt: Guten Morgen ... 178
Pit Morell: Signal 002755 ... 180
Guntram Vesper: Stomps in Gießen ... 181
Otto Jägersberg: Armlang gearbeitet und handbreit gehandelt ... 185
Peter K. Kirchhof: »Bücher verkauft man doch nicht …« /
Unterwegs zum Büchermacher, Verleger, Drucker, Lektor, Herausgeber und Autor V. O. Stomps ... 188
Günter Bruno Fuchs: Müßiggänger ... 200
Thomas Schaefer: Platz für öffentliche Unordnung /
Eine Erinnerung an Günter Bruno Fuchs (1928 – 1977) ... 201

V. »ES KOMMT DARAUF AN, WER ZURÜCKBLEIBT, WER GEHT.«

Sibille Tröml: Der Mensch als Rätsel und als Geheimnis /
Jürg Federspiel (1931 – 2007) ... 211
Hugo Dittberner: Die Ernte des Sparsamen /
Hans Bender zum Neunzigsten ... 225
Hans Bender: Tschechov schreibt aus Melichovo … ... 227

Kolophon / Die Autoren & Künstler / Quellen & Hinweise ... 229

Sibylla Schwarz (1624-1638)

Mein Alles ist dahin / mein Trost in Lust und Leiden /
mein ander Ich ist fort / mein Leben / meine Zier /
mein liebstes auff der Welt ist wegk / ist schon vohn hier.
(die Lieb' ist bitter zwahr / viel bittrer ist das Scheiden)

Ich kan nicht vohn dir seyn / ich kan dich gantz nicht meiden
O liebste Dorile! Ich bin nicht mehr bey mir /
Ich bin nicht der ich bin / nuhn ich nicht bin bey dir.
Ihr Stunden lauft doch fort / wolt ihr mich auch noch neiden?

Ey Phoebus halte doch die schnelle Hengste nicht!
fort / fort / ihr Tage fort / komb bald du Monden Licht!
Ein Tag ist mir ein Jahr / in dem ich nicht kan sehen

mein ander Sonnenlicht! fort / fort / du faule Zeit /
spann doch die Segel auff / und bring mein Lieb noch heut /
und wan sie hier dan ist / so magstu langsam gehen.

1637/38

Außer Kurs geraten? – Und dennoch Zeitgenossen!

Zum 6. Mal: Von Büchern & Menschen. – Zu diesem Band

Von Skandinavien bis Südafrika, von Lateinamerika bis Indien oder China – und immer wieder kreuz und quer durch Europa: Wenn's auf Entdeckungsreise durch die Literatur-Landschaften der Gegenwart (und der sie prägenden Vergangenheit) geht, kennen *die horen*, das weiß jeder Leser, weder Entfernungen noch Grenzen. – Von Zeit zu Zeit sind wir aber auch auf der Zeitachse unterwegs, um als Kundschafter in etwas entrückteren Bücherwelten herumzustöbern: abseits von Trends und Moden, ohne zwanghaften Blick auf Gedenktags-Kalender und runde Klassiker-Jubiläen, dafür mit beträchtlicher Leselust und, hoffentlich, Leselust bereitend. Vor allem aber: Neugier weckend.

*

Dieser »Bücher & Menschen«-Band ist nun schon das sechste Stück unserer kleinen Serie, in der wir uns vorgenommen haben, Verschollenes wieder aufzuspüren, in Vergessenheit Geratenes (oder: Gerat*endes*!) neu zu sichten, Übersehenes und Übergangenes frisch ans Licht zu ziehen, vorschnell Abgetanes kräftig aufzurühren, in Literaturgeschichten Eingesargtes offenzulegen, in Seminaren Lagerndes lustvoll-listig vom Staub der puren Gelehrsamkeit zu befreien.

Denn: Was hilft's einem Autor, wenn sein Name von Spezialisten mit Respekt genannt, aber von den Lesern kaum mehr gekannt wird? Was hilft's einem Buch, wenn's im Literatur-Lexikon gerühmt, aber im Laden wg. Lesermangel nicht mehr zu haben ist?

Wir möchten darum Appetit machen, auch außerhalb von Buchmessen-Aktualität oder Feuilleton-Mainstream nach nahrhaftem Lesefutter zu suchen. Und apropos Appetit: Auch die Verdienste einer Kochbuch-Autorin gehören einmal gewürdigt (und was heißt bei der großen *Henriette Davidis* schon »einer« Kochbuch-Autorin – »der« Klassikerin des Genres schlechthin!).

*

Wie stets ist der *horen*-Bogen weit gespannt, und auf den folgenden Seiten sind Bücher und Menschen aus mehr als 650 Jahren versammelt: Autoren wie *Geoffrey Chaucer*, deren weltliterarischer Rang unumstritten ist, die aber (vielleicht grad deshalb …) der Lesewelt allgemach entschwinden, obwohl sie doch viel zu lebendig sind, um im Kabinett federfuchsender Philologen zu verkümmern.

Autoren wie *Christian Friedrich Daniel Schubart*, die – aufmüpfig, widerborstig, lebensgierig – auch nach mehr als zwei Jahrhunderten noch wirken, als seien sie unsere Zeitgenossen.

Autoren auch wie *Johann Peter Hebel*, die bis vor kurzem noch in allen Schulbüchern präsent waren, ganze Leser- (und Kollegen-)generationen begeisterten, doch in jüngster Zeit, zumindest außerhalb ihrer Heimatregion, außer Kurs zu geraten drohen (*Charles de Coster*s flämischen Eulenspiegel suchen wir deshalb gleich in seiner Heimatregion auf, mit Abstechern ins angestammte Niedersachsen, versteht sich).

*

Darüber hinaus wirft dieser »Bücher & Menschen«-Band mit neuen Anstößen für »Revisionen, Entdeckungen und Erinnerungen« ein Licht auf die »Endzeit«-Visionäre *Ernst Jünger, Julien Gracq* und *Dino Buzzati* (drei Kündern der Apokalypse als »einer schauervollen Lust an der Zukunft«), dazu auf Autoren wie *Werner Kraft*, den Lyriker und Sprachforscher, Freund und Widerpart berühmter Zeitgenossen wie Rudolf Borchardt und Karl Kraus, Buber und Adorno und Wegweiser zum Werk Carl Gustav Jochmanns, oder *Jürg Federspiel*, den Fremdheits-Mystiker und großen Lebensverneiner voller Lebenshunger – allesamt Schriftsteller, die in der Literatur der Moderne ganz eigenwillige Akzente gesetzt haben und einfach nicht dem Bewusstsein der Leserschaft entkommen dürfen.

Oder es ist da – längst überfällig – von einem die Rede (begleitet von allerlei angemessenem unernsten Bildgepränge etlicher seiner Freunde und Wegbegleiter), den *Hans Bender* verehrungsvoll als einen »alphabetischen Fährtensucher« rühmte, von einem also, der – wie Helmut Lamprecht es ausdrückte – »nicht ins Schema paßt(e)« und mit dem »die Götter, denen er überlassen wurde in dieser Welt … von Anfang an besondere Einfälle gehabt« haben. Gemeint ist und nahezu andächtig in Erinnerung gerufen wird hier *V. O. Stomps*, Vauo, der Weiße Rabe vom Schloss Sanssouris, jener »kälte- und wind- und regendurchlässigen Hütte« im Taunus, in der man schnell gewahr wurde, »daß zwischen Rum und Ruhm nicht mehr steht als ein kleines, heiteres h, aus Geist gebildet« (Eberhard Meckel).

Und diesem wiederum, Stomps, seelenverwandt an die Seite gerückt, darf natürlich der nicht fehlen, der – wie sonst kaum einer – »erzählen konnte« (Walter Höllerer) – und »dicke Männer mit Elephantenrüsseln über die Stadt fliegen ließ«; der lebte »zwischen Rechtecken, Amtsdeutsch, Barrieren und Beton« und also »lebte, zeichnete, schrieb gegen das Rechteckige, Amtsdeutsche, Beschränkte und Betonierte«: Der Dichter *Günter Bruno Fuchs*.

Und neben all dem gibt es – selbst bei klassischen Literaten oder in populären Werken – Aspekte, die nie so recht wahrgenommen (oder schlicht überlesen) wurden. Daher lenken wir den Strahl der Leselampe für die *horen*-Leser in einem Sektor dieser Wiederbeleuchtungsanlage bewusst auch einmal auf bestimmte Nebenfiguren in den Werken rühmlicher Autoren: hier zum Exempel solchen von *Theodor Storm, Theodor Fontane* und *Karl May*.

Oder, jenseits von Max und Moritz, auf den träumenden Eduard bei *Wilhelm Busch* und seine Wirkung auf *Arno Schmidt*, dessen überraschend abwertendes Urteil über den viktorianischen Romancier *Samuel Warren* wir andererseits per Leseprobe zur Disposition stellen möchten.

*

Was freilich nichts an unserer Liebe zum Meister aus Bargfeld ändert. – Als *die horen* im Jahr 1985 mit Band 137, zu Beginn ihres 30. Jahrgangs, die »Bücher & Menschen«-Reihe eröffneten, war dieser Initial-Band ihm gewidmet: Arno Schmidt, dem Polyhistor und Rackerer gegen das Vergessenwerden (und Vergessen*machen*), gegen die Vergänglichkeit (»zugeschüttete Traditionen«) ebenso wie gegen die Vergesslichkeit (»literaturgeschichtliche Ungerechtigkeiten«). – Und das soll auch diesmal, ein Vierteljahrhundert danach, so gelten. Genau wie die Zusage am Schluss des damaligen Editorials: »Fortsetzung folgt!«

Heiko Postma / Johann P. Tammen
Hannover & Weddewarden, im Juni 2009

Christa Reinig (1926-2008)

Verwandlung

ich wandle unter meinen händen
den tisch den teller und das brot
bis die sich mir entgegenwenden
und sich verwandeln in den tod

ich danke allen starken dingen
mein herz ging strahlend in sie ein
es ging als wucht sie zu bezwingen
und kam als weisheit sie zu sein

schnee fällt in meinen mantelkragen
und steigt aus meinem atemhauch
kommt wie ein kleid von stein zu tragen
und geht ins dunkle wie ein rauch

1960

Geoffrey Chaucer. Nach einer Darstellung aus dem 17. Jahrhundert. Anonymes Porträt. © Government Art Collection – Archiv »die horen«.

Heiko Postma

»... Dann kriegt der Mensch auf eine Wallfahrt Lust.«

Geoffrey Chaucer (1340-1400) – Dichter der »Canterbury Tales«

Wenn der April mit seinen Schauern mild
Durch Märzesdürre bis zur Wurzel quillt
Und badet jede Ader in dem Saft,
Dass Blumen sprießen auf durch diese Kraft;
Wenn Zephir selbst mit süßem Atemhauch
In jedem Wald und Feld belebt hat auch
Die zarten Triebe; wenn die Sonne, jung,
Ist halb auf ihrer Widder-Wanderung;
Wenn kleine Vögel Melodien machen
Und nächtelang mit off'nen Augen wachen –
So prickt sie die Natur in ihrer Brust –
Dann kriegt der Mensch auf eine Wallfahrt Lust,
Und Pilger treibt es fort zu fremdem Strand,
Zu heil'gen Stätten, groß, in fernem Land;
Speziell aus allen, selbst den fernsten Kreisen
Von England sie nach Canterbury reisen;
Zum heil'gen Märtyrer sie dann wallfahren,
Der ihnen half, als krank und siech sie waren.

Mit dieser saftigen Erweckungs- und Aufbruchs-Szene beginnt der »General Prologue« zu einem der herausragenden Bücher des späten Mittelalters – den »Canterbury Tales« von Geoffrey Chaucer, einem großteils in gereimten Versen, stellenweise auch in Prosa, durchgehend in »mittelenglischer« Sprache verfassten Erzählwerk aus dem 14. Jahrhundert. Zwar sind die »Canterbury Tales« keineswegs das einzige, aber doch das berühmteste und, weit über die Grenzen Englands hinaus, bekannteste Werk ihres Autors: In der Rahmenhandlung wird, durchaus detailgenau und voller Witz, so eine Wallfahrt geschildert, wie sie der Prolog erwähnt, und im Zentrum stehen eben die »Tales« – jene »Geschichten«, die sich die Pilgersleute unterwegs erzählen, um die Zeit zu verkürzen, die Langeweile zu vertreiben und sich gegenseitig bei Laune zu halten (obwohl sie einander damit aber auch schon mal die Laune *verderben*...).

Kaum ein Buch aus dieser Zeit ist so populär geworden und es über Jahrhunderte hinweg auch geblieben. Die »Canterbury Tales« wurden immer wieder neu übersetzt (unter anderem ins moderne Englisch...); sie wurden derbdrastisch verfilmt; und wenn der Ort Canterbury heutzutage auch keine *geistliche* Wallfahrts-Stätte mehr sein mag – eine *literarische* ist er durchaus noch, auch wenn wohl nicht zu übersehen ist, dass mittelalterliche Literatur schlechthin, mag sie noch so vital sein, dem Bewusstsein der Lesewelt allmählich entschwindet, und dass selbst prägendste Werke aus jener Zeit einem heutigen Publikum mehr dem Namen als dem Inhalt nach geläufig sind. Was aber grad in diesem Fall mehr als schade wäre: Chaucer ist kein Autor, den man bloß einigen spezialisierten Seminaristen überlassen sollte. Chaucer muss man lesen!

Fast fünfzehn Jahre, die letzten seines Lebens, hat er an diesem »Canterbury«-Projekt gearbeitet, ohne es schließlich vollenden zu können. Was dem Ruhm der Erzählsammlung aber nicht geschadet hat: Von keinem anderen Buch der Epoche kursierten so viele Abschriften (annähernd 90 davon haben sich bis auf den heutigen Tag erhalten); und als rund 75 Jahre nach dem Tod des Dichters in England der Buchdruck eingeführt wurde, zählten die »Canterbury Tales« zu den ersten Schriften, die Meister Caxton in seine Presse gab.

Der eingangs zitierte »General Prologue« wiederum, (den der Autor, etwa ums Jahr 1386, tatsächlich als Programm verfasst hat, nämlich *bevor* er daran ging, den munteren Pilgerzug von London nach Canterbury im Detail zu schildern) – der gehört denn auch, nach wie vor, zum Lektüre-Kanon jedes britischen Schülers. Für gewisse andere, partiell recht heftige »Stellen« des Bandes gilt das zwar weniger; doch die »heroic couplets« dieser »Allgemeinen Einleitung«, die jambisch fünfhebigen, paarweise gereimten Verse – sie sind wohl ausreichend schadstoffarm und klassisch genug. Außerdem liefern sie recht aufschlussreiche Informationen über den Autor selber – über sein Formbewusstsein, seine Denkweise und, nicht zuletzt, über seine Eigenarten.

Vor allem die Eigenarten zeigen sich erfreulich rasch. Denn Geoffrey Chaucer wird den strengen literarischen Konventionen seiner Zeit zwar durchaus gerecht, wenn er sein Opus mit dem sogenannten »Natureingang« eröffnet: Der Aprilregen lässt frische Säfte in die Wurzeln schießen; die Sonne sorgt für die Neubelebung der Natur; die Blumen blühen, und die Vögel singen. Doch kaum ist dem Formanspruch Genüge getan, da juckt es den Verfasser auch schon, das edle Muster subjektiv aufzulösen und sich in einer spielerischen Parenthese auszumalen, wie die armen Piepmätze vor frühlingshaftem Triebdruck nachts die Augen nicht mehr zubekommen: »So prickt sie die Natur in ihrer Brust.«

Und sicher, die – zeitbedingten – *Determinismus*-Formeln zu Beginn (die sich ja selbst noch beim 200 Jahre späteren Shakespeare finden) sind unübersehbar: Alles hängt ab von der Konstellation der Gestirne; die Sonne befindet sich auf ihrem Kurs durch den Zodiacus im Sternzeichen des »Widder«; im ewigen Prozess der Jahreszeiten ist sie nun »jung«. Doch sobald der monumentale Aufzählungssatz im zwölften Vers endlich beim Menschen (und damit auch beim Thema des Buches) angelangt ist, setzt auch Chaucers feine, skeptische Ironie wieder ein: »Dann kriegt der Mensch auf eine Wallfahrt Lust« – »Thanne longen folk to goon on pilgrimages«, wie's im Original heißt.

Schließlich: Diese »Pilgerreise« kann, ja: soll vielleicht, als Metapher für den Lebenslauf des Menschen gedeutet werden, so, wie die eingangs beschworenen Jahreszeiten seinen Lebens-*Phasen* entsprechen – Kindheit, Jugend, Erwach-

Illustration zu Geoffrey Chaucers »Canterbury Tales«. Miniatur eines flämischen Künstlers (um 1500). Beifügung zu einer zeitgenössischen Handschrift, im Besitz des Britischen Museums in London.

sensein, Alter. Und dass die Pilger hier als Reise-*Gesellschaft* auftreten, würde das hehre Bild noch weiter verstärken. Doch andererseits bietet Chaucer solch übertragene Bedeutung nur recht implizit an, während er sich den *konkreten* Pilgern, ihrer *konkreten* Reiselust und ihren *konkreten* Zielen sehr handfest widmet, und das schon in der General-Einleitung, im Vorspiel zum Vorspiel sozusagen (in der eigentlichen Wallfahrts-*Handlung* tut er‘s dann sowieso…).

Denn man sieht sie ja förmlich vor sich – die Scharen, die da im grünen Frühling (mehr vom Reisefieber als vom religiösen Erbauungsdrang getrieben) lustvoll wie moderne Touristen zu den »fernen Ländern« und »fremden Stränden« aufbrechen und dort dann natürlich auch die berühmten »heiligen Stätten« in Augenschein nehmen wollen – in Santiago de Compostela (am Ziel des Jakobsweges), in Rom, in Jerusalem, in Köln.

Oder eben – in Canterbury. Dort, in der Kathedrale, befand sich das Grab des Erzbischofs Thomas à Becket, der am 29. Dezember 1170 von Abgesandten König Heinrichs II. in dem Gotteshaus ermordet worden war und zwei Jahre später vom Papst heiliggesprochen wurde. Das ganze Mittelalter hindurch war dies Märtyrergrab eine vielbesuchte Wallfahrtsstätte (die Heinrich VIII. nach seinem Bruch mit Rom dann prompt zerstören ließ). Freilich fanden die Pilgerfahrten nach Canterbury traditionell im Dezember, dem Mordmonat, statt. Und keineswegs, wie bei Chaucer, im drangvollen Frühjahr.

Auch hierin ist er also Ironiker. Doch ums geistliche Fortkommen geht es den meisten seiner literarischen Wallfahrer-Gestalten ohnehin nicht vorrangig. Die dreißig Personen, die da, wie Chaucer präzise vermerkt, am 16. April 1387, dem Vorabend ihrer großen Reise, im Wirtshaus »The Tabard« (auf deutsch: »Zum Heroldsrock«) von Southwark zufällig zusammentreffen (Southwark war damals noch ein Dorf in der Nähe Londons; heute ist es längst ein Stadtteil der britischen Hauptstadt) – diese 30 Personen haben recht unterschiedliche Motive für ihren Pilgergang, den sie übrigens mitnichten zu Fuß, vielmehr, gestiefelt und gespornt, zu Pferde absolvieren. 57 Meilen, knapp 92 Kilometer, betrug die Strecke, die Chaucers Wallfahrer in vier Tagesetappen auf der »Old Kent Road« zurücklegten, wobei der Dichter die Ankunft am Zielort nicht mehr geschildert hat: Der Pilgerzug seines Buches endet zwei Meilen vor Canterbury, im Dorfe Harbledown.

Doch dafür, dass während der Pilgerschaft über dem Spirituellen das sinnliche Vergnügen nicht zu kurz kommt, sorgt schon Harry Bailly, der Wirt des »Tabard« – übrigens der einzige historienechte Protagonist des Buches (vom Pilgersmann Chaucer, der an der fiktiven Wallfahrt in personam teilnimmt, einmal abgesehen): Harry Bailly war nicht nur Gastwirt, sondern längere Zeit auch, genau wie Chaucer selber, »Member of Parliament« – Abgeordneter des englischen Unterhauses.

Das Gasthaus zum »Heroldsrock« (später »Talbot Inn«) in Southwark. – Ausgangspunkt der Pilgerfahrt.

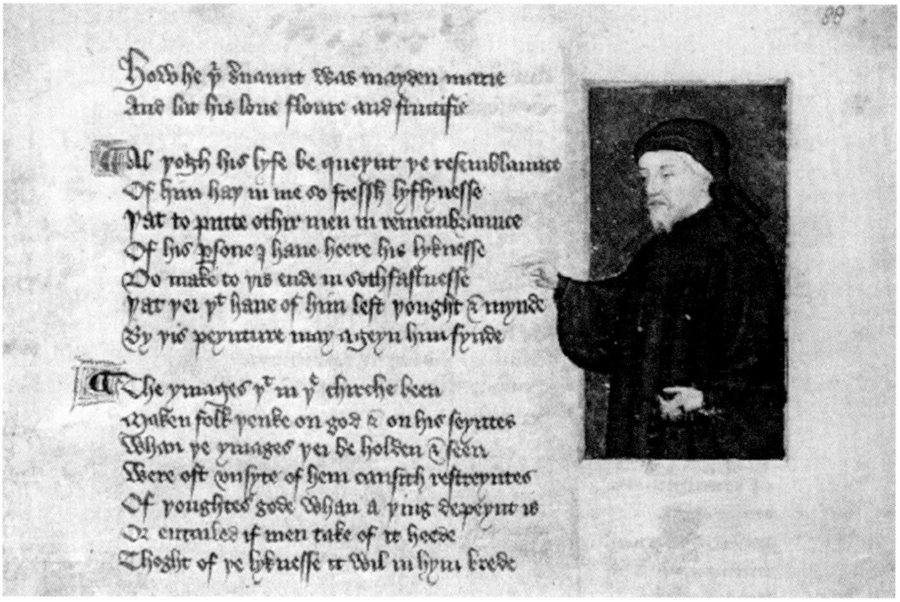

Chaucer-Porträt in Thomas Hoccleves »The Regiment of Princes« (1412).

Dieser Harry Bailly ist es nun, der die auslösende Idee hat: Jeder Teilnehmer – und, versteht sich, auch jede der drei Teilnehmer*innen* – soll unterwegs vier »würzige« Geschichten erzählen, je zwei auf dem Hin- und Rückweg. Und um den Fabulier-Ehrgeiz der Wallfahrer ordentlich anzustacheln, lobt der Wirt gleich noch einen veritablen Literaturpreis aus:

> Ihr könnt als Stoff ein Abenteuer wählen,
> Und wer von euch am besten wird erzählen,
> Wer sich hervortut vor der ganzen Zahl
> Durch guten Witz und treffende Moral,
> Bekommt ein Abendbrot auf aller Kosten
> Hier in dem Haus, am Tisch vor diesem Pfosten,
> Wenn wir von Canterbury wiederkehren. *

Und »um den Spaß noch zu vermehren«, setzt sich der Wirt gleich selbst als Reiseleiter ein, dazu als Juror und »Gutachter der Geschichten«.

Und falls Sie eben schnell mitgerechnet haben, wird Ihnen nicht entgangen sein: Nach Chaucers ehrgeizigem Plan hätten die »Canterbury Tales« exakt 120

* Die Zitate aus den »Canterbury Tales« folgen (gelegentlich leicht modifiziert) der – im Insel Verlag erschienenen – Übersetzung von Manfred Lehnert. Der eingangs zitierte Abschnitt des »General Prologue« und alle anderen Chaucer-Texte wurden von Heiko Postma aus dem Mittelenglischen übersetzt.

(nämlich: vier mal dreißig) Geschichten, inklusive anschließender Diskussion und abschließendem Urteil, umfassen sollen. Ausgeführt hatte er am Ende freilich nur einundzwanzig komplette Erzählungen und drei fragmentarische (wobei im Verlauf des Pilgerzugs noch zwei Wallfahrer zur Gruppe hinzustoßen, was die theoretische Erzählungs-Zahl noch einmal um acht erhöht hätte). Den angekündigten Rückweg von Canterbury nach Southwark nahm Chaucer dann gar nicht mehr in Angriff.

Was an sich ja auch vernünftig ist: Bei einer Reise ist das Ziel maßgeblich, nicht, was danach kommt. Trotzdem: Er hatte es nun einmal anders versprochen und dies Versprechen, leichtsinnigerweise, auch noch (wie gesagt: vorher) schriftlich dargelegt. Allzusehr gegrämt hat sich Chaucer aber offenbar nicht, als er mit den Jahren merkte, dass sein ziemlich gigantischer Vorsatz nicht einzuhalten war. Und der Spaßvogel von Wirt erst recht nicht, der am Schluss, wenn er den letzten Erzähler ankündigt, ganz so tut, als sei nie etwas Weitergehendes »vereinbart« worden:

> [Er] sprach: »Herrschaften alle, hört, ich meine,
> Es fehlt uns an Geschichten nur noch eine.
> Erfüllt sind mein Gebot und mein Geheiß;
> Erzählt hat jeder Stand, soweit ich weiß;
> So ist denn hier mein Auftrag fast zu Ende.
> Ich bitte Gott, daß er *dem* Segen spende,
> Der uns durch lustigen Spruch jetzt unterhält.«

Eine stillschweigende, doch zugleich sympathisch dreiste Revision des vollmundigen Plans mithin! (Und es sei gern noch einmal wiederholt: Sowohl Harry, der Wirt, als auch Geoffrey, der Poet, waren im wirklichen Leben längere Zeit Politiker und Parlamentarier.) Wobei das Bedauerlichste an der Reduzierung zweifellos darin zu suchen ist, dass uns nun die Preisverleihung entgeht – und auch die Schilderung des krönenden Festessens.

So bleibt denn, leider, die Frage unbeantwortet, wem der »Gutachter« Harry Bailly wohl die Lorbeeren zuerkannt hätte: dem ranghöchsten Pilger, der darum auch den erzählerischen Auftakt machen durfte, dem noblen, wenn auch schon etwas verarmten »Ritter« also, der zusammen mit seinem »Knappen« und einem »Freisassen« an der Wallfahrt teilnimmt? Oder der vornehmen, dabei reichlich bigotten (und gefährlich judenfeindlichen!) »Priorin« eines Klosters, zu deren Begleit-Tross eine Nonne als »Kaplanin« und, als Aufpasser, ein Priester gehören? Oder hätte Harry am Ende gar den aufdringlichen »Müller« ausgezeichnet, der's immerhin fertiggebracht hat, seine Schwank-Geschichte im nahezu volltrunkenen Zustand loszuwerden, obwohl er sich dabei nur »mit großer Not auf seinem Pferd« halten konnte?

Eines jedenfalls ist gewiss: Geoffrey Chaucer hat bei der Zusammenstellung seiner Pilgerschar ein bemerkenswert umfängliches Spiegelbild der englischen Gesellschaft seiner Zeit geliefert – jener Übergangsepoche zwischen Mittelalter und früher Neuzeit, als sich das Bürgertum nachdrücklich zu entfalten begann; als Handel und Gewerbe aufblühten und selbst durch die verheerende Pest-Epidemie des Jahres 1348 (die Chaucer während seiner Kindheit miterlebte) nur vorübergehend zurückgeworfen wurden; als ein neues, auf Erfahrung basierendes, Denken aufkam und die Autorität der Kirche spürbare, dabei keineswegs unverschuldete, Einbußen erlitt. Kennzeichnend, dass zu Chaucers Zeitgenossen, Landsleuten und (wahrscheinlich auch) Freunden John Wycliff und William of Ockham gehörten – der Wegbereiter der Reformation und der Wegbereiter der empirischen Philosophie.

Zum Personal der »Canterbury Tales« wiederum (das im Prolog mit amüsierter Freundlichkeit, gelegentlich aber auch mit sarkastischer Schärfe porträtiert wird) zählen denn außer den bereits Genannten ein bürgerlicher Kaufmann, dessen Wohlstand sich in seinem üppigen »Biberhut« ausdrückt; ein Reeder; ein Rechtsanwalt und auch ein Arzt, der sich interessanterweise am liebsten mit dem Apotheker zusammentut:

> Ganz neu war nicht die Freundschaft zwischen ihnen –
> Der eine gab dem andern zu verdienen.

Manche Dinge ändern sich eben nie. Aber auch eine ganze Reihe von biederen Handwerkern ist vertreten, dazu ein halbverhungerter, »hohläugiger« Nachwuchs-Gelehrter aus Oxford, der seine ganze geringe Habe in seine Büchersammlung gesteckt hat:

> Noch hatt' er's zu 'ner Stellung nicht gebracht,
> Da er an Amt und Vorteil nie gedacht.
> Mehr liebt' er zwanzig Bücher überm Bett,
> Schwarz-rot gebunden, auf dem Bücherbrett.

Ihn hat der ewige Büchernarr Chaucer mit besonderer Anteilnahme geschildert. Und mit ausgesprochen heiterer Sympathie stellt er den rosig weißbärtigen, erzbritischen »Gutsherrn« vor, diesen »echten Sohn des Epikur«, der seine Tage in herzhaftem, dabei keineswegs egomanen, Genuss durchlebt:

> Ein Hausherr war er voller Gastlichkeit;
> Als Sankt Julianus galt er weit und breit.
> Sein Bier und Brot war immer gut und fein;
> Kein andrer Mann besaß je so viel Wein.
> An Braten fehlt es nie in seinem Haus,
> An Fisch und Fleisch ging nie der Vorrat aus.

Bemerkenswert modern scheint dabei dieses:

> Er ließ nach den verschiednen *Jahreszeiten*
> Die Speisen und die Mahlzeit zubereiten.

Die fulminanteste Figur auf dieser Fahrt aber ist fraglos Allison, die »Frau aus Bath«: Energisch, frisch, mit rotem Gesicht und roten Strümpfen, hat sie bereits fünf Männer »zum Altar geführt« (*so* herum läuft das bei ihr…), und sie reitet auch auf dem Weg nach Canterbury bezeichnenderweise im Herrensitz (während die beiden Nonnen den Damensattel bevorzugen). Überhaupt vertritt sie vehement die Sache der Frauen:

Der Mann missfällt uns, der auf allen Wegen
Uns stets bewacht; wir wollen frei uns regen.

Und diese freien Regungen beziehen sich bei ihr mitnichten nur aufs Aushäusige. Ganz im Gegenteil:

Du sollst nicht, würdest du gleich toll vor Wut,
Mir meinen Leib beherrschen wie mein Gut.

Doch in diesem Belang hat sie sich in allen ihren Ehen ganz wacker behauptet:

In einer Sache muss ich selbst mich loben,
Ich blieb in jeder Hinsicht schließlich oben.

Vor allem in *einer* Hinsicht. Und die ist ihr, offen gestanden, auch die wichtigste:

Ich hab, das sagte jeder Ehemann,
Die schönste *Vulva*, die man finden kann.

(Chaucer kann gelegentlich sehr direkt sein). Doch weiter im Text der liebevollen »Frau aus Bath«:

Mars in dem Stiere ist mein Aszendent.
Weh! Wehe! Dass man Lieben Sünde nennt!
Ich folgte meiner Neigung ganz und gar,
So wie mein Horoskop beschaffen war;
Und daher blieb für lustige Genossen
Auch meine Venuskammer nicht verschlossen.
Ich liebte immer ohne viel Bedenken
Und folgte meinem Appetite bloß,
War schwarz Er oder weiß, klein oder groß;
Auch fragt' ich nicht, wenn ich ihn reizend fand,
Wie arm er war, noch auch von welchem Stand.

In ihrer übrigen Lebenszeit hat die dynamische Alison aus Bath obendrein sämtliche vorhin erwähnten Wallfahrtsorte besucht: Sie war in Rom, in Santiago, im Kölner Dom und sogar dreimal in Jerusalem. Nun fehlt der Weitgereisten nur noch das vergleichsweise nah gelegene Canterbury, wohin Chaucer (vermutlich aus Gründen des moralischen Kontrastes) dann aber auch noch einen redlichen Landpfarrer beordert.

Doch ebenso, als neuerliche Kontrastfigur, einen weit weniger redlichen Bettelmönch. Außerdem einen schleimigen Landvogt, einen versoffenen Kirchenbüttel und einen abgefeimten, dabei auffällig femininen Ablasshändler, bei dem der Chronist echt ins Grübeln kommt – ist er nun »Eunuch oder Stute«? Kastrat oder schwul. Fest steht dagegen, dass der Ablasshändler, wie er mit grinsender Offenheit zugibt, vornehmlich deshalb an der Wallfahrt teilnimmt, um seinen Mitpilgern ein paar schöne gefälschte Reliquien verscherbeln zu können.

Lustigerweise ist die *Geschichte*, die er dann zum Besten gibt, aber eine aufrüttelnde Warn-Botschaft vor schlimmer und gefährlicher Habsucht! Eine Paradoxie, die der Reliquienfälscher mit dem bezwingenden Argument rechtfertigt:

Bin selbst ich auch ein lasterhafter Mann,
Ich doch Moralgeschichten bringen kann.
Drum war und bleibt mein Thema ewig das:
Radix malorum est cupiditas.

Zu deutsch: »Die Wurzel alles Bösen ist die Habgier.«

So greif ich denn in meiner Predigt eben
Das Laster an, dem ich mich selbst ergeben:
Die Habgier; doch wie sehr *ich* ihr auch fröne,
So mach ich, dass mein *Nächster* sich entwöhne.

Unübersehbar (auch wenn's in diesem speziellen Fall auf eine etwas trickig hintergründige Weise umgesetzt wird) ist bei alledem das Vorhaben Chaucers, jeden Erzähler mit einer Geschichte auszustatten, die zu ihm passt, so dass sich eine kunstvolle Verzahnung von Rahmenhandlung und Erzähl-Kanon ergibt. Und mag ihm das vielleicht auch nicht immer gelungen sein: Allein der Vorsatz zeigt, dass er sehr wohl den Ehrgeiz hatte, das insgeheime Vor*bild* seiner »Canterbury Tales« nicht nur zahlenmäßig (und, notabene, poetisch), sondern auch kompositorisch zu übertreffen – Giovanni Boccaccios »Decamerone«, das »Zehntage-Werk«.

Die Sammlung jener hundert (nämlich »zehn mal zehn«) Geschichten war rund vierzig Jahre zuvor in Florenz erschienen; und auch in England war sie längst ein legendärer Lesestoff, als Chaucer an sein eigenes Erzähl-Projekt ging. Aber dass Boccaccio zwischen seiner Rahmenhandlung (eine Gruppe wohlsituierter junger Leute flieht vor der Pest und vertreibt sich die langweilige Zeit der Quarantäne mit dem Erzählen pikanter Geschichten) und den hundert Prosastücken des Buches eine irgendwie markante Beziehung hergestellt hätte, kann man wahrhaftig nicht sagen. Anders Chaucer, der seine »Canterbury Tales« zudem noch fast ausschließlich in Versform gestaltet hat.

Auch bei der erwähnten sozialen Zusammensetzung seiner Erzählgruppe geht er tiefgründiger vor als Boccaccio: von einem ganz anderen, neuzeitlicherem Interesse bestimmt als der Florentiner. Wie die Pilgerliste zeigt, sind überhaupt nur zwei Bevölkerungs-Schichten in den »Canterbury Tales« nicht repräsentiert – der höhere Adel und das niedere Bauerntum.

Die freilich waren damals durchaus wesentlich, weshalb der Verzicht schon einigermaßen tief blicken lässt. Sicher, dass sich ein großer Lord nicht mit kleinen Pilgern gemein macht, mag sogar realistisch sein; vielleicht entsprang Chaucers Enthaltsamkeit in diesem Fall aber auch politischer Konvenienz. Dass das einfache Landvolk jedoch allein durch einen rechtschaffenen, dabei überaus frommen »Pflüger« vertreten ist, den bescheidenen Bruder des erwähnten, nicht minder bescheidenen Landpfarrers – das dürfte andere Gründe haben: Offenbar war ihm das Thema »Bauern« schlicht zu heikel. Und dafür hatte er ein wohlbegründbares Motiv: Die massive, von Blut und Gewalt geprägte, gegen grundherrliche Willkür und staatliche Steuerlast gerichtete Aufstandsbewegung der englischen Bauern lag erst wenige Jahre zurück; und Chaucer hatte selber, sozusagen hautnah, miterlebt, wie eine bewaffnete Bauernarmee, angeführt von ihrem legendären Heros Watt Tyler, in London einmarschiert war. Chaucers damalige Dienstwohnung lag direkt über dem betreffenden Stadttor von Aldgate.

Das wiederum gehört zu den – nicht allzuvielen – Dingen aus Chaucers Leben, die wir mit einiger Sicherheit wissen. Ob er dagegen selber so eine Wallfahrt nach Canterbury mitgemacht hat, ist weniger gewiss, wenn auch stark zu vermuten. Im *Buch* ist er, wie erwähnt, persönlich mit von der Partie: als Pilger und natürlich als Protokollant der diversen Geschichten – eine Rolle, in der er sich als habitueller Ironiker besonders wohlfühlt und die er zumal dann voll ausreizt, wenn er sich, scheinbar ehrerbietig, von den Derbheiten gewisser Erzählungen distanziert, die er indes, aus purer Chronistenpflicht und ungeachtet ihres bedenklichen Inhalts, ohne zensierende Eingriffe getreulich zu überliefern habe. Verbunden mit dem netten Hinweis, im Notfall könne der Leser das böse Blatt ja überschlagen und eine andere Geschichte auswählen, schließlich fehle es in der Sammlung nicht an Belegen für »Höflichkeit, Moral und Heiligkeit«. Und wer dennoch in die drastische Sex- und Furz-Geschichte des bezechten Müllers gerät, tja, der ist halt selber schuld:

> Wählt ihr nicht recht, so dürft ihr *mich* nicht tadeln.
> Plump ist der Müller, ich kann ihn nicht adeln.
> Der Landvogt ebenso und andre mehr,
> Denn Zoten liebte dieser so wie der.

Woran sich die augenzwinkernde Wendung schließt:

> Erwägt es selbst, nur scheltet mich nicht drum;
> Und niemand nehme Spaß als Ernst hier krumm.

Den größten »Spaß« macht sich Chaucer jedoch, wenn er auf dem Weg nach Canterbury selber mit dem Erzählen dran ist. Als einziger der Gruppe liefert der Pilgrim Geoffrey dabei die vorgedachten *zwei* Geschichten; dies allerdings nur, weil der gutachtende Gastwirt, Harry, die erste Story wegen offenkundiger Inkompetenz des Erzählers mittendrin abbricht:

> »Nicht mehr von diesem Zeug«, rief unser Wirt,
> »Um Gottes Gnade willen, denn mir wird
> Schon übel von der vielen Leierei,
> So wahr Gott meiner Seele stehe bei;
> Dein dummes Reden macht mir Ohrenschmerzen.
> Mag Satan doch mit solchen Versen scherzen!«

Da nützt auch der »unbeirrte« Hinweis des Reimkünstlers Chaucer nichts, dies sei »der beste Vers«, den er könne. Harry, der Wirt, bleibt gnadenlos:

> »Bei Gott«, sprach er, »ganz schlicht heraus erklärt,
> Nicht einen Dreck ist dein Gereime wert!

Du tust hier nichts, als unsre Zeit verschwenden;
Drum sollst du jetzt die Reimerei beenden.«

Passagen wie diese finden sich dabei mehrfach im Œuvre Geoffrey Chaucers: Seine Ironie machte vor der eigenen Person durchaus nicht halt. Doch ganz generell war's seine Art, literarische Selbst-Porträts gleichsam als Spiegelbilder zu liefern. Der Pilger Chaucer, der hier im reißenden Verdikt des Rezensenten Harry Bailly gespiegelt wird, ist freilich nur eine Kunstfigur – eine literarische Gestalt, keine reale. Eine Kunstfigur obendrein, die dem Gastwirt, bezeichnenderweise, die Antwort schuldig bleibt, als der die entscheidende Frage stellt:

What man artow? – – – Was bist du für ein Mensch?

* * *

Ja – was für ein Mensch war dieser Geoffrey Chaucer, von dem wir nicht einmal das Geburtsjahr wissen und dessen Todestag wir nur mit einigen Vorbehalten auf den 25. Oktober 1400 datieren?

Die meisten Auskünfte zur Person müssen tatsächlich, so anfechtbar das auch ist, aus seinen poetischen Texten erschlossen werden. Andererseits existieren mehr als 500 amtliche Dokumente über ihn – eine immense Zahl für die Epoche, in der er lebte. Freilich gilt kaum eine dieser Urkunden dem *Literaten* Chaucer. Die meisten Belegstücke beziehen sich auf seine hauptberuflichen Funktionen und Tätigkeiten, und die waren nicht unerheblich. Schließlich hat Chaucer gleich drei englischen Königen recht nahegestanden: Edward III., Richard II. und, zuletzt noch, Henry IV. Noch wichtiger: Er gehörte zum engeren Zirkel des mächtigsten Mannes jener unruhigen Zeit, des politischen Drahtziehers John of Gaunt.

Es war dieser Prinz John, der Herzog von Lancaster, ein Sohn König Edwards, der die englische Armee kommandierte; der insgeheim die Richtlinien der englischen Politik bestimmte; der, nach dem Tod des Vaters, seinen halbwüchsigen Neffen als Richard II. auf den englischen Thron brachte; und der später dessen Absetzung betrieb, um seinen eigenen Sohn Henry zum König zu machen.

Und dieser John of Gaunt war nicht nur der große *Förderer* Geoffrey Chaucers, er war auch, gewissermaßen, sein Schwager. Doch der Reihe nach. Chaucer wurde ums Jahr 1340, spätestens 1343, in London geboren. Sein Vater war ein wohlhabender Weinhändler – womöglich trug er sogar einen Biberhut. Zumindest sorgte er, als selbstbewusster Bürger, ganz offensichtlich für eine gründliche Bildung seines Sprößlings. Ob Chaucer auch eine Universität besucht hat, ist allerdings ungewiss. Wahrscheinlich nicht, obgleich man aus dem empathischen »Canterbury«-Porträt des Oxforder »Scholaren« darauf schließen könnte, genau wie aus der kundigen Art, mit der er in diesen Geschichten Oxford und Cambridge gegeneinander ausspielt…

Sicher ist dagegen, dass er 1357 zur Pagen-Ausbildung in den Haushalt der Countess of Ulster eintrat (einer Schwiegertochter König Edwards) und dass mit diesem Schritt aus der rein bürgerlichen Sphäre hinaus seine Laufbahn als höfischer Beamter begann. Und Beamter blieb er, jedenfalls formell, bis zu seinem Tod.

Im Haus der Gräfin Ulster diente damals auch Philippa Paon de Roët, die Tochter eines französischen Adligen. Sie wurde neun Jahre später (mittlerweile zur Hofdame der Königin aufgestiegen) Mrs. Chaucer. Da hatte Mr. Geoffrey bereits den Rang eines »Esquire« erklommen und auch sein erstes Auslands-Abenteuer hinter sich: Im Krieg gegen Frankreich war er, 1359, in feindliche Gefangenschaft geraten und erst ein Jahr später – für 16 Pfund Sterling – wieder ausgelöst worden. (Nur zum Vergleich: Das Lösegeld für einen Bogenschützen betrug seinerzeit £ 2).

Nach dem Tod König Edwards ging Philippa dann als Kammerfrau zur Prinzessin Constanza von Kastilien; und das war keine andere als die zweite Gattin John of Gaunts, der freilich neben dieser – rein politisch motivierten – Ehe noch eine offene, höchst herzliche Liaison unterhielt, und zwar mit der Schwester Philippa Chaucers (die er schließlich, als Witwer, sogar noch heiratete). Für familiäre Nähe war allein deshalb gesorgt.

Erstaunlicher ist schon, dass Geoffrey und Philippa Chaucer eine offenbar sehr harmonische Ehe führten. Denn meistens war entweder die Gattin abwesend und mit dem Hofstaat unterwegs; oder der Gatte weilte in geheimer Mission irgendwo auf dem Kontinent. Doch als Philippa 1387 starb, war Chaucer völlig verloren. Insofern war die Arbeit an den »Canterbury Tales«, die er um diese Zeit begann, nicht zum mindesten auch eine Selbst-Therapie gegen die Depression und das Gefühl der Leere.

Seine Reisen als königlicher Diplomat wiederum, auf die er schon in jungen Jahren immer wieder geschickt wurde – die hat Geoffrey Chaucer offenkundig mit beträchtlichem Erfolg absolviert. Und für einen Mann des 14. Jahrhunderts hat er ungewöhnlich viel von der Welt zu sehen bekommen: Er war in Köln, in Brüssel, in Paris und Madrid, in Genua, Mailand und mehrere Male auch, mit jeweils heiklen Aufträgen, in Florenz.

Einer seiner lombardischen Verhandlungspartner war übrigens Bernabò Visconti. Doch als vor etlichen Jahren die »Canterbury Tales« verfilmt wurden, saß trotzdem nicht dessen Nachfahr Luchino Visconti auf dem Regiestuhl, sondern Pier Paolo Pasolini. Eine verpasste Chance. Ob freilich Chaucer damals, 1372 in Florenz, *seine* Chance wahrgenommen hat, die Poeten Boccaccio und Petrarca zu treffen, seine großen Vorbilder, die da ja beide noch am Leben waren – darüber haben die Literaturhistoriker viel spekuliert, ohne zu einem befriedigenden Ergebnis zu gelangen.

Ganz unbestreitbar befriedigend war hingegen der Posten, den Chaucer 1374 erhielt und zwölf Jahre lang innehatte: Als Chef des königlichen Zollwesens in London, vornehmlich im dortigen Hafen. Eine ausgesprochen einträgliche Tätigkeit, weil damit nicht nur ein stattliches Jahresgehalt verbunden war, sondern, mehr noch, eine Beteiligung am Erlös aller sichergestellten Schmuggelwaren.Vom (literarisch verwertbaren) Gewinn an Menschenkenntnis im Umgang mit Kaufleuten, Kapitänen oder Kriminellen ganz zu schweigen. Außerdem gehörte zu seinem garantierten Einkommen ein tägliches Deputat von einer Gallone Wein! Das sind immerhin viereinhalb Liter. Lustigerweise ist eines der vorhin erwähnten 500 Personal-Dokumente der Vertrag Chaucers mit einem Handelskontor, worin er das Deputat umgehend zu Geld machte. Wie gesagt: Er war der Sohn eines Weinhändlers!

Vor allem aber blieb ihm nach Dienstschluß ausreichend Muße, um seiner Leidenschaft zu frönen – den Büchern. Dem Bücher*lesen* (sein Lieblingsautor war Ovid, doch im Prinzip las er alles, was er auftreiben konnte) und mehr und mehr auch dem Bücher*schreiben*. Damit angefangen hatte er um sein dreißigstes Lebensjahr, als er den damals ungemein beliebten französischen »Roman de la Rose« ins Englische übersetzte. Ins Englische, das erst zur Zeit seiner Kindheit die offizielle Amtssprache des Landes geworden war. Bis dahin hatte, seit der normannischen Eroberung im Jahre 1066, auf der Insel nur das Französische gegolten.

Es bestand also Nachholbedarf. Und Geoffrey Chaucer erfüllte ihn. Er wurde der erste Großmeister der englischen Sprache, und, wie manche sagen, sogar ihr wahrer Erfinder. Er hat seine sämtlichen poetischen Werke auf Englisch geschrieben, obwohl er auch Latein und Griechisch gut beherrschte, Französisch sowieso. Und obwohl viele seiner Texte spürbar für einen mündlichen Vortrag gedacht sind, hat er sie dennoch für ein Lese-Publikum verfasst. Und: er hat recht akribisch an den Manuskripten gefeilt. Manchmal auch gezwungenermaßen, wie sein herrlich stoßseufzendes Gedicht »Chaucer's Worte an Adam, seinen persönlichen Schreiber« dokumentiert:

Sollt's, Schreiber Adam, jemals dich verlocken,
»Boece«, auch »Troilus« abzuschreiben neu,
Sitzt Grind dir unter deinen langen Locken,
Doch erst bring ich dir treu'res Schreiben bei;
So manchen Tag hab ich dein Werk jetzt neu
Zu machen; muß radier'n, verbessern, kratzen;
Und all das durch dein Schlampen und Verpatzen.

Bei der im Text angesprochenen »Boece« [sprich: Bo-eeß] handelt es sich um Chaucers Übersetzung des Boëthius-Traktats »Vom Trost der Philosophie« – der spätrömische Denker war einer seiner obersten Hausgötter. Mit dem (vom schlamperten Sekretär gleichfalls »verpatzten«) »Troilus« wiederum ist Chaucers tiefgründige Vers-Erzählung »Troilus und Cryseide« gemeint – die Geschichte einer scheiternden Liebe zur Zeit des Trojanischen Krieges, ein Text zugleich, der gut zweihundert Jahre später zur Hauptquelle für William Shakespeares lange unterschätztes Schauspiel »Troilus und Cressida« wurde, der Tragödie um den Trojaner-Prinzen Troilus, den jüngsten Sohn des Königs Priamos, der sich ausgerechnet in die Cressida, die Tochter des verräterischen, zu den Griechen übergelaufenen Priesters Kalchas verliebt. Zwar hält der junge Mann, allen Widerständen zum Trotz, an seiner Liebsten fest und ein glückliches Ende scheint möglich; doch dann muss Cressida ihrem Vater ins Griechenlager folgen, wo sie prompt einem der dortigen Kriegshelden verfällt und ihren Troilus vergisst, der daraufhin zur wilden Rache stürmt und – in den allseitigen Untergang.

Interessant nun, und gewiss auch eine Erklärung für die Faszination des Stückeschreibers Shakespeare, dass schon Geoffrey Chaucer selber die Erzählung wie ein klassisches Drama gebaut hatte – eingeteilt in 5 Bücher, den fünf Akten einer Tragödie gleich, und absolut symmetrisch um eine Mittelachse herum konstruiert: Buch 1 und 5 schildern das Liebesleid des Troilus – anfangs, weil ihm die Angebetete unerreichbar ist; zuletzt, weil sie ihn verraten hat. Buch 2 und 4 wiederum erzählen von den laufenden Ereignissen, liefern somit zunächst die zum Höhepunkt aufsteigende, dann die zur Katastrophe absteigende Handlung. Im Zentrum aber steht Buch 3 – die (wie Chaucer nicht hinzuzufügen vergisst: überlieferungsgetreue!) Schilderung der großen Liebes-Szene zwischen Troilus und Criseyde.

Was kann, was soll die kleine Lerche schreien,
Wenn sie der Sperber in den Fängen hat? –
Ich kann nicht anders, als von diesen Zweien,
Sei diese Mär für sie süß oder fad,
Und schöb' ich's auf ein ganzes Jahr, nun grad
Treu meiner Quelle schildern ihre Freuden,
Genau wie ich erzählt hab' ihre Leiden.

Criseyde, die sich fühlt' umschlungen eben,
Wie's bei Gelehrten steht in Büchern, alt,
Begann rundum wie Espenlaub zu beben
Als sie ihn spürt', von seinem Arm umkrallt.
Und Troilus, geheilt vom Leiden, kalt,
Sprach Dank den sieben heit'ren Göttern oben. –
So bringen Qual'n das Volk zum Himmel droben.

Auf schöne sententiöse Nutzanwendungen verzichtet Chaucer ungern. Also auch hier nicht. Und er macht damit auch durchaus noch ein bisschen weiter, bevor er sich erneut dem Liebes-Spiel zuwendet:

O, das ist wahr: Um wieder zu genesen
Von einem Fieber, einer Krankheit, schwer,
Muss man wohl trinken, man kann's täglich lesen,
Echt bittern Trank; und soll das Glück erst her,
Muß Pein man schlucken und manch Übel mehr:
Ich münz' das hier auf uns're Aventur,
Die ja durch Schmerz fand ihre Heilungskur.

Und damit hätte er die Kurve denn zuletzt doch noch gekriegt und zu seinem eigentlichen Thema zurückgefunden, zum Liebespaar Troilus und Criseyde.

Und nun scheint Süßes noch einmal so süß,
Da die geschmeckte Bitternis verlor'n;
Denn aus dem Weh schweb'n sie ins Paradies,
Wie's nie gefühlt die Zwei, seit sie gebor'n.
Das ist doch besser als im Leid verdorr'n!
Bei Gott, würd' es doch jeder Frau nur frommen,
So zu verfahr'n, sollt' ein Bedarfsfall kommen!

Chaucers Kommentare sind und bleiben unübertrefflich. Und manchmal hat man den Eindruck, er erzähle seine Geschichten bloß dieser Kommentare wegen.

Criseyde, nun sie Grund sah, ihm zu trauen,
Und ganz befreit von aller Angst und Scheu,

Macht' ihm ein Fest, höchst lustvoll anzuschauen,
Weil sie ja wusste, er ist echt und treu;
Und wie um einen Baum, mit Zweig-Getäu,
Das Geißblatt, süß, die Ranken hat gewunden,
So war'n die beiden Arm in Arm verbunden.

Ihr'n schlanken Arm, ihr'n Rücken, glatt und weich,
Die Lenden, lang und üppig, weiß und fein,
Liebkoste er und bat um Segen, reich,
Für ihren Hals, schneeweiß, die Brüste klein:
So zog er froh in diesen Himmel ein,
Wohl tausend Male küsste er sie nun
Und wußt' vor Freude nicht, was jetzt zu tun.

Das allerdings wird sie ihm sogleich klarmachen. Doch darüber lesen Sie bitte im Buch selber nach… Hier soll auf das Küssen und Liebkosen von Brust und Lende nur noch ein Wort zu Chaucers – wie so oft – ausgesprochen ironischem Umgang mit seiner literarischen Quelle folgen, auf die er sich ja auch in dieser Sequenz gleich mehrfach so vermeintlich werkgetreu beruft.

Bemerkenswert ist dabei zunächst, dass er seinen wirklichen Stoff-Lieferanten überhaupt nicht nennt – Giovanni Boccaccio nämlich, aus dessen frühem Vers-Roman »Il Filostrato« Chaucer die »Troilus«-Episode übernahm, die er um 1380, rund fünfzig Jahre nach dem Erscheinen der Vorlage, für seine Erzählung adaptierte – und partienweise ist sein Text eine wortwörtliche Übersetzung des italienischen Originals ins Englische. An anderen Stellen freilich, dann zumal, wenn's um psychologische Motivierungen geht (oder um seine geliebten eingestreuten Spruch-Weisheiten…), hält Chaucer weiten Abstand von Boccaccio und ist ganz und gar eigenständig.

Das hinterhältig Verrückteste an der Sache ist indes, dass er zwar den echten Verfasser seiner Vorlage verschweigt, sehr wohl aber einen anderen nennt, den er dann auch unaufhörlich als Gewährsmann anführt – einen antiken Historiker namens »Lollius«, der in manchen historischen Kompendien des Mittelalters tatsächlich als »größter Chronist« des Trojanischen Krieges verzeichnet steht. Was der Latein-Kenner Chaucer aber ganz genau wusste: Diesen »Großhistoriker Lollius« hat es nie gegeben! Sein Auftauchen in der Bücherwelt basierte auf der schlichten Fehl-Übersetzung eines Horaz-Briefes. Und wenn Master Geoffrey schon einen kompletten Chronisten in sein Buch hineinfälschen konnte, dann wird es sicher keinen überraschen, wenn im antiken Troja sonntags die Kirchenglocken läuten, die dortigen Priester fein anachronistisch aus der Bibel vorlesen oder aus christlichen Heiligen-Legenden, und wenn die jungen Mädchen sich an Ovids Liebes-Versen begeistern. Er war wirklich ein Spieler und Ironikus, der Chaucer.

»Troilus und Cressida« war notabene nicht das einzige Werk seines Vorläufers, das der Chaucer-Fan Shakespeare für die Bühne adaptierte, bei weitem nicht. Und Auswahl genug hatte er: Für den hauptamtlichen Zollmann und Gelegenheitsdiplomaten Chaucer wurde die Literatur nämlich im Lauf der Jahre immer mehr zum Lebensinhalt. In seinem Versepos »The House of Fame« (»Das

Haus des Ruhms«) hat er diese Doppel-Existenz einmal sehr anmutig, mit heiterer Lässigkeit und, wie gewohnt, im spiegelbildlichen Bericht eines anderen ausgemalt.

Das Ganze ist eine Traum-Sequenz. Der müde Chaucer ist spät abends über seiner Vergil-Lektüre eingeschlafen und sachte in die klassische Szenerie der »Aenaeis« abgedriftet, als er urplötzlich von einem riesigen Adler gekrallt und durch die Lüfte davongetragen wird. Doch weil der angstvolle Poet in den Klauen des Vogels gar so sehr herumzappelt, findet sich der Adler schließlich bereit, die Situation aufzuklären:

»Erfreut«, sprach ich. »Nun denn«, sprach er,
»Punkt eins: Ich, der dich trag hierher,
Was dir macht soviel Angst und Not,
Ich wohne bei dem Donnergott,
Von Menschen Jupiter genannt;
Der hat oft weit mich ausgesandt,
Nach seinen Weisungen zu tun.
Aus diesem Grund schickt er mich nun
Zu dir. Jetzt hör – um dich zu ehren!
Denn sicherlich muss es ihn stören,
Dass du so lange und getreu
Aufrecht gedient hast immer neu
Sein'm blinden Neffen Cupido
Und der Frau Venus ebenso,
Ohn' jeden Lohn, von Anfang an,
Und dennoch gabst dein'n Geist daran –
Obwohl's in deinem Kopf ja licht –
Manch Buch zu machen, Lied, Gedicht,
In Reimen, auch mal in Kadenz,
So schön du's kannst, als Reverenz
Vorm Liebesgott und allen jenen,
Die sich nach seinem Dienste sehnen;
Und quälst dich ab, preist seine Kunst,
Obgleich du nie in seiner Gunst;
Deshalb will Zeus, Gott mag mich segnen,
So grosse Demut nun entgegnen,
Den Fleiß auch, wenn du oft zur Nacht
Dein'n Kopf zum Ächzen hast gebracht
In deinem Studio, wo du dichtest
Und von der Liebe mehr berichtest;
Zu seinem Preise, seiner Ehrung
Und seines Volkes Ruhmvermehrung
Dich der Materie ganz vermachtest
Und nicht ihn, nicht sein Volk verachtest,
Und du ihn nicht, wenn du auch meist
Nach seiner Pfeife tanzt, abweist.
Das alles, wie ich schon gesagt,
Hat Jupiter sehr wohl bedacht.«

So weit, so nett und – relativ – rühmlich. Freilich ist der Adler noch nicht mit seiner Ansprache fertig:

»Doch auch, mein Schönster, and're Dinge:
Etwa, dass du nur sehr geringe
Kenntnis vom Liebesleben hast,
Auch and'res, was Gott schuf, nicht fasst;
Und nicht allein aus fernem Land
Nie eine Nachricht zu dir fand,
Selbst von den Nachbarn, die ja hier
Gleich wohnen, fast an deiner Tür,
Hörst du doch weder dies noch das;
Wenn du dein Tagewerk und was
An Rechnungen zu tun, geschafft,
Statt Ruhe und Zerstreuungskraft
Suchst du nur auf dein Haus sofort;
Und dumpf wie'n Stein sitzt du dann dort,
Du hockst mal wieder überm Buch,
Bis deinen Augen es genug.
Und lebtest grad wie'n Eremit,
Wär' nicht dein guter Appetit.«

Wie weit Geoffrey Chaucer in seiner Tor-Wohnung von Aldgate tatsächlich als »Eremit« gelebt hat, wissen wir nicht. An der Sache mit dem »Appetit« muss aber wohl etwas dran gewesen sein. Denn auch in den »Canterbury Tales« stellt der pralle Gastwirt Harry Bailly den Pilgersmann Chaucer mit den Worten vor:

Vom Leibesumfang ist er ganz wie ich.

* * *

Doch ob's nun daran lag, dass ihm die Literatur wichtiger geworden war als sein Amt; oder ob er sich, womöglich beraten von John of Gaunt, stärker aus dem Dunstkreis König Richards II. zurückziehen wollte – jedenfalls gab Chaucer um 1386 seine lukrative Stellung als Zoll-Chef auf und zog aufs Land: nach Kent, wo er mehrere Jahre lang als Friedensrichter amtierte. Für einige Zeit war er, wie schon erwähnt, als Vertreter dieser Grafschaft auch Abgeordneter im englischen »House of Commons«, wo er dann Gelegenheit bekam, in der Praxis zu überprüfen, was er in seiner munteren Verserzählung »The Parliament of Fowls« (»Das Parlament der Vögel«) schon einmal, sozusagen fabelhaft, ausgemalt hatte: den chaotischen Verlauf einer Plenarsitzung.

Wieder einmal geht es in der Geschichte um einen Dichtertraum, diesmal, am St. Valentinstag, um einen Traum von Liebe und Heirat. Der Poet Chaucer durchwandert einen Zauberwald und bemerkt auf einer Lichtung eine ungeheure Vogelschar, die sich um die Göttin der Natur versammelt hat. Es gilt, eine wichtige Entscheidung zu beraten: Drei adlige junge Adler bewerben sich um ein schönes, indes recht unentschlossenes Adlerfräulein. Wer die schwerwiegendsten Argumente vorbringen kann, soll sie zu Frau bekommen, und so halten sie denn alle drei nacheinander ihre Rede. Viel mehr als edle Liebes-Schwüre haben sie freilich nicht anzubieten, doch einen parlamentarischen Tumult entfesseln sie damit mühelos:

Der Lärm der Vögel, als dies dargebracht,
Erscholl so laut: »Schluss! Wir woll'n disputieren!«
Dass ich fast glaubt', der Wald sei eingekracht.
»Los, aufhör'n!« schrien sie, »wollt ihr uns verwirren?
Wann hat's ein Ende, euer Liebesgirren?
Wie soll ein Richter den Partei'n tun kund,
Was ›ja‹, was ›nein‹, fehlt jeder Urteilsgrund?«

Gans, Kuckuck und die Ente ebenso
Schrien: »Gack gack! Kuckuck! Quack quack!« derart krass,
Dass durch mein Ohr hindurch der Krach entfloh.
Die Gans rief: »Keine Fliege wert ist das!
Doch weiß ich eine Antwort auf den Spaß;
Mein Urteil will ich sprechen fair und schnell
Für Wasservögel, dunkel oder hell.«

»Ich«, rief der Kuckuck, »für die Würmerfresser,
Doch auch aus eigener Autorität
Nehm ich, weil's drängt, ab jetzt den Vorsitz besser,
Uns zu beeilen, schon die Klugheit rät.«
»Wenn Ihr, Pardon, nur kurz zurück noch steht!«
Rief da die Taube. »Ist das Euer Wille,
Wär's fair, ein Kleiner spräch erst in der Stille.«

Vorerst aber sprechen alle lauthals durcheinander, und es dauert eine Zeit, bis Mrs.Speaker, die Göttin der Natur, das Ganze in einigermaßen geordnete Bahnen gelenkt und eine Rednerliste erstellt hat – mit dem Resultat gleichwohl, dass die Debatte um die Verheiratung der jungen Dame zu keinem Resultat führt und die Natur selber ein Machtwort sprechen muss: Ein ziemlich überraschendes Machtwort – und ein recht modern klingendes:

»Still«, sprach Natur, »*ich* kommandiere hier!
All eure Reden hab ich jetzt gehört
Und 'nem Ergebnis sind nicht näher wir;
Doch sei zum Schluss mein Urteil nun erklärt:
Es werde *ihr allein* die Wahl gewährt,
Wen sie am liebsten mag – ob rauh, ob zart;
Der, den sie wählt, werd' gleich mit ihr gepaart!«

Die Wahl des Gatten kommt allein der Frau zu, und das Kriterium dafür ist allein die Liebe – so will es die Natur. Sagt Geoffrey Chaucer. In manchen Dingen war er seiner Zeit beträchtlich voraus.

*

»The Canterbury Tales«: Holzschnitt (1484).

Seinen Parlaments-Sitz gab Chaucer aber bald auf. Noch einmal kehrte er, obwohl dessen Stern schon merklich zu sinken begann, in die Nähe Richards II. zurück, der ihn 1389 zum »Clerk of the King's Works« ernannte – zum Leiter des königlichen Bauwesens. Das hieß für Chaucer: Er hatte nicht bloß die Aufsicht über sämtliche Hochbau-Projekte, er musste an den zum Teil recht entfernt gelegenen Baustellen auch die königlichen Arbeitslöhne ausbezahlen. Ein saures Amt, in jener Zeit zumal. Und ein gefährliches: Gleich mehrmals wurde Chaucer auf diesen Wegen überfallen und der mitgeführten Gelder beraubt. Und wenn wohl auch niemand offen den Verdacht aussprach, er habe mit den Räubern unter einer Decke gesteckt, unangenehm war die Sache trotzdem, so dass Chaucer nach zwei Jahren auch von diesem Posten zurücktrat. Eine Zeitlang betätigte er sich noch als Forstaufseher im Park von North Petherton in Somerset, dann widmete er sich nurmehr seinen Büchern.

Und bekam prompt finanzielle Probleme. Zwar zahlte ihm die Hofkasse seine Pension, doch es fehlten ihm halt die gewohnten Neben-Einkünfte. Als Poet behielt er seinen Witz indessen bei, und als Henry Bolingbroke, der Sohn seines kurz zuvor verstorbenen Mentors John of Gaunt, im Jahr 1399 König Richard den Zweiten absetzte und selber als Heinrich der Vierte den Thron bestieg, da schickte ihm Geoffrey Chaucer ein kleines, beziehungsreiches Gedicht – »Chaucer's Klage an seine Geldbörse«.

Das Gedicht selbst, spielerisch und kunstvoll (und wieder einmal in der aparten, 7-zeiligen, raffiniert gereimten und zu Recht nach ihm benannten »Chaucer-Strophe« verfasst), es mag vielleicht etwas früher entstanden sein; die abschließende, vornehm französisch betitelte, persönliche Widmung aber – die war so neu wie der neue Monarch:

Dich, Börse, der kein andres Wesen gleicht,
Beklag ich, du bist meine Dame, hehr!
Ich bin so traurig, nun, da du so leicht;
Das ist gewiss, doch froh stimmst du mich schwer,
Mir ist, als läg' ich auf dem Kissen leer;
Nach deiner Gnad' schrei ich in meiner Not:
Sei bitte wieder schwer, sonst bin ich tot!

Erlaub mir diesen Tag (es sei auch Nacht),
Dass ich aus dir den Segens-Klang darf hören
Und sehn die Farbe – wie die Sonne lacht,
Dies Goldgelb: unvergleichlich, möcht' ich schwören.
Mein Lotse bist du auf den Lebensmeeren,
Du Königin von Wohlsein und von Brot:
Sei bitte wieder schwer, sonst bin ich tot!

Nun, Börse, die du warst mein Lebenslicht,
Erlöser, Daunenbett in dieser Welt,
Hilf mir aus dieser Stadt heraus jetzt schlicht,
Da du nicht länger mein Tresor fürs Geld;
Denn ich bin blank wie'n Mönch, dem's Kopfhaar fehlt.
Doch fleh ich um dein Mitleid noch devot:
Sei bitte wieder schwer, sonst bin ich tot!

Chaucers Grab in der Dichterecke der Westminster Abbey.

Lenvoy de Chaucer

Eroberer von Brutus' Albion,
Durch Stamm und freie Wahl auf deinem Thron
Als wahrer König: Dir send' ich dies Lied;
Und du, auf dass sich meine Not verzieht,
Lenk deinen Sinn auf meine Petition!

Kunst geht nach Brot. Und manchmal sogar erfolgreich. Noch am nämlichen Tag wies Heinrich IV. die Staatskasse an, die Bezüge Geoffrey Chaucers um die (seinerzeit durchaus stattliche) Summe von »vierzig Mark« aufzustocken.

Nun konnte sich Chaucer sogar wieder ein Leben im teuren London leisten. Gleich neben der Westminster Abbey mietete er sich im Herbst 1399 eine Wohnung. Doch lange genießen konnte er den Aufenthalt dort nicht mehr. Schon ein Jahr später, im Oktober 1400 (wie man annimmt: am 25. jenes Monats), ist Geoffrey Chaucer gestorben. In der Westminster Abbey, in deren Nachbarschaft er zuletzt gelebt hatte, wurde er dann auch beigesetzt – als erster Dichter seines Landes in der »Poet's Corner«.

* * *

Von seinem Ruhm ist seither nichts abgeschmolzen, im Gegenteil. Dabei war grad Chaucer in dieser Frage mehr als skeptisch: In puncto Nachruhm hat er sich niemals Illusionen hingegeben. Nicht einmal im Traum. Genauer gesagt: in seinem, schon apostrophierten, Dichter-Traum vom »House of Fame«. Wenn ihn Jupiters Adler dort nach schwindelnder Luftfahrt vor der Halle der Ruhmes-Göttin absetzt, bemerkt der Poet, dass das Gebäude auf einem gewaltigen schroffen Felsen errichtet ist. Doch als er diesen – buchstäblichen – Gipfel des Ruhms mühsam erklommen hat, muss er feststellen, dass der vermeintliche Fels in Wahrheit ein bloßer Eisberg ist, jederzeit vom Schmelzen bedroht. Was für eine Metapher! An den Eiswänden selber erblickt er dann eingravierte Schriftzeichen in ganzen Kolumnen –

Mit Nam'n berühmter Leute voll,
Die einstmals groß gewesen wohl
Und deren Ruhm scholl weit einher;
Doch kaum erkennen konnt' ich mehr
Die Lettern, um zu lesen bloß
Ihr'n Namen; denn, ganz zweifellos,
War'n sie so aufgetaut beinah,
Dass ein-zwei dieser Lettern da
Bei jedem Namen ausgeflossen:
Unrühmlich ward ihr Ruhm vergossen.
Doch wie man sagt: »Was währt schon ewig?«

Dass dagegen Geoffrey Chaucers eigener Ruhm nicht so zerfloss und sein Name nun schon seit der kleinen Ewigkeit von 600 Jahren Bestand hat, das liegt natürlich vor allem an seinem populärsten Werk, von dem er damals, um 1380, bei seiner visionären Visite in der »Hall of Fame« aber noch gar keinen Plan hatte – den »Canterbury Tales«

Und dieser Ruhm verdankt sich nicht allein der originellen Konzeption des Buches, den saftigen Gestalten der Rahmenhandlung und ihren kernfesten Gesprächen, sondern ganz entscheidend auch den »Tales« selber, mit denen die Wallfahrer unterwegs aufwarten.

Dabei war Geoffrey Chaucer gar kein großer Geschichten-*Erfinder*: Die Plots der dargebotenen Erzählungen stammen durchweg von antiken Autoren, aus Ovids »Metamorphosen« beispielsweise, oder von seinen italienischen Zeitgenossen Petrarca und Boccaccio, aus mittelalterlich französischen Quellen, aus frühchristlichen Legenden-Sammlungen oder aus der Welt der Artus-Epik, was auch durchaus den Konventionen seiner Zeit entsprach. Doch wie Chaucer als Redakteur diese Vorlagen zurechtschneidet und neu akzentuiert; wie er die Handlungsabläufe nach seinen Bedürfnissen *um*arrangiert; wie er das überlieferte Geschehen von seinen pilgernden Erzählern frisch aufbereiten und (wenn's sein muss, auch kritisch) kommentieren lässt – das macht den Unterschied. Und Chaucer wäre nicht Chaucer, würde er aus der Not, eine längst bekannte Fabel bloss nachzuerzählen, nicht eine heiter abgefederte Tugend machen, indem er die unleugbare Tatsache, in fremden Revieren gewildert zu haben, dreist in einen *Authentizitäts*-Beweis des grad Erzählten umkehrt:

Glaubt nicht, dass ich die Sache bloß erdichte;
Das Faktum ist bekannt in der Geschichte,
So dass die Wahrheit nicht in Zweifel steht.

Eindrucksvoll ist aber auch die Gattungs-Vielfalt in diesen »Canterbury Tales«: Erlesene Romanzen sind dabei und grobe Schwänke; fromme Legenden und lehrreiche Tierfabeln; heftige Satiren und gedankenschwere Traktate; aufrüttelnde Gleichnisse und flammende Predigten; absichtsvolle und auch unfreiwillige Parodien – alles wird geboten.

Und alles steht in dauerndem, wechselseitigem Kontrast. Der edle Ritter, zum Beispiel, der den Erzählreigen eröffnet – er trägt, in nobler Manier, eine höfisch antikisierende Romanze vor, in der zwei junge Edelleute in heißer und, versteht sich, hehrer Liebe zu ein und demselben Edelfräulein entbrennen. Ein Konflikt, der nur durch einen ritterlichen Zweikampf auf Leben und Tod entschieden werden kann, was dann, wenngleich unter – fataler – Einmischung diverser griechischer Gottheiten, im Rahmen eines ungemein festlichen Turniers vonstatten geht (eine Geschichte notabene, die William Shakespeare gleich doppelt ausgebeutet hat: den Stoff verwandte er für sein Stück »Two Noble Kinsmen«, und das athenische Personal – Theseus, Hyppolita, Egeus – brachte er, genau wie das Rivalitätsmotiv, in seinem »Mittsommernachtstraum« unter).

Chaucers »Ritter« macht es freilich episch weitaus breiter: Allein für die Schilderung der aristokratischen Garderoben, Wappen, Waffen oder Rüstungen benötigt der erzählende Edelmann mehrere Buchseiten, so dass er sich schließlich sogar bei seinen Zuhörern förmlich entschuldigen muss:

Und was für Falken saßen unterm Dach,
Und was für Hunde auf dem Boden lagen
– Von alledem will ich jetzt nichts mehr sagen,

Nur was der Handlung dient, trag ich noch vor.
Jetzt kommt der Punkt, drum leiht mir euer Ohr.

Indes: Gleich nach dem Ritter drängelt sich der alkoholisierte Müller zu Wort. Und was *der* seinen Mitpilgern vorzutragen hat, ist im Grunde dieselbe Geschichte nochmal! Erneut geht es um eine Frau, die von zwei jungen Männern gleichzeitig begehrt wird. Nur läuft die Sache diesmal nicht edel-antik ab, sondern drastisch-gegenwärtig. Nicht idealisiert-aristokratisch, sondern körperlich-plebejisch. Den liebeshungrigen Knaben brennt's nicht in Kopf und Seele, sondern im Unterleib; und das umworbene Objekt ihrer Begierde ist nicht von jungfräulichem Sehnen erfüllt, sondern von ehebrecherischer Lust. Selbst der göttliche Eingriff ist hier hausgemacht: Um den lästigen Ehemann fernzuhalten, erfindet einer der beiden Liebhaber höchstpersönlich das Märchen von einer neuen, kurz bevorstehenden biblischen »Sintflut«, woraufhin der ängstliche Gatte, ein Zimmermann, hinreichend mit dem Bau einer Arche beschäftigt ist…

Und das notwendige finale Duell der beiden Rivalen, des Studenten Nikolas und des Küsters Absalom – es wird nicht mit ritterlichen Schwertern ausgefochten, sondern mit donnernden Leibwinden und einem glühenden Schmiede-Eisen, das der unterlegene Lover dem erfolgreicheren Konkurrenten mit letzter Kraft in den nackten Hintern brennen kann, obwohl er von dem vorangegangenen gewaltigen »Furz« des anderen »beinahe blind gemacht« worden ist.

Der Nikolas stand grade auf zum Pissen
Und dacht: »Ich bringe jetzt den Spaß zum Schluss;
Er gibt auch meinem Arsch noch einen Kuss.«
Und rasch hat er das Fenster aufgemacht,
Sein Hinterteil herausgestreckt ganz sacht,
Den ganzen Steiß mitsamt dem Schinkenbein.
Der Küster sprach: »Mein süßes Vögelein,
Wo bist du? Würd'ge mich doch eines Worts.«
Der Nikolas ließ einen großen Forz,
Der hat gleich einem Donnerschlag gekracht
Und Absalom beinahe blind gemacht;
Doch hielt das Eisen er, noch glühend heiß,
Und schlug's dem Niklas mitten auf den Steiß.
Die Haut ging, eine Handbreit vom Popo,
Ihm ab, das heisse Eisen brannt' ihn so,
Dass er vor Schmerzen gleich zu sterben meinte
Und wie verrückt vor Pein laut schrie und weinte:
»Helft! Wasser! Wasser! Helft, bei Gott im Himmel!«
Der Zimmermann erwacht bei dem Getümmel,
Hört einen wie verrückt nur »Wasser« schrein
Und denkt: »Weh, jetzt bricht Noahs Flut herein!«

Aber sonst, wie gesagt, ist die Geschichte eigentlich die gleiche wie die des Ritters, dessen Nobelromanze später noch ein weiteres Mal parodistisch gespiegelt wird – und das von keinem andern als dem Pilgrim Chaucer selbst! Der trägt nämlich, gemeinerweise, auch so eine romantische Aventiure vor: Die

Geschichte eines gewissen »Sir Thopas«, eines flandrischen Ritters, der nun allerdings merklich zu den Weichmännern gehört. Mit einem Gesicht »wie Semmelbrot« ausgestattet und einem Mund so schön wie eine »Rosenblüte«, legt dieser Edle vor allem auf erlesene Kleidung wert: Seine Schuhe lässt er in Cordoba anfertigen, seine Strümpfe in Brügge. Mit den Mädchen hält er es nicht so sehr, doch achtet er fein darauf, seinerseits »so süß wie ein Brombeerstrauch« zu wirken, und gegen seine Melancholie-Anfälle nimmt er »Baldrian« oder mischt sich »Muskatnuss« in sein Bier. Denn bedauerlich: Der »Drosselsang« macht ihn »liebeskrank«.

Als er dann aber doch einmal ausreitet, nämlich um die »Elfenkönigin« zu erobern, wird er von einem bewaffneten »Riesen« namens »Herr Elefant« aufgehalten. Doch obwohl der tapfere Sir Thopas ein paar drohende Sprüche loslässt, um den Gegner einzuschüchtern –

– den Magen
Durchbohr ich dir, wenn ich's vermag!
Noch vor dem hellen Vormittag
Werd' ich dich hier erschlagen –

– zieht er es dann doch vor, erstmal den sicheren Rückzug anzutreten, um sich zu Haus an romantischen Liedern, an »süßem Wein« aus seinem »Becherlein«, an »Pfefferkuchen, der sehr fein« und, nicht zuletzt, an »Zucker« und »Lakritze« zu erfreun.

Dann aber gürtet er sich schließlich doch noch »eigenhändig« zum Kampf. Zuerst kommt die Unterwäsche dran – »aus feinster Leinewand«, dann die Strumpfhose, der Waffenrock »wie Lilienblüten, weiß und klar«, nicht zu vergessen die Beinschienen »aus gekochtem Fell«.

Schließlich ergreift er seinen rotgoldenen, mit »Karfunkelsteinen« besetzten Schild, steckt sein Schwert in die »Scheide aus Elfenbein«, setzt seinen polierten Messinghelm aufs »safran«-farbene Haar, tritt in den »fischbeinernen« Steigbügel, nimmt im »bequemen« Sattel Platz, schwört sich noch einmal, den Riesen ganz »sicher« totzuschlagen, und setzt sein grau geflecktes Roß in »sanften« Trab.

Wie sich dieser dekadenteste aller mittelalterlichen Ritter dann im Gefecht bewährt, erfahren wir leider nicht mehr, weil just in diesem Moment dem Zeremonienmeister Harry Bailly der Kragen platzt und er den weiteren Fortgang der Aventiure unterbindet. Aber was für ein Kunststück ist dem durchtriebenen Geoffrey Chaucer da gelungen!

Und genauso hintersinnig-unschuldsvoll, wie er hier die *literarischen* Erwartungshaltungen seiner Leser unterläuft, spielt er in den »Canterbury Tales« auch mit ihren sittlichen Empfindungen. Denn seine erzählenden Pilger verstehen sich auf derlei Kniffe nicht schlechter als ihr Erzeuger. Etwa der Kaufmann. Der mit dem Biberhut. Der erzählt die ewig frische Geschichte vom alten Mann und der jungen Frau, wobei er, etwas überraschend, mit einer *ehelichen* Bett-Szene beginnt: Der Alte ist, schon weniger überraschend, sofort eingeschlafen, doch dann vom eigenen Husten wieder aufgewacht. Nun wandelt ihn plötzlich die Lust an – aber dabei möchte er seine Eheliebste nackt sehen:

Er wollte gern mit ihr vergnügen sich,
Dazu sind ihre Kleider hinderlich.

So weit, so hm=spannend. Nun aber kommen dem Protokollanten auf einmal moralische Bedenken:

Es half ihr nichts, sie musste sich bequemen.
Doch, dass nicht keusche Leute Anstoß nehmen,
Will ich nicht sagen, wie es dann geschah,
Ob Hölle sie, ob Paradies drin sah.
Ich lasse ihrem Treiben freien Lauf.
– Beim Abendläuten standen sie dann auf.

Sehr gewissenhaft geschwiegen! Auch kurz darauf, wenn die knackige Gattin mit Hilfe ihres senilen Eheherrn auf einen »Birnbaum« klettern möchte, wo im »grünen Blätterwerk« bereits ein Jüngling namens Damian auf sie wartet, hat der Erzähler noch merkliche Skrupel, die Szene lebensecht zu schildern. Dann freilich siegt seine Chronistenpflicht. Also – der Alte bückt sich, sie greift nach einem Ast –

– und rauf geht es sofort;
Jetzt, holde Damen, zürnt nicht meinem Wort;
Ich bin ein schlichter Mann, in Phrasen fremd;
Und Damian hob plötzlich hoch ihr Hemd,
Und stieß in sie erfreut hinein sodann.

Doch als danach der Ehemann endlich begreift, was dort im Baum geschieht, und seine Frau ihm vorzuspiegeln sucht, sie habe aus irgendwelchen therapeutischen Gründen im Geäst nur einen Ringkampf ausgetragen –

›Gott weiß, ich hatte Gutes nur im Sinn!‹ –

– da lässt sich auch der moralisch so besorgte Erzähler mitreißen und überliefert schonungslos die Replik des Gatten:

›Was? Ringen?‹ rief er, ›er war ja schon drin!
Vor Scham und Schande solltest du vergehen!
Er fickte dich! Ich hab es selbst gesehen!‹

Auf solche schlimmen Dinge bezog sich dann auch der sonderbare förmliche »Widerruf« am Ende der »Canterbury Tales«, wenn »der Verfasser des Buches« (so die Überschrift des Schlusskapitels) »seinen Abschied nimmt« und bei der Gelegenheit sein nahezu komplettes literarisches Œuvre verwirft und feierlich »zurückzieht« – das »Parlament der Vögel« genau wie den »Troilus« oder das »Haus des Ruhms«, dazu »manchen Gesang und manches liederliche Gedicht« und eben auch die »Canterbury Tales«, jedenfalls »soweit sie nach Sünde klingen«:

Und wenn darin etwas ist, das [den Lesern] missfällt, so bitte ich, dass sie es meiner Unwissenheit zur Last legen und nicht meinem Willen, da ich mich sehr gern besser ausgedrückt haben würde, wenn ich es vermocht hätte. Denn die Bibel sagt: »Alles, was geschrieben ist, ist uns zur Lehre geschrieben«, und dieses ist meine Absicht. Deshalb ersuche ich euch demütig, um der Gnade Gottes willen, für mich zu beten, dass Christus Gnade mit mir habe und mir meine Schuld vergebe; und insbesondere meine Übersetzungen und Dichtungen weltlicher Eitelkeit.

Über dieses, vergleichsweise kurze, Schlusswort hat die forschende Nachwelt lange nachgegrübelt, ohne freilich zu einem befriedigenden Ergebnis zu kommen. Denn wie ist solch eine rätselhafte Wendung zu verstehen? War Geoffrey Chaucer am Ausgang seines Lebens von christlicher Reue ergriffen worden? Oder hat er hier ein letztes, dann freilich recht frivoles, ironisches Spiel mit Formeln und Konventionen getrieben? Oder handelt es sich bei diesem Epilog am Ende um eine Fälschung, um einen Zusatz, der von fremder, frommer, womöglich priesterlicher Hand in Chaucers unvollendet hinterlassenes Manuskript hineingekupfert wurde?

Ich weiss es nicht. Ehrlich nicht. Aber auf die Frage, welcher dieser drei Möglichkeiten ich den Vorzug gäbe – da wüsste ich schon eine Antwort (Priestern trau' ich *alles* zu...).

Literatur

Geoffrey Chaucer, The Works (edited by Alfred W. Pollard et. al.). London: Macmillan and Co. Ltd, 1910 (»The Globe Edition«).

Geoffrey Chaucer, The Canterbury Tales – Die Canterbury-Erzählungen. Mittelenglisch/Deutsch (Übersetzt und erläutert von Heinz Bergner, Waltraud Böttcher, Günter Hagel und Hilmar Sperber. Ausgewählt und herausgegeben von Heinz Bergner). Stuttgart: Reclam, 1996.

Geoffrey Chaucer, Die Canterbury-Erzählungen. Vollständige Ausgabe. Aus dem Englischen übertragen und herausgegeben von Martin Lehnert. Ffm: Insel, 1987.

Geoffrey Chaucer, Canterbury=Geschichten (Übersetzt in den Versmaßen der Urschrift und durch Einleitung und Anmerkungen erläutert von Wilhelm Hertzberg). Hildburghausen: Bibl. Institut, 1870.

Geoffrey Chaucer, Troilus und Criseyde. Aus dem Englischen übertragen und herausgegeben von Wolfgang Obst und Florian Schleburg. Ffm: Insel, 2000 (= Prosa-Übersetzung).

Wolfgang Riehle, Geoffrey Chaucer. Reinbek: Rowohlt, 1994 (= Rowohlts Monographien, Bd.422).

Jens Prüss

Gier als Lebensprogramm

Über Christian Friedrich Daniel Schubart (1739-1791) – Schmuddelkind des Sturm und Drang

Es soll hier von einem die Rede sein, der für die Freiheit Kopf und Kragen riskierte. Er hatte das Zeug zum Rockstar – wenn er nur zweihundert Jahre später geboren wäre. Ein literarisch und musikalisch hochbegabter, sich hemmungslos auslebender Egomane, der die Normalität schrecklich fand. Nie wäre er einverstanden gewesen, sein Leben nur zu fristen. Ob der Rokoko-Wilde in »The-Who«-Manier auch sein musikalisches Equipment zerlegt hat, ist nicht überliefert. Aber zuzutrauen wäre es seinem Ungestüm gewesen. Sich selbst hat er oft genug zerlegt. Christian Friedrich Daniel Schubart, 1739 in Obersontheim in der Grafschaft Limburg geboren, ließ keinen Schocker aus. Er eckte an, wo er konnte. Sein Freiheitsdurst war zu groß, um sich an die Etikette zu halten. Die Gier als Lebensprogramm.

Der Sohn eines ordentlichen Bürgers – Vater Johann Jacob war Kantor und Pfarrvikar in der freien Reichsstadt Aalen – spielte mit den Schmuddelkindern, soff wie ein Bierkutscher, prügelte sich mit Verve, verschuldete sich bis über beide Ohren, landete im Kerker und brach das Studium der Theologie ab. Der Hallodri kehrte schließlich reumütig von Erlangen ins elterliche Haus nach Aalen zurück. Aber das Konventionelle behagte ihm nicht lange. Kaum verheiratet, verließ er Frau und Kinder, um fröhlich herumzuhuren, und sagte jedem Einflussreichen vor den Kopf, was er über ihn dachte.

Ein Bürgerschreck, fürwahr! Ein Satiriker, der dem Namensvetter Satyr alle Ehre machte. Peter Härtling beschreibt Schubarts Leben als vertrackt modern »in seiner Neigung zur Anarchie«[1]. Immer diese notorische Sucht zu glänzen und zu frappieren. Heute, im Zeitalter der Exzentriker, könnte so ein genialischer Bad Guy gerade wegen seines outrierten Benehmens Karriere machen. Aber im Reich des Despoten Carl Eugen von Württemberg durften nur die Aristokraten ludern, der Bürger hatte zu kuschen.

Doch zunächst flogen dem schwäbischen Freigeist die Gönner zu, und vor allem seine Lieder, zumeist von ihm komponiert, hatten eine große Fangemeinde. Die Gedichte, oft im Wirtshaus aus dem Stegreif entstanden, trällerte das einfache Volk in den Gassen. Lange vor Allen Ginsberg war Schubart ein Popliterat: »Diese Gelegenheitspoesie, oft vermischt mit bissigen Episteln über die Höheren und die Geistlichkeit, ist leider zu einem großen Teil verlorengegangen, da sie, Produkt bezwingender Spontaneität, kaum aufgezeichnet wurden.«[2]

Sorgfalt war nicht sein Talent. Und was erhalten blieb, versank zumeist in der Anonymität. So fängt das mit dem Vergessen an. Wer weiß noch, dass »Die Forelle«, von Franz Schubert in Töne gesetzt, ein Text von Schubart ist? Dabei hatte er damals mit seinen frech-fröhlichen Gassenhauern, die er selbst vertonte, den Status eines deutschen Bellmann. Als Beispiel ein Lied von geradezu glucksendem Übermut.

Christian Friederich Daniel
Schubart.

Branntweinlied eines Schusters

(Aus einer Hanswurstias)

O Fläscherl, hübsch und fein,
Gefüllt mit Branntewein!
Du bist des Wurstels Freude,
Bist seine Schnabelweide.
Gluk gluk, gluk, gluk, gluk
Gluk, gluk - - -
O goldner Branntewein,
Wie süß schlüpfst du hinein!
O Fläscherl, stärke mich,
Komm her, ich küsse dich.
Sei g'scheid, mein liebes Weiberl,
Ich bring' dir's zu, mein Täuberl.
Gluk - - - -
Gluk - - - -
O goldner Branntewein,
Wie süß schlüpfst du hinein!
Wenn ich des Morgens trink',
Bin ich zur Arbeit flink;
Kann sohlen, steppen, nähen,
Den Draht im Takte drehen.
Schluk, schluk - - -
Schluk - - - -
O goldner Branntewein,
Wie süß schlüpfst du hinein.
Macht mich der Gerber toll,
Wenn ich ihn zahlen soll;
So denk' ich: hol' der Sperber
Den Ledrer samt dem Gerber.
Gluk, gluk - - -
Gluk - - - -
Beim Gläschen Branntewein
Fällt keine Schuld mir ein.
Trink' ich ein Gläschen Spitz,
Krieg' ich Verstand und Witz.
Dann tanz' ich nach der Fiedel,
Sing' hübsche deutsche Liedel!.
Gluk, gluk - - -
Gluk - - - -
O goldner Branntewein,
Wie süß schlüpfst du hinein!
O Fläscherl, hübsch und fein,
Mein Schätzerl sollst du sein;
Will dich mit nassen Blicken
Oft an mein Goscherl drücken.
Gluk, gluk, gluk gluk, gluk,
Gluk, gluk, gluk gluk, gluk.

Es lebe hübsch und fein
Mein Fläscherl Brannntewein![3]

Schätzte Schubart unbewusst sein anakreontisches Schreibtalent nicht? Zumindest hat der Autor sich nur schlampig um den Nachlass gekümmert. Er notiert in seinen Lebenserinnerungen über seine wilde Erlanger Studentenzeit, in der er sowohl Karzer als auch Schuldturm kennen lernte:

Ich verfertigte im Gefängnis manches Gedicht, das der Aufbewahrung wert gewesen wäre. Es ist auch lange nachher in mancher Gedichtesammlung, unter fremden oder ohne Namen, ein solches Gedicht erschienen, ohne daß ich vindizierte oder dem Kindlein des Vaters Namen gab. Leider sind die meisten erotischen oder bacchantischen Inhalts, zwar mit Witz und Leichtigkeit gemacht, aber voll unbeschreiblichen Leichtsinns, daher ich mich ihrer jetzt schäme.[4]

Das ist nicht mehr der Ton des Übermuts. Der Stürmer und Dränger distanziert sich dreißig Jahre später von seinem jugendlichen Ich. Zumindest nach außen gibt er nun den einsichtigen Pietisten. Was Wunder auch. Die Isolationshaft auf dem Hohenasperg, dem Guantanamo des 18. Jahrhunderts, hatte Schubart zermürbt, wenn sie ihn auch nie ganz brechen konnte.

Doch zunächst macht Schubart die Erfahrung, dass er durch seinen Charme und seine außerordentlichen musikalischen Fertigkeiten, Menschen zu becircen weiß. Auch Schubarts Vater, übrigens selbst kein Kind von Traurigkeit, lässt sich besänftigen. Der abgebrochene Student darf im Aalener Pfarramt und im Chor aushelfen und versucht sich gleichzeitig als Hauslehrer in Königsbronn.

In seinen Memoiren kommentiert Schubart die Zeit als Hauslehrer spöttisch: *Er scheitert aber bald und muss bekennen, dass der Erzieher der Schlimmste ist, »der selbst keine Erziehung genoss«.*[5]

Der unkonventionelle Schulmeister

Trotzdem erhält er 1767 eine Stelle als sogenannter Substitut des Präzeptors und Organisten in Geislingen. Er, der ähnlich wie Lessing den Amtsstaub hasste, ist nun Hilfslehrer einer Dorfschule, kläglich bezahlt. Ein Job zum Verzweifeln. *Über hundert Schüler, roh und wild, wie unbändige Stiere, wurden mir auf die Seele gebunden.*[6] Peter Härtling beschreibt als Herausgeber einer Beerenauslese von Schubart-Gedichten die Brotarbeit eines Pädagogen ernüchternd: »Neun Stunden täglich musste er Unterricht geben, danach reiste er in die umliegenden Dörfer, predigte, vertrat erkrankte Pfarrherren […].«[7]

Wenn er danach nicht in einer Kneipe hockte, stopfte er sich gierig mit Büchern voll, von Philosophen, Historikern, Theologen, Kunstbetrachtern, kurz allem, was ihn vom frustrierenden Alltag ablenken konnte. Er behielt gut: »[…] es wurde zum Reservoir seiner späteren politischen Publizistik, eine wirre Sammlung von Halbwahrheiten und Erkenntnissen.«[8] Zum Schreiben blieb dem Schulmeister wenig Zeit, zumal er auch noch krank wurde. 1767 veröffentlicht er einen Gedichtband, die »Todesgesänge«. Aber die Literatur der Geislinger Jahre, so Härtling, »ist matt, von seelenvollem Aufwand«.[9]

Doch bleibt er subversiv und verspielt. Er, dem Freiheit über alles geht, lästert in Stegreifgedichten auch als Lehrer über seine Dienstherren, die Pfaffen. Als er sich zum Predigtthema des biblischen Hauptmanns von Kapernaum äußern soll, reimt er tollkühn:

Du Hauptmann von Kapernaum,
Schlag diesen Pfaffen lahm und krumm,
Und schlägst du ihm die Rippen ein,
So sollst du Oberstleutnant sein.[10]

Doch die Schüler, so sehr er unter ihrer Grobheit leidet, finden sein Mitgefühl. Dem Anhänger Rousseaus missfällt die stupide, handlungsarme Paukerei und er konterkariert sie durch närrische Einfälle. Gerne will er den zappeligen Dorfburschen das rechte Sprechen und Schreiben beibringen, aber die Indoktrination durch Staat und Kirche möchte er ihnen ersparen und hintertreibt diesen pädagogischen Auftrag mit anarchischer Lust. Wilfried F. Schoeller spricht gar von Sabotage. Neben ironisch sozialkritischen Texten diktiert Schubart auch konspirative Ansprachen in die Hefte:

Lieber Bruder, Heute ists mir als wann ich Wespen im Hintern hätte. Dann denk nur! Da soll ich in der Schule sitzen und Feder fuxen, da doch auf dem Markte etwas Lustiges zu sehen ist. Es ist nemlich ein Gaukler hier, welcher mit verbundenen Augen auf einem Seile tanzen und trummlen kann, der seinen Leib so schwinket und drehet, daß man meinet die Rippen sollen ihm zerbrechen. Heute macht er seine Gaukeleien auf einem Seil und ich soll nicht dabei sein? Man sollte einem jungen Menschen weit mehr Freiheit lassen, dann wann er ein alter Knaster ist, so ist's Zeit genug, daß er Runzelen schneidet und vor allen Freuden vorüber gehet. Aber jetzt, da ich noch jung bin, die Hosen auf dem Schulbank verrutschen; beim Henker! Das ist nicht auszustehen.[11]

Klar, dass der Streuner Schubart die Eskapismus-Phantasien seiner Zöglinge guthieß. Was werden bei so viel Einverständnis mit den Schülersehnsüchten die Eltern aber gedacht haben? Die damalige Aufsichtsbehörde? Noch heute vermag man sich so einen Freund der Schüler in unserem preußisch verwalteten Schulbetrieb nur schwer vorstellen. Auf das Lehrerdasein schrieb Schubart eine bitterböse Fabel:

In Africa ist ein Tier mit Namen Plimpplamp, von ganz wunderbarer Art. Es hat keine Galle, keinen Magen und doch einen vortrefflichen Tier-Verstand. Es arbeitet von Morgen bis zum Abend und reiniget den Wald von allem Kote, den die jungen Bestien schmeißen. Wann es nun genug gearbeitet hat, so riecht es dreimal in den Wind, und lebt also würklich von der Luft. Es ist so geduldig, daß es sich ganz gelassen von allen wilden Tieren ins Gesicht pissen läßt. Es ist immer hungrig und frißt doch nichts; immer durstig und trinkt doch nichts; es arbeitet beständig und hat Dreck zum Lohne. Es hat ein gutes Gesicht und sieht doch nichts; einen scharfen Geruch und riecht doch nichts. Es ist im ganzen Wald das nützlichste Tier und wird doch von den andern Tieren für das schlechteste gehalten. Dieses arme Tier hat in seinem ganzen Leben nur einen einzigen glücklichen Tag, nämlich den Tag – wann es verreckt. Was muß das doch für ein Tier sein? Hm! Was sonst als ein verwandelter Schulmeister, wenigstens sind unsre Schulmeister die Moral zu dieser Fabel.[12]

Nach sechs Jahren ist Schubart endlich von der Sklavenexistenz des Lehrers erlöst. Sein Ruf als großartiger Musiker und Unterhalter war bis zum Hof des Herzogs in Ludwigsburg gedrungen. Euphorisch notiert er: [...] – *und nun gute Nacht Geislingen mit deiner Einfalt, deinen Bergen, deiner Armut, deiner Geschmacklosigkeit, deinem Kirchhof und deinem Schulkerker!*[13]

Der Menschenfänger

Er muss ein begnadeter Entertainer gewesen sein, so zumindest charakterisiert ihn Wilfried F. Schoeller: »Er hat wohl hinreißend musiziert, wusste durch seinen Witz zu gefallen, meinte selbst, sein Bestes habe er mündlich gegeben, nicht in der Literatur. Aus seiner Zeit in Geislingen sind eine Reihe der heitersten Anekdoten überliefert, die das Originalgenie als einen Brauskopf und gewaltigen Trinker, als Spaßvogel und genialen Unterhalter beschreiben.«[14] Wobei Peter Härtling in seinem Vorwort zur Lyrikausgabe moniert, dass er seine Talente als »Wirtshausattraktionen« nutzte, »ein Komödiant, Verseschmied und virtuoser Musikant».[15] So ungehobelt Schubart im Umgang sein konnte, so schnell flogen ihm die Herzen zu, sobald er spielte und charmierte. In seiner Autobiographie »Leben und Gesinnungen« beschreibt er so eine Szene:

Als die Baroneß vom Flügel aufstand, setzte ich mich und fing an zu phantasieren. Alles lauschte, flüsterte Beifall, und als ich schloß, stand der Herr des Hauses hinter mir und lächelte mir ein sehr heiteres Bravo zu. Auch der kurfürstliche Kammervirtuose gab mir seinen vollen Beifall, den ich auch verdiente, denn ich hatte damals meine höchste Zeitigung erreicht, spielte äußerst schwer und doch mit Geschmack. Ich spielte also mehr, sprach dann von meiner Absicht und erhielt vom Baron sogleich die Versicherung seiner Gnade und Unterstützung. Ich setzte der Baroneß ein Rondo mit Variationen auf, wurde reichlich belohnt und fuhr nun, wie im Triumph, auf einem stattlichen Wagen von vier Schweißfuchsen gezogen nach Heidelberg, wo ich bei dem Ehegerichtsrat von Bozenhardt abstieg.

Er nahm mich ungemein liebreich auf, führte mich in die besten Gesellschaften ein und erkletterte mit mir die Berge der Umgegend.[16]

Das bukolische Flanieren hat bald ein Ende. Seinen nächsten Arbeitgeber, den kunstbegeisterten Herzog Karl Theodor von der Pfalz, stößt Schubart ohne Not vor den Kopf. Dem Unklugen rutscht in Anwesenheit von Hofschranzen, die auf seine Brillanz eh neidisch sind, ein abfälliges Urteil über die Akademie in Mannheim heraus. Das Urteil wird eilfertig dem Herzog zugetragen, der sich daraufhin gekränkt von seinem Günstling abwendet.

Schubart hat sein Déjà-vu-Erlebnis. Denn kurz vorher war er achtkantig aus dem höfischen Ludwigsburg geflogen. Er hatte ein spöttisches Lied auf einen leider einflussreichen Hofmann gesungen. Dabei genoss der Satiriker selbst das höfische Leben mit seinen Zerstreuungen in vollen Zügen. Schubart kann seine

Abschied des Lehrers. Aus dem »Orbis pictus«.

Spottlust nicht zügeln. Sobald es ihm gut geht, wird er übermütig, fühlt er sich göttlich, unverwundbar. Er trägt Sokrates im Herzen, doch das sokratische Daimonion fehlt ihm, das ihm zuflüstert, was falsch ist.

Mein eigentliches Amt war, in der Hauptkirche die Orgel zu spielen und der Kirchenmusik vorzustehen. Jenes tat ich mit allgemeinem Beifall, da ich mir besondere Mühe gab, einige Süßigkeiten der Hoftmusik auf meine Orgel zu verpflanzen, um dadurch dem verwöhnten Ohr meiner Zuhörer zu schmeicheln. Die Kirchenmusik war zu meiner Zeit in Ludwigsburg äußerst verdorben. Man nahm Jomellische Opernarien, preßte erbärmliche deutsche Texte darunter und führte sie meist elend auf. Ich ging daher mit der gänzlichen Ausrollung dieses Verderbens um und wollte mir eigene Texte zu Kirchenstücken machen. Allein das eingewurzelte Vorurteil, meine vielen Zerstreuungen und zu früher Abzug von Ludwigsburg hinderten mich an dieser so heilsamen Reform. Indessen behalf ich mich mit Graun, Telemann, Benda, Bach und anderen Kirchenstilisten. Meine Freunde von der Hofmusik halfen mir dazu, daß ich oft eine Kirchenmusik aufführen konnte, wie man sie wohl damals in Deutschland – sonderlich unter den Protestanten – selten gehört haben mochte.

Meine immer zunehmende Stärke auf der Orgel, dem Klavier, Flügel, Fortepiano – ich habe sie beizeiten sehr sorgfältig voneinander unterscheiden lernen – zogen mir die glänzendsten Bekanntschaften zu. Ich gab den ersten Damen des Hofs, auch einigen Italienern, Unterricht im freien und begleitenden Vortrag und zog Schüler und Schülerinnen, die es bis zur Meisterschaft brachten.

Ob ich nun gleich mehr als zuviel aus der Nektarquelle der Tonkunst schöpfte, so ersäufte ich doch nicht gänzlich meine Liebe zu den Wissenschaften und schönen Künsten. Viel schadete das damals noch tiefgewurzelte Vorurteil gegen deutsche Art und Kunst und kindische Vorliebe für das Ausland. Inzwischen wurde mir doch erlaubt, einigen Offizieren Unterricht in den Wissenschaften zu geben und hernach einer Anzahl Stabs- und Subalternoffiziere öffentliche Vorlesungen über Geschichte und Ästhetik zu halten. Dieses angenehme Geschäft brachte mich in die Bekanntschaft vieler würdiger Offiziere, die mir manche süße Lebensstunde verschafften. Da ich mich aber mit dem Spezial Zilling, einem gelehrten, nur für mich zu trockenen, allzu gravitätischen Mann, mit dem sich damals meine Grundsätze gewaltig durchkreuzten, durchaus nicht stellen wollte, so wankte bald der Boden, auf dem ich stand.

Es war überhaupt von mir die sträflichste Unklugheit, daß ich mich aus einem gewissen inneren Widerwillen nie mit der Geistlichkeit vertragen wollte. Ich bedachte nicht, daß sie fast überall, zum Teil auch in protestantischen Landen, eine furchtbare Kelte bildet. Man darf nur ein Glied zum Zorne entzünden, so glühen gemeiniglich die übrigen Glieder der großen Kette alle.[17]

Dass der Brausekopf bei jeder Gelegenheit in protestantischem Zorn ausgerechnet über die damals noch mächtigen Jesuiten herzog, sollten sie ihm später unter Mithilfe des ebenfalls gekränkten Carl Eugen böse heimzahlen.

Die Zahl der Freunde und Verteidiger des Jesuiterordens vermindert sich täglich. Die Partei der Großen und der Verständigen ist gegen sie. Daß hier und da katholischer Pöbel noch ein Seufzerlein für sie gen Himmel schickt, machts nicht aus. Die Welt sieht nun einstimmig ein, daß die Verdienste dieses Ordens nicht so groß gewesen, als man anfangs glaubte. Die Katholischen machen nun die herrlichsten Erziehungsanstalten ohne Beistand der Jesuiten, und wir Protestanten haben schon längst in allen Teilen der Wissenschaften Meister aufzuweisen, ohne unsere Weisheit aus den Schulen oder Schriften der Jesuiten geholt zu haben. In der Mathematik und Physik hatten sie einige sehr gute und brauchbare Männer, in allen andern Wissenschaften aber würd' es schädlich sein, ihre Grundsätze fortzupflanzen. Ihre Theologie ist ein weitläufiges, scholastisches Gewirre, das das Herz nicht bessert und den Verstand mit unnützen Subtilitäten anfüllt. Ihre Methode, die Philosophie zu lehren, ist steif und unnütze. Schwimmt auch hier und dar eine große Leibnizsche Idee in ihren Systemen; so ersticken sies wieder in ihrem eignen Wüste. Ihre Moral ist verderblich und dem Staate nachteilig und in den schönen Wissenschaften haben sie kaum etwas mehr getan – als gelallt.[18]

Ein Oppositioneller des Rokoko

In Gesprächen mit Autoren und Deutschlehrern wird Schubart nicht selten den kämpferischen Dichtern des Vormärz zugeordnet. Das mag einmal an der kompromisslos hedonistischen Lebenshaltung liegen, die man einem deutschen Bürger des 18. Jahrhunderts nicht zutraut. Es ist aber auch der aggressiv-ironische Ton, der manche Schubart-Gedichte wie einen Georg Weerth oder Georg Herwegh klingen lässt. Gemeinsam auch die Themen: Fürstenwillkür, Massenelend, eine zensierte Presse und ein zerrissenes Deutschland – so wenig hatte sich politisch von Jahrhundert zu Jahrhundert geändert.

Schubart ist ein Kind des leichtfüßigen Rokoko. Nur schlug der schwäbische Rebell knapp hundert Jahre früher auf die Pauke, und die schlug er laut und ziemlich allein. Gut, da gab's den zehn Jahre älteren Aufklärer Lessing, den Schubart bewunderte, aber der räsonnierte im fernen, freieren Norden. Und der Bruder im Geiste, Friedrich Schiller, lag noch an der Brust seiner pietistischen Mutter. Vielleicht pfiff Schubart auch deshalb das politische Lied so laut; weil es so dunkel war im Hause Württemberg. Deshalb gehört er unbedingt in ein Pantheon für deutsche Rebellen, von denen wir nun wirklich nicht viele haben.

Tatsächlich hätte er die dichterische Ikone der Freiheitsbewegung in der Restaurationszeit (ab 1815) sein können. Viel Gescheites hat er gesagt zu einem freien Deutschland und einem Patriotismus, der das Fremde nicht ausgrenzt. Wobei er – zugegeben – nicht immer den rechten Ton traf. Er, der Aristoteles verehrte, vermochte das mittlere Maß selten zu finden. Peter Härtling kritisiert die Widersprüche in Schubarts Argumentation, die impulsive, oft unkontrollierte Schreibe, nicht zuletzt die des Journalisten:

Er war mit Verve vaterländisch, er wünschte sich Preußen mächtig und ohnmächtig in einem, er hing an seiner engeren Heimat, grenzte sie säuberlich ab, schilt Französlinge erst, rühmte den klaren Geist der Franzosen dann. Im Denken war er ein feuriger Provinzler, im Schreiben ein herzhafter Weltmann. Oft schrieb er ohne nachzudenken; die Wut entrollte Sätze wie knatternde Fahnen. Ihm genügte es.[19]

Aber gehört die Widersprüchlichkeit nicht auch zum lebendigen Denken dazu? Haben wir als dialektisch Geschulte nicht gelernt, dass der Widerspruch manchmal ausgehalten werden muss? Und ist es ein Widerspruch, den geckenhaften Höfling zu verhöhnen und Voltaire zu loben? Zugegeben, es ist schwer, diesem schwäbischen Anarchisten gerecht zu werden. Und jede Annäherung bleibt eine hermeneutische Herausforderung. Zumal es über diesen Dichter bis heute keine wissenschaftliche Gesamtausgabe gibt. Pamphlete (vor allem von den Pfarrern) hingegen existieren reichlich.

Die Fachwerkgemeinde Aalen, weniger durch Schubart als durch den Fußballklub VFR Aalen bekannt[20], bemüht sich redlich um die Nachlassverwaltung des berühmten Sohnes. So vergibt Aalen seit 1955 alle zwei Jahre den angesehenen *Schubart Literaturpreis*. Die Kreisstadt verwahrt auf der Basis des Sammlers Wilhelm Jacob Schweiker Erstausgaben, Autographen, Briefwechsel, Notenblätter und Literatur über Schubart im Stadtarchiv und stellt Teile im Schubart-Museum aus. Aber Hinweise auf wissenschaftliche Auseinandersetzungen mit dem kritischen Geist sucht man selbst auf der Home-Page des Museums vergeblich. Im Internet wird gerade mal eine Hausarbeit angeboten, und die wurde bereits 1999 fertiggestellt: »Leben und Werk von Christian Friedrich Daniel Schubart«, geschrieben von der Studentin Sabrina Reuter an der Heinrich-Heine-Universität Düsseldorf.

Insofern scheint mir Schoellers Verdacht nicht ganz unbegründet zu sein:

Es tritt auf im fernen 18. Jahrhundert, in einer seiner dunkelsten deutschen Gegenden: ein rebellischer Untertan, ein plebejischer Volksdichter, ein frecher Journalist, ein Opfer despotischer Willkür. Der sittlichen Norm seiner Zeitgenossen schon als Schüler entlaufen, ist er aus den Literaturgeschichten weitgehend verbannt oder zu einer Fußnote für Despotenwillkür geschrumpft. Pfarrer und bibelfeste Heimatforscher haben sich um ihn geschart, fest entschlossen, sein Leben als Charakterfrage zu erörtern. Was ihnen mißlang, haben ihre Nachfolger, die Pastoren unter den Schubart-Biographen besorgt; sie entwarfen einen moralisch Verkommenen, wo sie hätten einen Rebellen entdecken können. So ist, trotz ihres unermeßlichen Fleißes im Detail dieses Leben noch immer unentdeckt, unter den Marmorsprüchen und Tugendweisheiten des protestantischen Pfarrhaushalts verschüttet.[21]

Peter Härtling zählt zu den profundesten und renommiertesten Kennern des schwäbischen Rebellen. Bereits 1974 erhielt er dafür Aalens Schubart-Literaturpreis. Aber auch er moralisiert manchmal:

»Viele Male musste Helene Schubart, von ihrem Mann in Stich gelassen, betrogen und belogen, bei ihrem Vater Zuflucht suchen. Schubart, abgelenkt von Weibern und sich rasch verflüchtigendem Ruhm, war nicht imstande, eine Ehe zu führen; er sanktionierte, um seiner selbst willen, die Unordnung, und er sentimentalisierte – in mühsamer Prosa und in holpernden Versen – sein Verhältnis zu Helene.«[22]

Diese abfällige Doppelung von Lebens- und Schreibstil offenbart einen etwas genervten Chronisten. Da frage ich mich, wie Härtling wohl das Werk des Vagabunden François Villon unter Berücksichtigung seines schlampigen Lebenswandels beurteilen würde. Oder das des notorischen Diebes Jean Genet? Haben die Franzosen eine andere Messlatte für ihre Dichter?

Sentimentalisiert hat Schubart sicherlich, als er im Felsenloch auf dem Hohen Asperg festsaß. Zehn Jahre keine Sonne, keinen Sex, keinen Wein. Und das einem, der die freie Wildbahn liebte wie kein zweiter! Erst im neunten Jahr darf Ehefrau Helene den Gefangenen besuchen. Wer wäre da nicht weinerlich geworden? Dass Schubart nicht wahnsinnig wurde, ist ein Wunder. 377 Tage Totalisolation. Ein Vorgänger soll, so berichtet es Schoeller, im faulig-feuchten Felsenloch verreckt sein. Man kann sich die grausamen Arbeitsbedingungen kaum vorstellen, unter denen Schubart seine Erinnerungen schrieb:

Ich lag, gleich einem Toten, in der Grube, die kein Wasser gibt als Tränen. Ich hatte kein Buch, kein Papier, keine Schreibtafel, keine Feder, keinen Bleistift, keinen polierten Nagel und habe doch diese meine Lebensbeschreibung verfertigt. Denn mir zur Seite lag ein Mitgefangener, der mehr Freiheiten hatte als ich. Dem diktierte ich dies mein Leben durch eine dicke Wand in die Feder. Da mir das Schreiben aufs strengste verboten war, so verbarg ich dies mein Leben mehrere Jahre unter dem Boden, wo es beinahe vermoderte.[23]

Von Scheidling heißt der Mitgefangene und tapfere Sekretär, bereits seit 19 Jahren (!) in Haft, der Schubarts Lebenserinnerungen erst möglich machte. Ob der Olympier Goethe in dieser misslichen Lage die klassische Weimarer Höhe erreicht hätte? Er zog es vor, obwohl einmal Gast bei Herzog Eugen, den Sträfling nicht zu besuchen. Und noch etwas unterschlägt Härtling. Der Autor Heinz Rainer Rheinhardt, ebenfalls Träger des Schubart-Literaturpreises (1964), weist in der stark biographischen Erzählung »Ich, Schubart, ein Genie« auf eine unglückliche Liebe des Schriftstellers hin. Bevor Schubart die brave und fürchterlich duldsame Helene ehelichte, schwärmte er für eine gewisse Katrin. Rheinhardt formuliert emphatisch folgenden Monolog:

Katrin hätte mich verstanden, meine Wünsche, Hoffnungen, Wege und auch Irrwege. Der letzte Winkel meiner Seele lag vor ihr offen. Sie hätte mich zügeln können – mit einer leisen Geste. Nicht eines Wortes bedurfte es dazu. Aber als wir schon im Einverständnis waren, als unser Leben nur noch eine Straße zu kennen schien, erwies sich dieser Pakt als eine Illusion. Wir hatten die Rechnung ohne den Wirt gemacht, ohne Katrins Vater. Ein ärmlicher Schulmeister als Tochtermann! Das war zu wenig für seinen Bürgerreichtum und zu viel für seinen Patrizierstolz. Er spuckte verächtlich in die Luft; er sagte nein, und seine Frau gebärdete sich dabei wie eine Tolle. Wie könne ein Armenhäusler, ein Habenichts die Frechheit besitzen, sich eine Ehe mit Katrin auch nur in Gedanken vorzuzaubern! Und Katrin schwieg. Es war das erste Mal, daß ich sie bestürzt sah. Ich wußte, daß sie mich liebte. Wäre sie ihrem Vater mit einem einzigen Nein, mit dem kleinsten nur, begegnet, wer weiß, was aus dieser Stunde gediehen wäre! Ich hätte den Teufel und die abgründigste Bosheit der Welt mit Katrin zusammen niedergekämpft. Doch als sie dastand, stumm, mit keinem Blick für mich, offenbar ungerührt von der Schmach, die mir ihr Vater antat, stürmte ich fort – ohne Abschied, ohne Gruß und ohne Trost und Verheißung. Helen war die erste beste, die mir zu jener Zeit über meine krummen Wege lief. Und ich voller Haß und mit zerbrochener Seele. Katrin, schrie mein Blut, Katrin, stöhnte mein Herz, als ich meinen zukünftigen Schwiegervater um sein Jawort

Deutsche Chronik.

auf das Jahr 1774.

herausgegeben
von
M. Christ. Fried. Daniel
Schubart.

Zweytes Vierteljahr.
vom 27sten bis 52sten Stück.

Ulm,
gedruckt bey Christian Ulrich Wagner,
und zu finden
in Augsburg,
bey Conrad Heinrich Stage.

bat. Helen statt Katrin! Der satte Reichtum sollte erfahren, daß Schubarts Glück nicht von einer vollen Geldkatze und von Familiendünkel abhängig war. Welch eine Täuschung![24]

Diese Schmach entschuldigt nicht Schubarts Liederlichkeiten, aber sie gibt der Biographie eine zusätzliche Farbe. Er liebt Helene unglücklicher Weise nicht; er kann nicht bei ihr bleiben, weil er zum fügsamen Biedermann nicht taugt. Könnte man Schubarts unbotmäßiges Verhalten gegenüber jeder Etikette und Biederkeit nicht auch als trotziges Protestgebaren eines Zurückgewiesenen verstehen? Diese Pose hat schon etwas Eulenspiegelhaftes. Sie werden dich niemals als Ihresgleichen akzeptieren, also »scheiße« ich drauf.

Schubart hat seine Notdurft auf die schönsten »Rokoko-Konsolen« gesetzt. Leider war er nicht so durchtrieben wie der berühmte Narr, der sich noch aus jeder Schlinge herauszureden wusste. Schubart ist zu eitel, um nicht auf den Leim zu gehen: Er durchschaut die Kabale des Kloster-Oberamtmanns Scholl nicht, der Schubart aus der sicheren Reichsstadt Ulm ins württembergische Blaubeuren lockt mit dem Argument, ein Schwager von ihm wolle den berühmten Dichter unbedingt kennen lernen. Wobei Scholl nicht mit leichtem Herzen Verrat beging. Der Herzog hatte einen Wunsch und Scholl hatte Familie.

18. Januar 1777

Dem Closters Oberamtmann Scholl zu Blaubeuren wird nicht unbewußt sein, wie vor einigen Jahren der in Ludwigsburg angestellt gewesene Stadt Organist Schubart theils um seiner schlechten und ärgerlichen Aufführung willen, theils wegen seiner sehr bösen und sogar Gotteslästerlichen Schreibart, auf unterthänigsten Antrag des Herzoglichen Geheimen Raths und Consistorii, seines Amtes entsetzt und von dort weggejagt worden.

Dieser sich nunmehr zu Ulm aufhaltende Mann fährt bekanntermaßen in seinem Geleise fort, und hat es bereits in der Unverschämtheit so weit gebracht, daß fast kein gekröntes Haupt und kein Fürst auf dem Erdboden ist, so nicht von ihm in seinen herausgegebenen Schriften auf das freventlichste angetastet worden, welches Se. Herzogl. Durchlaucht schon seit geraumer Zeit auf den Entschluß gebracht, dessen habhaft zu werden, um durch sichere Verwahrung seiner Person die menschliche Gesellschaft von diesem unwürdigen und ansteckenden Gliede zu reinigen.

Sich dieserwegen an den Magistrat zu Ulm zu wenden, halten Höchstdieselbe für zu weitläufig und dürfte vielleicht den vorgesetzten Endzweck gänzlich verfehlen machen; wohingegen solcher am besten dadurch zu erreichen wäre, wenn Schubart unter einem scheinbaren oder seinen Sitten und Leidenschaften anpassenden Vorwande auf unstreitig Herzogl. Württembergischen Grund und Boden gelockt und daselbst sofort gefänglich niedergeworden werden könnte. [...]

Carl, Herzog zu Württemberg und Teck[25]

Im Haus des Amtmanns gleich am Benediktinerkloster erwartete den erstaunten Dichter also kein Literaturenthusiast, sondern eine hochrangige Abordnung des Herzogs Carl Eugen. Und ab ging's mit dem »unwürdigen und ansteckenden Gliede« in die Quarantäne auf den Asperg, der im Volksmund »Württembergs höchster Berg« heißt: Weil es nur fünf Minuten dauert, um hinauf zu kommen, aber ewig um wieder herunter zu gelangen. Das war im tief verschneiten Januar 1777, für Schubart sollte es ein zehnjähriger klirrender Winter werden.

Versuch, das Kreuz zu brechen

Wer über Schubarts mäßige Literaturproduktion mäkelt, sollte die zehnjährige Vorhölle in die Bilanz hineinrechnen. Die Isolationshaft trägt maßgeblich dazu bei, dass der Autor Schubart unvollendet bleibt; sie schneidet ihn über Jahre vom geistigen Leben ab und raubt ihm wichtige Schaffenskraft. Wen wundert es, dass seine Erinnerungen, in einem stickigen, dunklen Turmverließ geschrieben, im Ton unausgeglichen sind. Wenn auch der Ausdruck von barocker Wucht bleibt.

Härtling erzählt, warum Schubart seine Erinnerungen nach der Haft nicht noch mal überarbeitet hat. Der Mann war kaputt. In Härtlings Hölderlin-Roman beeindruckt die Schilderung einer Begegnung zwischen dem jungen, ehrfürchtigen Hölderlin und dem großen Schubart, der nach der Festungshaft gnädigerweise Theaterdirektor werden durfte. Was für eine Posse, erst Sträfling, dann Staatsdiener in Stuttgart! Vermutlich hatte die Lieblingsmätresse des Herzogs Franziska von Hohenheim ein gutes Wort eingelegt[26].

Vielleicht fürchtete Carl Eugen aber auch, Schubart könnte sich zu seinem Sohn Ludwig nach Berlin absetzen, um ihn von dort aus publizistisch zu desavouieren. Schoeller formuliert treffend: »Ein Staatsfeind in Staatsdiensten war weniger gefährlich als ein emigrierter Journalist in einem fremden Land.«[27]: Der Herzog köderte den Dichter der Freiheit mit einem fürstlichen Gehalt. Härtling beschreibt nun, wie erledigt Schubart nach der Haft war:

Neuffer bringt ihn zur Wohnung Schubarts. Seit zwei Jahren ist Schubart frei. Herzog Carl Eugen hatte ihn, bedrängt von vielen, vom Hohenasperg entlassen, und nicht nur das, nun überschüttete er den Gebrochenen mit Vergünstigungen, machte ihn zum Theaterdirektor, gestattete ihm sogar, die »Vaterländische Chronik« fortzuführen, freilich unter Zensur und mit dem Wissen, daß Schubart es kaum mehr wagen würde, die ihm so huldvoll geschenkte Freiheit erneut schreibend zu gefährden. Sie wurden von einer Bedienerin in einen elegant möblierten Salon geführt, der gar nicht bewohnt schien, wohl eher zum Vorzeigen gedacht war. Jetzt sollte er ihm begegnen, dem feurigen Schreiber der Freiheit, dem Bewunderer Voltaires und Oetingers, dem Verfasser der »Fürstengruft« und des »Ahasverus«, den er besonders liebte. Sie müssen längere Zeit warten. Schubart scheint aufgehalten. Sie wagen sich nicht zu setzen, reden nicht miteinander. Neuffer sieht aus dem Fenster. Hölderlin geht mit kleinen Schritten auf und ab.

Schubart habe eben viel zu tun jetzt, sagt Neuffer unvermittelt und ein bißchen ironisch. Kurz danach tritt er auf, Hölderlin hatte sich ein anderes Bild von dem Mann gemacht. Er ist aufgeschwemmt, sein Gesicht wulstig und rot. Er bewegt sich schwerfällig, man hört seinen Atem. Die zehnjährige Gefangenschaft hat ihn sichtbar zerstört, und auch nun nimmt er keine Rücksicht auf sich. Seine Kleidung ist unordentlich, die Weste falsch geknöpft. Er riecht nach Wein, ein halbwüchsiges Mädchen, vielleicht die Tochter, bringt auch, kaum ist er eingetreten, auf einem Tablett einen Krug Roten und drei Gläser.

's isch recht, sagt er, begrüßt Neuffer vertraut, wendet sich Hölderlin zu: Des isch also der Junge Mann mit dem große Talent. Mit einer fahrigen Armbewegung lädt er sie ein, sich zu setzen, läßt sich selbst schnaufend auf die Chaiselongue fallen: 's ist arg, 's ist arg, sagt er, und Hölderlin weiß nicht, was damit gemeint ist, ob die Leiden, die diesen schweren Leib plagen oder die Talente der jungen Leute.

Er hatte sich beim ersten Anblick des aus den Fugen geratenen Helden geekelt und sich vorgenommen, sobald es auch nur ginge, aufzubrechen, doch, ihm gegenüber sitzend, den Blick der geröteten, durch die gequollenen Lider fast blinden Augen aushaltend, begriff er, daß dies ein Opfer maßloser, menschenverachtender Macht war, einer, den der Tod gezeichnet hatte und der nun von seinem Henker ausgehalten wurde. Neuffer bemühte sich, mit einigen Bemerkungen über die Stuttgarter Gesellschaft das Gespräch zu eröffnen, nachdem Schubart das Glas gehoben, daraus einen tiefen Zug getrunken und geschwiegen hatte. Nur der rasselnde Atem war zu hören. Er achtete nicht auf Neuffer. Eine Zeitlang starrte er Hölderlin an, dann sagte er: Des isch alles a Saustall, gell? Sie lächelten und nickten. Das gehört aufgeräumt. Jetzt sprach der Hochdeutsch.[28]

Hölderlin studierte zu dieser Zeit im Tübinger Stift und pflegte mit dem Dichter Ludwig Neuffer einen schwärmerischen Freundschaftsbund, zu dem auch noch Rudolf Magenau gehörte. Unter den Tübinger Studenten galt Schubart (neben Schiller und Kant) wegen seiner rebellischen Texte als Lichtgestalt. Der junge Hölderlin, so beschreibt ihn Härtling, war ein unpolitischer Geist. Aber die »Fürstengruft« wird auch ihn aufgewühlt haben. Das Gedicht müsste eigentlich – zumindest in Auszügen – noch heute in jedem Schulbuch stehen, das sich zu Sturm und Drang und das höfische Leben äußert. Selbst in den besseren Fibeln ist Schubart, abgesehen von löblichen Ausnahmen[29], aber nur eine Randbemerkung wert[30].

Die Fürstengruft

Da liegen sie, die stolzen Fürstentrümmer
Ehmals die Götzen ihrer Welt!

Da liegen sie, vom fürchterlichen Schimmer
Des blassen Tags erhellt

Die alten Särge leuchten in der dunkeln
Verwesungsgruft, wie faules Holz;
Wie matt die großen Silberschilde funkeln,
Der Fürsten letzter Stolz!

Entsetzen packt den Wandrer hier am Haare,
Geußt Schauer über seine Haut,
Wo Eitelkeit, gelehnt an eine Bahre,
Aus hohlen Augen schaut.

Wie fürchterlich ist hier des Nachhalls Stimme!
    Ein Zehentritt stört seine Ruh '.
Kein Wetter Gottes spricht mit lauterm Grimme:
    o Mensch, wie klein bist du!

Denn ach! Hier liegt der edle Fürst, der gute!
    Zum Völkersegen einst gesandt,
Wie der, den Gott zur Nationenruthe
    Im Zorn zusammenband.

An ihren Urnen weinen Marmorgeister;
    Doch kalte Thränen nur, von Stein,
Und lachend grub, vielleicht ein welscher Meister,
    Sie einst dem Marmor ein.

Da liegen Schädel mit verloschnen Blicken,
    Die ehmals hoch herabgedroht,
Der Menschheit Schrecken! – denn an ihrem Nicken
    Hing Leben oder Tod.

Nun ist die Hand herabgefault zum Knochen,
    Die oft mit kaltem Federzug
Den Weisen, der am Thron zu laut gesprochen,
    In harte Fesseln schlug.

Zum Todtenbein ist nun die Brust geworden,
    Einst eingehüllt in Goldgewand,
Daran ein Stern und ein entweihter Orden,
    Wie zween Kometen stand.

Vertrocknet und verschrumpft sind die Kanäle,
    Drinn geiles Blut, wie Feuer floß,
Das schäumend Gift der Unschuld in die Seele,
    Wie in den Körper goß.

Sprecht Höflinge, mit Ehrfurcht auf der Lippe,
    Nun Schmeichelei'n ins taube Ohr!
Beräuchert das durchlauchtige Gerippe
    Mit Weihrauch, wie zuvor!

Er steht nicht auf, euch Beifall zuzulächeln,
    Und wiehert keine Zoten mehr,
Damit geschminkte Zofen ihn befächern,
    Schamlos und geil, wie er.

Sie liegen nun, den eisern Schlaf zu schlafen,
    Die Menschengeisseln, unbetraurt,
Im Felsenloch, verächtlicher als Sklaven,
    Im Kerker, eingemaurt.

Sie, die im ehrnen Busen niemals fühlten
Die Schrecken der Religion,
Und Gottgeschaffne, bessre Menschen hielten
Für Vieh, bestimmt zur Frohn

Die das Gewissen, jenen mächt'gen Kläger
Der alle Schulden niederschreibt,
Durch Trommelschlag, durch welsche Trillerschläger
Und Jagdlärm übertäubt;

Die Hunde nur und Pferd' und fremde Dirnen
Mit Gnade lohnten, und Genie
Und Weisheit darben liessen; denn das Zürnen
Der Geister schreckte sie.

Die liegen nun in dieser Schauergrotte
Mit Staub und Würmern zugedeckt,
So stumm! So ruhmlos! Noch von keinem Gotte
Ins Leben aufgeweckt.

Weckt sie nur nicht mit eurem bangen Aechzen
Ihr Schaaren, die sie arm gemacht,
Verscheucht die Raben, dass von ihrem Krächzen
Kein Wüthrich hier erwacht!

Hier klatsche nicht des armen Landmanns Peitsche,
Die Nachts das Wild vom Acker scheucht!
An diesem Gitter weile nicht der Deutsche,
Der siech vorüberkeucht!

Hier heule nicht der bleiche Waisenknabe,
Dem ein Tyrann den Vater nahm;
Nie fluche hier der Krüppel an dem Stabe,
Von fremdem Solde lahm.

Damit die Quäler nicht – zu früh erwachen,
Seyd menschlicher, erweckt sie nicht.
Ha! Früh genug wird über ihnen krachen
Der Donner am Gericht.

Wo Todesengel nach Tyrannen greifen,
Wenn sie im Grimm der Richter weckt
Und ihre Gräul zu einem Berge häufen,
Der flammend sie bedeckt.

Ihr aber, bessre Fürsten schlummert süße
Im Nachtgewölbe dieser Gruft!
Schon wandelt euer Geist im Paradiese,
Gehüllt in Blüthenduft.

Jauchzt nur entgegen jenem großen Tage,
Der aller Fürsten Thaten wiegt,
Wie Sternenklang tönt euch des Richters Wage,
Drauf eure Tugend liegt.

Ach, unterm Lispel eurer frohen Brüder –
Ihr habt sie satt und froh gemacht,
Wird eure volle Schale sinken nieder,
Wenn ihr zum Lohn erwacht.

Wie wird's euch seyn, wenn ihr vom Sonnenthrone
Des Richters Stimme wandeln hört:
»Ihr Brüder, nehmt auf ewig hin die Krone,
Ihr seyd zu herrschen werth.«[30]

Das despektierliche Gedicht entstand 1783 im fürstlichen Knast. Wobei der Dichter gegen Ende das versöhnliche Bild vom guten Regenten entwarf und wohl vor allem Friedrich den Großen damit meinte. Aber keine Spur von Verzagtheit oder gar Läuterung, da sprach das alte Lästermaul. Voller Wut hatte er es einem Fourier[31] in die Feder diktiert, weil der Landesherr einen versprochenen Termin zur Haftentlassung hatte verstreichen lassen. Der Widerspruchsgeist glimmte noch immer! Und das nach Jahren schwerer Isolation, in der ein pietistischer Menschenschinder alles getan hatte, um Schubart das Kreuz zu brechen.

Philipp Friedrich Rieger hieß der allerhöchste Zuchtmeister und Hirnwäscher des Herzogs, selbst ein ehemaliger Sträfling. Perfide gedacht von Carl Eugen, einen Capo zum Pädagogen aufzuwerten. Rieger traf dann im Mai 1782 in Ausübung seiner schwarzen Pflicht der Schlag, als er gegenüber einem Sträfling einen seiner üblichen Anfälle von Jähzorn bekam[32]. Die exorzistischen Umerziehungsrituale Riegers zeigten durchaus Wirkung. Schubart verstieg sich zu quälerischen Selbstbezichtigungen, in seinen Erinnerungen nachzulesen. Auch schrieb er kriecherische Schmeicheleien auf seine Peiniger, die ihm später von weltfremden und selbstgerechten Chronisten übel genommen wurden.

Wie schlecht Schubarts gesundheitlicher Zustand war, können wir bei Schubarts Sohn Ludwig nachlesen[33]. Schoeller behauptet, Ludwig habe »als einer der wenigen erkannt, dass die Haft bei Schubart schwere seelische Schäden hervorgerufen hat und dass diese auf das moraltheologische Erziehungswerk zurückzuführen sind«[34]. Überhaupt seien Hafterleichterungen nur durch Gesten der Unterwürfigkeit möglich gewesen[35].

Auch Hans Krauss betont in seinem Nachwort zu einer Neuauflage von Schubarts »Deutscher Chronik«, dass der Autor »seinen persönlichen Mut mehrfach bis zur äußersten Konsequenz bewiesen hat« (36). Wie gereizt Carl Eugen auf Renitenz reagierte, zeigt seine hochherrschaftliche Reaktion auf »Die Fürstengruft«; er verlängerte kurzerhand des Satirikers Arrest.

*

Schiller besucht Schubart im Gefängnis. Archiv.

Heldenverklärung

Ganz Deutschland blickte auf den armen Tropf, der als lebendiges Beispiel willkürlicher Herrschaftsjustiz auf dem Hohenasperg schmorte. Oder sollte man sagen, lebendig begraben lag? So drastisch empfand der Sträfling seine Situation, als er die »Fürstengruft« schrieb; im Grunde lagen nicht die Fürsten, sondern er in der »Schauergrotte«, im »Felsengrab«. Despotenwillkür und Verrat, Stoff genug für eine Heldenverklärung. Ostentativ besucht ihn der junge Schiller im Kerker. Er kommt insgesamt zwei Mal von Stuttgart nach Asperg und erklimmt den »Tränenberg«, wohl auch, weil er mit Schubarts Sohn Ludwig befreundet ist. Beide Zöglinge der »Militärakademie«[37] in Stuttgart, die zunächst (1770) ein Militärwaisenhaus für Kinder unbemittelter niederer Offiziere war und zur »Militär-Pflanzschule« für fähige Offizierssöhne ausgebaut wurde. Ja, ja, der Despot gab sich hin und wieder als barmherziger Landesvater. Vermutlich übte auch hierbei Franziska von Hohenheim[38] ihren läuternden Einfluss aus. Nachdem Ludwig der Vater genommen war – der faulte ja auf der Festung –, gab der Herzog den Befehl, den »Waisen« in die militärisch strenge Eliteschule zu stecken, ausgerechnet in die Anstalt, die Vater Schubart abfällig »Sklavenplantage« nannte.

Seitdem Schubart sich trotz Rieger und Co als ungebrochener Literat zurückgemeldet hat – wobei der Häftling nur noch krauchen konnte – kennt die Verklärung keine Grenzen mehr. Nicht nur das einfache Volk feiert ihn; die Bildungselite zeigt nun auch Flagge: Lavater, Campe und sogar Goethe (der Schubarts Stil nie mochte) bitten um seine Freilassung. Vergeblich. Nicht einmal fürstliche Fürsprachen aus Baden, Darmstadt, Weimar, Gotha und Coburg können den Regierungskollegen in Württemberg erweichen.

Zwei Jahre später, 1785, gelingt Schubart ein weiterer literarischer Coup, das »Kaplied«; der »Protestsong« wurde in einer Broschüre gedruckt und fand reißenden Absatz. Daraufhin nutzte Carl Eugen clever die Popularität seines Zöglings, um finanziellen Nutzen zu ziehen. Vielleicht brauchte er auch ein Ventil, um den öffentlichen Druck abzumildern. Der Herzog ließ eine Auswahl geistlicher und weltlicher Gedichte Schubarts in seiner Akademischen Buchdruckerei herausbringen. Kaum angekündigt, verzeichnete diese Ausgabe rund 3000 Vorbestellungen.

Auf der Kundenliste standen nicht weniger als vierzehn deutsche Regenten. Die Schubart-Begeisterung hatte alle Stände erfasst. Ein Großteil des Honorars ging in die württembergische Staatskasse. So macht man einen Rebellen zu Silber.

Ein halbes Jahrhundert später erinnert sich Heinrich Heine an Schubart. Da ist der schwäbische Widerstandsheld fast schon ein Vergessener. Im Anblick deutschen Auswandererelends klingt Heine unwillkürlich das »Kaplied« im Ohr:

Deutschland, das sind wir selber. Und darum wurde ich plötzlich so matt und krank beim Anblick jener Auswandrer, jener großen Blutströme, die aus den Wunden des Vaterlands rinnen und sich in den afrikanischen Sand verlieren. Das ist es; es war wie ein leiblicher Verlust, und ich fühlte in der Seele einen fast physischen Schmerz. Vergebens beschwichtigte ich mich mit vernünftigen Gründen: Afrika ist auch ein gutes Land, und die Schlangen dort züngeln nicht viel von christlicher Liebe, und die Affen dort sind nicht so widerwärtig wie die deutschen Affen – und zur Zerstreuung summte ich mir ein Lied vor. Zufällig aber war es das alte Lied von Schubart:

»Wir sollen über Land und Meer
Ins heiße Afrika.

An Deutschlands Grenzen füllen wir
Mit Erde noch die Hand;
Und küssen sie, das sei dein Dank
Für Schirmung, Pflege, Speis und Trank,
Du liebes Vaterland.«

Nur diese Worte des Liedes, das ich in meiner Kindheit gehört, blieben immer in meinem Gedächtnis, und sie traten mir jedesmal in den Sinn, wenn ich an Deutschlands Grenze kam. Von dem Verfasser weiß ich auch nur wenig, außer daß er ein armer deutscher Dichter war und den größten Teil seines Lebens auf der Festung saß und die Freiheit liebte. Er ist nun tot und längst vermodert, aber sein Lied lebt noch; denn das Wort kann man nicht auf die Festung setzen und vermodern lassen.[39]

Schubarts Lieder führen bis heute ein merkwürdiges Eigenleben, denken wir nur an die »Bachforelle« (übrigens eine Parabel auf Schubarts übermütiges Leben). So ist auch der Gassenhauer, der Heine noch im Ohr klang, lebendiger als der Autor selbst.

Heute müssten diesen herzzerreißenden Text wohl eher die Afrikaner singen, die für ihre Flucht nach Europa das Leben riskieren:

Kaplied

Auf, auf! ihr Brüder und seyd stark,
    Der Abschiedstag ist da!
Schwer liegt er auf der Seele, schwer!
Wir sollen über Land und Meer
    Ins heiße Afrika.

Ein dichter Kreis von Lieben steht,
    Ihr Brüder, um uns her;
Uns knüpft so manches theure Band
An unser deutsches Vaterland,
    Drum fällt der Abschied schwer.

Dem bieten graue Eltern noch
    Zum letztenmal die Hand;
Den kosen Bruder, Schwester, Freund;
Und alles schweigt, und alles weint,
    Todtblaß von uns gewandt.

Und wie ein Geist schlingt um den Hals
Das Liebchen sich herum:
Willst mich verlassen, liebes Herz,
Auf ewig? – und der bittre Schmerz
Macht's arme Liebchen stumm.

Ist hart – drum wirble du, Tambour,
Den Generalmarsch drein.
Der Abschied macht uns sonst zu weich,
Wir weinten kleinen Kindern gleich –
Es muß geschieden seyn.

Lebt wohl, ihr Freunde! Sehn wir uns
Vielleicht zum letztenmal;
So denkt, nicht für die kurze Zeit,
Freundschaft ist für die Ewigkeit,
Und Gott ist überall.

An Deutschlands Grenze füllen wir
Mit Erde unsre Hand,
Und küssen sie – das sey der Dank
Für deine Pflege, Speis' und Trank,
Du liebes Vaterland!

Wenn dann die Meereswoge sich
An unsern Schiffen bricht,
So segeln wir gelassen fort;
Denn Gott ist hier und Gott ist dort.
Und der verläßt uns nicht!

Und ha, wenn sich der Tafelberg
Aus blauen Düften hebt;
So strecken wir empor die Hand,
Und jauchzen: Land! ihr Brüder, Land!
Daß unser Schiff erbebt.

Und wenn Soldat und Offizier
Gesund ans Ufer springt,
Dann jubeln wir, ihr Brüder, ha!
Nun sind wir ja in Afrika.
Und alles dankt und singt.

Wir leben drauf in fernem Land
Als Deutsche brav und gut.
Und sagen soll man weit und breit,
Die Deutschen sind doch brave Leut',
Sie haben Geist und Muth.

Und trinken auf dem Hoffnungskap
Wir seinen Götterwein;
So denken wir von Sehnsucht weich,
Ihr fernen Freunde, dann an Euch;
Und Thränen fließen drein.[40]

Härtling notiert in seinem Roman »Hölderlin«, dass die Bürger diesen Text wie ein Rebellenlied sangen. Vier Jahre vor der französischen Revolution gärte es auch in der süddeutschen Bevölkerung; vor allem die Mittellosen, die Bauern, die verarmten und verratenen Soldaten (Schubart nennt sie Bettelsoldaten) waren voller Hass gegen die Herrschenden. Was für skandalös menschenverachtende Zustände: Deutsche waren in ihrem eigenen Land Sklaven. Landeskinder wurden einfach von der Straße weggeraubt und wie Vieh für gutes Geld an eine holländisch-indische Compagnie verkauft. Wohlgemerkt, das Geld erhielten nicht die Familien, sondern der Landesvater für seinen höfischen Glanz: »*Die Truppen waren offiziell Freiwillige, insgeheim aber hatte man ganze Dörfer umstellt und die jungen Burschen einfach zur Unterschrift unter den Werbevertrag gezwungen.*[41] Der sonst so isolierte Schubart erlebte die Aushebung hautnah mit, denn die Zwangsrekrutierten waren zeitweilig auf der Festung stationiert. Schubart schrieb darüber am 22. Februar 1787 an einen Freund:

Künftigen Montag geht das aufs Vorgebirg der guten Hoffnung bestimmte würtembergische Regiment ab. Der Abzug wird einem Leichenkondukte gleichen, denn Eltern, Ehemänner, Liebhaber, Geschwister, Brüder, Freunde verlieren ihre Söhne, Weiber Liebchen, Brüder, Freunde – wahrscheinlich auf immer. Ich hab ein paar Klagelieder auf diese Gelegenheit verfertigt, um Trost und Mut in manches zagende Herz auszugießen. Der Zweck der Dichtkunst ist, nicht mit Geniezügen zu prahlen, sondern ihre himmlische Kraft zum Besten der Menschheit zu gebrauchen.[42]

Der Philosoph Immanuel Kant zürnte öffentlich über die Prunksucht des Adels und dessen Menschenhandel. Friedrich Schiller ließ sich nach den Räubern ein weiteres Mal durch Schubart inspirieren und schrieb in »Kabale und Liebe« (1784) die berühmt gewordene Anklage eines Kammerdieners: Zeitgleich mit Beaumarchais »Figaro« begehrt ein deutscher Lakai auf; vor Verzweiflung stammelnd, öffnet ein alter Kammerdiener der Fürsten-Maitresse Milfort die Augen, von welchem Geld ihre schönen Klunker bezahlt wurden, nämlich vom Sklavenhandel mit Landeskindern:

O Gott! – Nein – lauter Freiwillige. […] Die Herrlichkeit hättet Ihr doch nicht versäumen sollen, wie uns die gellenden Trommeln verkündeten, es ist Zeit, und heulende Waisen dort einen lebenden Vater verfolgten und hier eine wütende Mutter lief, ihr saugendes Kind an Bajonetten zu spießen, und wie man Bräutigam und Braut mit Säbelhieben auseinander riß, … (Zweiter Akt, Zweite Szene)

Aber die meisten Bürger, so auch der unpolitische Hölderlin, wollen gar nicht so genau wissen, mit welchen Verbrechen Seine Durchlaucht der Herzog seinen Luxus finanziert. Wohl ein Grund, warum die Revolution in Deutschland noch lange auf sich warten ließ. Die Bürger tanzen lieber unter der Schlafmütze als unter dem Freiheitshut. So kommentiert ein gewisser Schreiber Blum den Abmarsch der versklavten Landeskinder in seinem Tagebuch wie folgt: »Über den heutigen Tag bin ich sehr vergnügt. Das 2te Bataillon des aufs cap. Bestimmten

Herzogl. Regiments von 1000. Mann und einem corps Jäger von 200. Mann hat heute seinen Marsch angetreten.«[43] Danach schwärmt er von der Farbenpracht der Uniformen und ist geschmeichelt, dem Schauspiel in Gegenwart von »Adeliche Herrschaften« beiwohnen zu dürfen. Der Blum erinnert fatal an Heinrich Manns Untertan, nur eben weit über hundert Jahre früher.

Der unhöfliche Journalist

Der damalige Medizinstudent Schiller hatte vermutlich durch Veröffentlichungen Schubarts erfahren, was da an Sauereien in Deutschland vor sich ging. Zu dieser Zeit bastelte der achtzehnjährige Autor an ersten Dramenentwürfen und Gedichten. Dass er Schubart las, belegt die Entstehungsgeschichte der »Räuber«. Laut Benno von Wiese ließ sich der Sechzehnjährige zu seinem wilden Sturm- und Drangstück »durch eine Erzählung von Schubart im Schwäbischen Magazin (1775) ›Zur Geschichte des menschlichen Herzens‹«[44] anregen. Der viel zu früh verstorbene Freund Friedrich von Hoven hatte den Lesetipp gegeben. Ein Jahr später kann Schiller in dem zu dieser Zeit berühmten Blatt »Deutsche Chronik« eine skandalöse Geschichte nachlesen. Schubart, ganz investigativer Journalist, veröffentlicht dramatische Zahlen zu einem Sklavenhandel mit Landeskindern. Aufhänger des Artikels sind 52 Bankrotte »in Engelland«, aber was sind die gegen das deutsche Elend:

Hier ist eine Probe der neuesten Menschenschatzung! – Der Landgraf von Hessen-Kassel bekommt jährlich 450000 Taler für seine 12000 tapferen Hessen, die größtenteils in Amerika ihr Grab finden werden. Der Herzog von Braunschweig erhält 56000 Taler für 3964 Mann Fußvolk und 360 Mann leichter Reuterei, wovon ohnfehlbar sehr wenige ihr Vaterland sehen werden. Der Erbprinz von Hessen-Kassel gibt ebenfalls ein Regiment Fußvolk ab um den Preis von 25 000 Taler. 20000 Hannoveraner sind bekanntlich schon nach Amerika bestimmt und 3000 Mecklenburger für 50000 Taler auch. Nun sagt man, der Kurfürst von Bayern werde ebenfalls 4000 Mann in englischen Sold geben. Ein fruchtbarer Text zum Predigen für Patrioten, denen 's Herz pocht, wenn Mitbürger das Schicksal der Negersklaven haben und als Schlachtopfer in fremde Welten verschickt werden.[45]

Schubart war rein zufällig zum Journalismus gekommen. Eigentlich wollte der Satiriker und Satyr nach dem Mannheimer Faux Pas in München Fuß fassen, bei den lebensfrohen Katholiken. Aber wegen seines speziellen Rufs bekam er keine feste Anstellung dort und beschloss, seinen Legenden zu entfliehen. Das liberale Stockholm, in dem sich bereits ein Parlament etabliert hatte, also die bürgerliche Freiheit winkte, schien ihm da angemessen. Der Auswanderer kam aber nur bis Augsburg. Vielleicht in einer Kutscherkneipe traf er den zerknirschten Verleger Conrad Heinrich Stage, der mit seiner Zeitschrift »Das Schwäbische Journal« gerade auf den Bauch gefallen war. Dem Buchhändler Stage fehlten wohl die zündenden Ideen, um eine größere Gemeinde anzusprechen. Da war der Feuerkopf Schubart schon von anderem Kaliber, gemeinsam inspirierten sie sich zu einer neuen Zeitschrift, der »Deutschen Chronik«. Und da Schubart gerade an einem Roman schrieb, der einfach nicht gelingen wollte, schlug er in den Handel ein.

Ein Werbeplakat aus der Zeit des Soldatenhandels. Um 1740.

Die Texte für die »Chronik« formulierte er weitgehend aus dem Stegreif, die Pfeife schmauchend, einen Krug Bier vor sich. Der Dichter in ihm fabulierte und erfand, der Journalist sicherte durch Fakten ab und bediente sich eines eigenen Korrespondentennetzes, Schubart wollte unabhängig bleiben. Hans Krauss fasst diese Sonderbegabung so zusammen:

Am auffallendsten ist der oft bezeugte und in der Tat bezeichnende Umstand, daß er am liebsten im Wirtshaus schrieb. Hier, mitten unter dem Volk, angeregt und befeuert durch Rede und Widerspruch, stieg er aufs »Bänklein« und formulierte stegreifartig in dem volksnahen, unkomplizierten und eindringlich überzeugenden Stil, der die Stärke der Chronik ausmacht. Derartige Szenen sind in einer Anzahl meist unbekannt gebliebener Schubartromane und -dramen festgehalten worden. Das abwägende Formulieren, stilistische Feilen war seine Sache nicht, vielmehr schrieb er so, wie er sprechend produzierte. Vor allem so, freilich auch im Hinblick auf den Wert seines übrigen Schaffens, sind die Worte seines Sohnes zu verstehen, er, der Vater, habe das Beste im Leben gesagt, nicht geschrieben (Ges. Schriften, Bd 2, S. 129). *Hierzu paßt es auch, wenn Ludwig Schubart sich weiter erinnert, immer dann, wenn der Vater sich lange vorbereitet, ein Konzept aufgesetzt habe, sei die Sache entsprechend matt ausgefallen.*[46]

Und genau so sieht Schubarts Zeitung auch aus: Kraut und Rüben, korrekt und unkorrekt, sachlich und schwülstig – also voller Überraschungen und deshalb unterhaltsam. Schubart sieht durchaus seine Schwächen, die im Übrigen auch Stärken sind. Er hat seine Chronik in wenigen Stunden hingehauen, fast Tag für Tag wieder neu. Das machte ihm keiner nach. Selbstbewusst pflichtet er einem seiner Kritiker bei: »Hast recht; mein Stil ist sehr ungleich; aber, lieber Gott, meine Laune ists auch. Wüßtest du meine Umstände, was ich täglich lesen, schreiben, leiden und kämpfen muß, und was es für ein mühsames Geschäft sey, ein periodisches Blatt ohne Gehülfen zu schreiben, so würdest du Nachsicht mit mir haben.«[47]

Schubart konnte sich diese souveräne Antwort leisten, denn bereits im ersten Jahr des Erscheinens verkaufte er zur Freude seines Verlegers Stage in Augsburg an die 1600 Exemplare der »Deutschen Chronik«, wohlgemerkt alle drei bis vier Tage wieder neu. Und das in einem eher geistfeindlichen Klima, denn das Räsonnieren war dem Untertan bei Strafe verboten. Nach der Haft stieg die Auflage sogar auf über 4000 Exemplare an. Zum Vergleich: Friedrich Nicolais berühmte »Allgemeine Deutsche Bibliothek« brachte es »nur« auf 1500 Stück. Und denken wir an Schillers »Horen«, im Januar 1795 gegründet. Die Monatsschrift (!) versammelte im Redaktions-Kollegium so bedeutende Persönlichkeiten wie Johann Gottlieb Fichte und Wilhelm von Humboldt. Der Verleger Cotta musste betrübt zur Kenntnis nehmen, dass trotz der oben genannten grandiosen Autoren – weiter zu nennen sind Körner, Schlegel, Goethe, Herder und Hölderlin – die Auflage stetig sank. Die »Horen« begannen mit einer Auflage von 2000 Exemplaren, wohlgemerkt monatlich. Nach zwei Jahren war das Periodikum bei 1000 Exemplaren angelangt und wurde eingestellt[48]. Wohingegen Schubart kaum Mitstreiter hatte – Sohn Ludwig half als Korrespondent hin und wieder aus. Da sage noch einer, der Schubart konnte nicht ausdauernd ackern!

Die Umbenennung in »Schubarts Vaterländische Chronik« (1788/89) mag da nicht nachteilig gewesen sein für eine Leserschaft, die kein einig Vaterland kannte. Aber die relativ hohe Auflagenziffer hatte noch ganz andere Gründe. Hans Krauss gibt zu bedenken, dass »das Blatt, das bis Zürich, Wien, London, Paris und Petersburg ging, von etwa 20.000 Menschen regelmäßig gelesen wurde. Solche Zahlen gehen von dem außerordentlich oft belegten Umstand aus, dass Schubart, der schnell überall Bekanntschaften schloss, gerade auch beim einfachen Volk bekannt war, [...]«[49]

Unter anderem wegen des Titels »Deutsche Chronik« (die der Sprunghafte ein Jahr später schon »Teutsche Chronik« nannte) wurde Schubart Deutschtümelei vorgeworfen, weshalb ihn Nationalisten und Chauvinisten gerne vereinnahmten. Ein großes Missverständnis. Zwar konnte der Patriot Schubart durchaus pathetisch und schwülstig werden; mit dem Bierhumpen als Schreibbegleiter geriet ihm manches zur krachledernen Aschermittwochsrede. Aber warum die »Chronik« ausgerechnet eine deutsche sein müsse, erklärt er mit dem verblüffenden wie erhellenden Hinweis, dass ihm der Sprachforscher Fulda auf die Sprünge geholfen habe: deutsch bedeute nämlich soviel wie deutlich[50].

Schubart sprach also deutsch mit seinen Lesern, was soviel wie offen, unmissverständlich heißt. Der Baccalaureus in Goethes »Faust« formuliert geistesverwandt: »Im Deutschen lügt man, wenn man höflich ist.«[51] Schubart hat in der Tat nur selten höflich formuliert. Und das in einer Zeit, in der die Presse kaum ein offenes Wort wagte, also überhaupt nicht deutsch war. Schubart beschreibt die Situation als peinliche Hofberichterstattung:

»Unter allen kriechenden Kreaturen des Erdbodens ist der Zeitungsschreiber die kriechendste. Wie er da mit kindischer Bewunderung den Pomp der Großen anstaunt! [...] Wie er mit dem Hütlein unterm Arm krumm und sehr gebückt im Vorsaal steht, und dem nießenden Fürsten sein Salus entgegen keucht!«[52]

Deutschland hatte zwar aufgeklärte Geister wie Lessing, Moses Mendelssohn, Kant und Fichte, aber aufgeklärt war deshalb das Land noch lange nicht. Weshalb Schubart sein Hang zur Deutlichkeit immer wieder Unbill einbrachte. Er wurde auf offener Straße attackiert. Eines Nachts warfen aufgebrachte Bürger gar Steine in sein Schlafzimmer, sodass er unter dem Bett Zuflucht suchen musste. Die Augsburger wollten einfach nicht aufgeklärt werden. Schon gar nicht von einem Protestanten.

Der zweite Bürgermeister der Stadt nannte Schubart einen »Vagabunden«, der »für sein heilloses Blatt einen Hut voll englischer Freiheit« begehre. »Nicht eine Nussschale soll er haben.«[53] Als sich Schubart schließlich mit dem äußerst populären Wunderheiler Johann Joseph Gaßner anlegte – er hielt den Kirchenmann mit Recht für einen geschäftstüchtigen Scharlatan – musste er auf Weisung der katholischen Bürgerschaft die Stadt verlassen. Gaßner war eben nicht nur Teufelsaustreiber und Handaufleger, sondern auch noch Pfarrer und ehemaliger Jesuit. Mit der Verspottung dieses Mannes hatte Schubart nicht nur Gaßner-Anhänger gegen sich aufgebracht, sondern auch noch einflussreiche Mitglieder des Jesuitenordens, die es dem antiklerikalen Journalisten schon lange heimzahlen wollten.

*

Vaterlandliebe ohne Hybris

Schubarts Hinweis, dass er sein Blatt »deutsch« nenne, weil er die direkte Sprache eines Luther liebe, erklärt aber nur zum Teil den Titel des politischen Blattes. Selbstverständlich nahm er mit seinem Periodikum kein Blatt vor den Mund. Doch was wäre die »Chronik« ohne die leidenschaftlichen, manchmal auch peinlich pathetischen Entwürfe eines freien und aufrechten Vaterlands? Schubart war ganz eindeutig ein Patriot, aber einer ohne Hybris und ohne imperiale Ansprüche: »Oh Vaterland, Vaterland, möchtest Du Dich auszeichnen vor allen Ländern der Erde durch Großheit, Einfalt, Güte und Schönheitsgefühl in allen Deinen Werken, all Deinem Thun!«[54] Was für eine Reihung! Allein schon die Einfalt, wobei Schubart wohl nicht den Einfaltspinsel meinte, sondern die Arglosigkeit und Schlichtheit.

Deutsche Imperialisten des neunzehnten und zwanzigsten Jahrhunderts hätten mit dieser harmlos tumben Eigenschaft nun gar nichts anfangen können. Und dann noch die Güte und das Schönheitsgefühl. Was wäre aus Europa wohl geworden, wenn es gestritten hätte, wer der Gütigste sei und wer das tiefste Schönheitsgefühl besitze? Die Weltgeschichte der letzten zwei Jahrhunderte wäre wohl anders verlaufen. Schubart träumte von einem vereinten Deutschland, das selbstbewusst seine Kulturleistungen liebt, ohne überheblich aufzutrumpfen. Er sehnte sich danach, stolz sein zu können auf sein Vaterland. Eine Sehnsucht, die er mit Heine teilt, der ein halbes Jahrhundert später ganz im Sinne Schubarts hymnisch dichtet: »Es wächst heran ein neues Geschlecht/Ganz ohne Schminke und Sünden / Mit freien Gedanken, mit freier Lust – / Dem werde ich alles verkünden.«[55]

Unermüdlich beschwört Schubart in seiner »Chronik« die Freiheit. Nicht nur, weil er selbst ein unbändiger Charakter war. Sondern weil es ihn zerreißt, seine Landsleute als Duckmäuser zu sehen. Deutlich weist er darauf hin, dass der herangezüchtete Untertanengeist die Verachtung des sklavischen Deutschen im Ausland berechtigt erscheinen lassen müsse[56]. Voller Bewunderung und Neid blickt Schubart auf die aufgeklärten Engländer, die freien Eidgenossen, die revoltierenden Franzosen:

Wir Deutsche haben keine so freimütige Schriftsteller wie die Engländer! – Glaub's wohl, Hunger, Schmach, öffentliche Schande erwarten den, der's wagt, frei von der Brust zu schreiben. Wenn in den Stunden der Begeisterung uns die Freiheit einen kühnen Gedanken zuschickt und er mit dem Flammenblicke und dem fliegenden Haar ans Pult tritt, so schleicht gleich die kalte Behutsamkeit auf den Zehen herbei und führt ihn ganz langsam wieder zum Zimmer hinaus. Wenn man die verschiedenen Zeitungen, Tagbücher, Zueignungsschriften, Lobreden, Programme u.d.g.. aus allen Provinzen Deutschlands sammelte, so sollte man glauben, Deutschland würde von lauter Göttern, Seraphims und Cherubims beherrscht. Mein Fürst ist ein Gott! Meine Obrigkeit untrüglich! Welche Polizei! Welche menschenfreundliche Anstalten! spricht der Lobredner auf der Kanzel und im Rednerstuhle. – Und unten steht der Patriot, macht zwei Fäuste in seine Tasche, beißt die Zähne zusammen, und Tränen rieslen in seinen Bart.[57]

»Deutsch« muss die »Chronik« aber auch sein, weil die feine Gesellschaft den französischen Lebensstil pflegt. Schubart will einen lutherischen Kontrapunkt zur höfischen Schleimerei und Heuchelei setzen. Die deutschen Höfe kopierten den französischen Lebensstil; nicht zuletzt im prunksüchtigen Ludwigsburg des Herzogs Carl Eugen herrschte die Gallomanie. Schubarts Patriotismus entstand zwangsläufig durch die Auseinandersetzung mit dem galanten Franzosentum. Das gespreizte Getue der Höflinge konnte er auf den Tod nicht ausstehen. Wobei hier noch einmal betont werden muss, dass Schubart die Lustbarkeiten des höfischen Lebens durchaus genoss:

Da kömmt 'n Bürschlein daher im ellenhohen Tappon, riecht wie 'n Apothek, ist hohl und dürr, daß er hallt; hat nach der neuesten Parisermode weder Waden noch Hirn, macht 'n Hasenmäulchen und spricht im Falsettenton: »Wohl uns, daß unsere Tage in das aufgeklärte philosophische Jahrhundert fielen! Was müssen die Alten für Schöpft gewesen sein. Traten in der Sturmhaube im schweren Panzer einher; furnierten einander nieder, hatten Bärte wie Hetzennester; waren große starke Bengels; soffen (hier zog der Philosoph nach der Mode das Eaudelevant-Fläschen heraus) aus Hirnschalen, brüllten Bardengesänge vom Felsen ins Schlachttal hinab; kleideten ihre Weiber in Wolfshäute. – Heil uns! wir haben Freigeister, Stockfische, Putztische, Uhren mit Berlockengetändel, Eau de Lavante, Ungarisch Wasser, Rondeaus, Zuckerwerk, Feenmärchen; Liedchen von Amoretten und Grazien auf Postpapier hingetändelt; haben modische Gesichtlein, hübsch blaß und nicht plump rot, können tanzen, singen und Filetstricken«. – »Hol dich der Henker, du Hasenfuß!«, sagte ein Philosoph von der rauhen Klasse. Solche Zuckerpüppchen, wie du bist, beweisens gar schön, in welchen abscheulichen Zeiten wir leben.[58]

Schubarts Vaterlandsliebe entsprang einer antifeudalen, aber auch sozialen Opposition. Er wollte die Freiheit für alle. Wobei er kein lupenreiner Demokrat war. Er lehnte den Despotismus ab. Aber als Kind der Zeit hing er durchaus dem Traum vom guten König nach. Wobei auch ihm bewusst war, dass die Probleme dann anfangen, wenn der gute König tot ist. Weshalb er 1791 die konstitutionelle Monarchie in Frankreich begrüßte. Ansonsten sympathisierte er mit dem Freiheitskampf der amerikanischen Kolonisten und mit Thomas Jefferson. Knüpfte aber in seinen späteren Schriften nicht an diese republikanische Idee an.

Wilfried F. Schoeller entschuldigt diese Vagheit im Theoretischen mit der langen Haft, die ihn von den Weltläufen entfremdet hatte. So schwankte er ständig zwischen der Idee des Freistaats und dem aufgeklärten Monarchen hin und her. Hauptsache das System garantierte ein höchstes Maß an Freiheit für den einzelnen. 1788 entwirft er in der Chronik enthusiastisch eine Vision freier Menschen in einem freien Land, ohne uns zu sagen, welche Regierungsform denn den Wohlstand aller in Freiheit sichern könne:

Sobald die schändlichen Ketten zerbrochen waren, wie reiche Felder und liebliche Triften wurden da auf einmal aus den Wüsteneien der alten Barbarei! Der Landmann, der zuvor für ein gieriges Raubtier schwitzen mußte, arbeitete nun für sein Eigentum, für Weib, Kinder und Hausgenossen. Da wurden die Län-

der angebaut, die frischen Felder grünten. Die freien Städte handelten, erfanden und ersannen. Das waren Ameisenhaufen, wo Tausend und Tausend aus- und einliefen und Nahrung und Schätze herbeitrugen. Da hämmerten die Schmiede; da gingen die Webstühle und Spinnräder; da wimmelten die Kaufhäuser; da flatterten um die Häfen die Segel zu hundertweise. Alles lebte, alles webte, alles handelte, frei und ungehindert, für Reichtum, Macht, Freiheit und Vergnügen; so seufzt der Pilger mit Vogt. O Vaterland, Vaterland, möchtest du dich sonnen und wonnen ewig im Strahle der heiligen Freiheit![59]

Urvater eines rebellischen Bürgertums

Bei so viel Freiheitstrunkenheit ist doch erstaunlich, dass die kessen Autoren des Vormärz um Ferdinand Freiligrath herum Schubart nicht für sich entdeckten. Da hatte eine obrigkeitshörige Wissenschaft und Publizistik vermutlich schon ganze Arbeit geleistet. Der Urvater eines rebellischen Bürgertums war längst aus dem kollektiven Gedächtnis gestrichen. Nicht mal die Jenaer Burschenschaftsbewegung schrieb den Dichter des Nationalstaats auf ihre schwarzrotgoldene Fahne. Entweder war er 1815 schon nicht mehr bekannt oder er galt wegen seines unfrommen Lebenswandels als unbotmäßig. Vielleicht war er den extrem nationalistisch eingestellten Studenten mit ihren machtpolitischen Vorstellungen auch zu liberal.

Schubart war weder Antisemit (der Jude Heine wurde aus der Burschenschaft ausgeschlossen) noch ein Franzosenhasser, auch wenn er sich gerne über das Höflingswesen lustig machte. Seine Vaterlandsliebe war ohne Hybris. Leben und leben lassen, war seine Devise. Insofern passt er in seiner Freizügigkeit erst zu uns Heutigen, die wir durch den höllischen Nationalsozialismus schmerzhaft lernen mussten, dass Patriotismus »nichts mit der Abwertung anderer Völker, nichts mit historischer Aufrechnung von Schuld zu tun« hat[60].

Schubart träumte von einem freien Vaterland mit freien, aufrechten Bürgern. Ähnlich argumentiert der Heidelberger Staatsdenker Dolf Sternberger zweihundert Jahre später, wenn er vom »Verfassungspatriotismus« spricht. Schubart hätte mit seinen republikanischen Freunden ein Riesenfass aufgemacht, wenn er in einem Staat hätte leben dürfen, der sich im Grundgesetz wie folgt verpflichtet: *Freiheitliche demokratische Grundordnung im Sinne des Art. 21 II GG ist eine Ordnung, die unter Ausschluss jeglicher Gewalt und Willkürherrschaft eine rechtsstaatliche Herrschaftsordnung auf der Grundlage der Selbstbestimmung des Volkes nach dem Willen der jeweiligen Mehrheit und der Freiheit und Gleichheit darstellt.*

Der Nationalismus des 19. Jahrhunderts, der den Untertanengeist förderte und schließlich mit den Nationalsozialisten die radikalsten Feinde von Freiheit und Demokratie an die Macht brachte, ist gescheitert. Patriotisches Verhalten drückt sich heute aus in selbstverantwortlichem Handeln und – wie im achtzehnten Jahrhundert – der Ablehnung der Rolle des passiv-loyalen Bürgers. Es ist ein aufgeklärter Patriotismus, der auch immer skeptisch und wachsam den Regierenden auf die Finger schaut. Diese Skepsis unterstrich Gustav Heinemann, der dritte Bundespräsident, 1969 in seiner Antrittsrede: »Es gibt schwierige Vaterländer. Eines davon ist Deutschland. Aber es ist unser Vaterland.«

In Anknüpfung an Schubart kann eine deutsche Politik nur dann patriotisch sein, wenn sie sich für Freiheit und Gerechtigkeit einsetzt, und zwar für alle. Wobei wir hier aber doch schon das Land der Träume betreten. Ich denke da unwillkürlich an den Fall des Deutschen Khaled el-Masri. Was für eine Koinzidenz! Das liberale Ulm, in dem schon Descartes Vorlesungen hielt, wird erneut Ausgangspunkt einer Räuberpistole. Diesmal heißt der aufmüpfige Bürger El-Masri, nach polizeilicher Auffassung eine Randfigur der Neu-Ulmer Islamisten-Szene.

Ähnlich wie Schubart wurde er kurzerhand entführt. Nur mit dem Unterschied, dass 1777 ein tyrannischer Fürst hinter der Unrechtstat steckte. In El-Masris Fall ist es der Nachrichtendienst eines demokratischen Landes. Es ist bekannt, dass europäische Geheimdienste, auch deutsche Sicherheitsbehörden, von dieser Menschenrechtsverletzung unterrichtet waren. Eigentlich unfassbar. So dünn ist also das Eis, auf dem wir Demokraten selbstzufrieden tändeln und glauben, es hielte ewig.

Das Erbe des Widerstands

Wehret den Anfängen! Schubart hat nicht für eine Freiheit gesessen, die uns erlaubt, bis 22.00 Uhr einkaufen zu gehen. Er hatte die Würde im Blick, den eigenen Kopf und den aufrechten Gang. Aber diese Souveränität ist nicht selbstverständlich. Auch heute nicht. In Erinnerung an die Widerstandskämpfer gegen Hitler mahnt Heribert Prantl in der SZ: »Und diese Grundrechte erhalten sich nicht von selbst. Ein kleiner Widerstand – Zivilcourage, Bürgermut, aufrechter Gang – muss also ständig geübt werden. Damit der große Widerstand entbehrlich bleibt.«[61]

Ausgerechnet die USA lehren uns, wie schnell die Freiheit zur Disposition steht, wenn es den Regierenden in den Kram passt. Was hat der Antiterrorkrieg aus der Wiege des republikanischen Geistes gemacht! – »Nur in Amerika kann man sich mit edlen Bürgern, welche fürs Vaterland stritten, auf eine Linie stellen und den Tempel der Freiheit bauen helfen, der allmählich in die Wolken strebt. Auf zwo Säulen ruht dieser Tempel. Gleichheit der geistlichen, Gleichheit der bürgerlichen Rechte ist ihr Name; Gates, Franklin, Lorens, Washington sind die Priester in diesem Tempel. Ihr Name ist unsterblich, wie ihre Taten.«[62]

Über den Gotteskrieger George W. Bush hätte Schubart wohl nicht so enthusiastisch geschrieben. Vermutlich hätte der schwäbische Brausekopf kein Blatt vor den Mund genommen, die deutsch-amerikanische Freundschaft unerschrocken geschüttelt und Joschka Fischer als Schoßhündchen von Frau Albright gleich mit in die Pfanne gehauen. Wer seine »Chronik« liest und den deftigen Ton in die Jetztzeit überträgt, dem kommt der heutige Journalismus geradezu tantenhaft betulich vor, wohltemperiert, ausgewogen, staatstragend.

Eben deshalb gehört das Schmuddelkind des Rokoko ins Haus der Geschichte. Wie so viele auch, die den Freiheitskampf führten, pardon, so viele haben wir ja gar nicht. Vielleicht wird's nur eine Kammer, aber eine, auf die deutsche Demokraten in diesem »Krautland« (Gremliza) endlich mal stolz sein könnten. Und die wir unseren Kindern zeigen, damit sie begreifen, wieso Politik eine wichtige Sache ist. Und damit Heine nicht Recht behält, der behauptete, der Deutsche liebe die Freiheit wie seine alte Großmutter.

Schoeller nennt Schubart einen Rebellen, der hätte entdeckt werden können und zitiert in seinem Aufsatz Erich Schairer, den er für den profiliertesten Kenner der »Chronik« hält:

Schubarts Name pflegt zwar nicht genannt zu werden, wenn man die Kämpfer für das Recht des Volkes aufzählt: auch dem Zeitungsschreiber flicht die Nachwelt keine Kränze. Aber wer sich des Asperggefangenen als eines Opfers der Despotenwillkür vergangener Tage erinnert, der sollte doch nicht vergessen, warum diese Willkür sich veranlaßt gesehen hat, gegen ihn einzuschreiten. Auch Schubart verdient es vielleicht, unter den Märtyrern der deutschen Demokratie mit Ehren Erwähnung zu finden; wenn auch seine zehnjährige Festungshaft nicht so eklatant sein mag wie ein Barrikadenkampf und der Tod durch Pulver und Blei, wenn auch seine Zeitung vermodert ist bis auf wenige Bibliotheksexemplare – als einen Mitarbeiter an der Völkererlösung aus Banden weltlicher und geistiger Despotie hat er sich erwiesen, trotz aller Mängel und für unser Empfinden wunderlichen Unebenheiten seiner Publizistik.[63]

Wunderbar, was da Schairer bereits 1914 formulierte: »ein Mitarbeiter an der Völkererlösung«. Wenngleich uns der Glaube an die Erlösung heute vielleicht doch abhanden gekommen ist. Oder?

Anmerkungen:

1 Christian Friedrich Daniel Schubart: *Gedichte*. Hrsg. und eingeleitet von Peter Härtling, Frankfurt am Main 1965, S. 9.
2 Wilfried F. Schoeller: *Schubart. Leben und Meinungen eines schwäbischen Rebellen.* Berlin 1979, S. 33.
3 Ebda., S. 103/104.
4 C.F.D.Schubart: *Schubart's Leben und Gesinnungen.* In: *Christian Friedrich Daniel Schubart – Ein schwäbischer Rebell.* Buchreihe Schwäbische Lebensläufe (Bd. 1), Hrsg. Helmut Christmann, Heidenheim 1969, S. 41f.
5 Ebda., S. 42.
6 Ebda., S. 45.
7 Christian Friedrich Daniel Schubart: *Gedichte*, a.a.O., S.12. S Ebda., S. 12.
9 Ebda.
10 Wilfried F. Schoeller: *Schubart – Leben und Meinungen ...* , a.a.O., S.25.
11 Ebda., S. 27.
12 Ebda., S. 27f.
13 Ebda., S. 35.
14 Ebda., S. 34.
15 Christian Friedrich Daniel Schubart: *Gedichte*, a.a.O., S. 11.
16 C. F. D. Schubart: *Schubart's Leben und Gesinnungen*, a.a.O., S. 72.
17 Ebda., S.57-59.
18 Wilfried F. Schoeller: *Schubart-Leben und Meinungen ...* , a.a.O., S. 137.
19 Christian Friedrich Daniel Schubart: *Gedichte*, a.a.O., S. 16.
20 Im Frühjahr 2008 war der Club immerhin auch einmal Tabellenführer in der Regionalliga Süd.

21 Wilfried F. Schoeller: *Schubart – Leben und Meinungen …* , a.a.O., S. 7.
22 Christian Friedrich Daniel Schubart: *Gedichte*, a.a.O., S.12.
23 C. F. D. Schubart: *Schubart's Leben und Gesinnungen*, a.a.O., S. 22.
24 Heinz Rainer Reinhardt: Ich, *Schubart, ein Genie. Geschichte eines verstürmten Lebens.* Heilbronn 1964, S. l8f.
25 Horst Brandstätter (Hrsg.): *Asperg. Ein deutsches Gefängnis*. Berlin 1975, S.36.
26 Ludwig Bellermann charakterisiert in seinem Vorwort zu einer Schiller-Ausgabe die Gräfin als »schöne und liebenswürdige Franziska«, die die Launen des Fürsten positiv zu beeinflussen wusste. Gerne ließ er sich von ihr bitten, »Gnade für Recht ergehen zu lassen«, in: *Schillers Werke.* Hrsg. Ludwig Bellermann, Leipzig und Wien 1895, S. 14.
27 Wilfried F. Schoeller: *Schubart – Leben und Meinungen …* , a.a.O., S. 81.
28 Peter Härtling: *Hölderlin*. Frankfurt am Main 1989, S. 122f.
29 Das Schulbuch »Blickfeld Deutsch« für die Oberstufe gibt Schubart in dem Kapitel »Die vernunftorientierte Gesellschaft im absolutistischen Zeitalter« angemessenen Raum. Siehe Peter Mettenleiter/Stephan Knöbl (Hrsg.): *Blickfeld Deutsch.* Paderborn 1991, S. 156.
30 Christian Friedrich Daniel Schubart: *Gedichte*, a. a. 0., S.29-32.
31 Der Fourier (aus dem ahd. »vuoter« bzw. franz. fourrier, Futter = Verpflegung) ist eine in militärischem Umfeld bei der Logistik tätige Person.
32 Vgl. dazu: Horst Brandstätter: *Asperg, ein deutsches Gefangnis*, a.a.O., S. 41.
33 Ludwig Schubart: *Schubarts Karakter von seinem Sohne Ludwig.* Erlangen 1798.
34 Wilfried F. Schoeller: *Schubart – Leben und Meinungen …* , a.a.O., S. 73.
35 Ebda., S. 78.
36 Hans Krauss: *Nachwort*. Heidelberg 1975, S. 39, in: *Deutsche Chronik*, herausgegeben von Christian Friedrich Daniel Schubart, Jahrgang 1774 – Jahrgang 1777, Neudruck Band IV, Reihe: *Goethezeit*, Hrsg. Arthur Henkel.
37 Der Name »Hohe Karlsschule« oder kurzerhand »Karlsschule«, wie die Anstalt gewöhnlich genannt wird, wurde ihr erst 1781 (also nach Schillers Abgang) beigelegt. Vgl.: *Schillers Werke*, Hrsg Ludwig Bellermann, Leipzig und Wien 1895, S.13.
38 Ebda., S. 14.
39 Vorrede zum ersten Band des »Salon«; zit. nach H. H.: Historisch-kritische Gesamtausgabe der Werke. In Verbindung mit dem Heinrich-Heine-Institut, hrsg. von Manfred Windfuhr im Auftrag der Landeshauptstadt Düsseldorf. Bd. 5. Hamburg 1994, S.374.
40 Christian Friedrich Daniel Schubart: *Gedichte*, a.a.O., S.39f.
41 Wilfried F. Schoeller: Schubart – *Leben und Meinungen …* ,a.a.O., S.llO.
42 Peter Härtling: *Hölderlin*, a.a.O., S. 90.
43 Ebda., S. 89.
44 Benno von Wiese: *Friedrich Schillers Leben und Werke.* Nach der von Ludwig Bellermann besorgten Ausgabe neubearbeitet und eingeleitet von Benno von Wiese, Leipzig 1938 (?), S. 12f.
45 *Deutsche Chronik*, hrsg. von Christian Friedrich Daniel Schubart, Jahrgang 1776,25. Stück, S. 194, Neudruck Band IV, Reihe: *Goethezeit*, Hrsg. Arthur Henkel, Heidelberg 1975.
46 Hans Kraus: *Nachwort*, a.a.O., S. 30.
47 *Deutsche Chronik*, herausgegeben von Christian Friedrich Daniel Schubart, Jahrgang 1774, Neudruck Band I, Reihe: *Goethezeit*, Hrsg Arthur Henkel, Heidelberg 1975, 65. Stück, S. 519.
48 Gustav Fischarth: *Was den Besten gefallt, in Jedermanns Händen. Friedrich Schiller und seine Zeitschrift »Die Horen«*. In: *die horen*, Bd. 220, 4/2005, S. 35.
49 Hans Krauss: Nachwort, a.a.O., S. 23.
50 Siehe »deutsch«, Etymologisches Wörterbuch des Deutschen, Berlin 1993.
51 Johann Wolfgang von Goethe: Faust II, 2. Akt, »Gotisches Zimmer«, Vers 6807.

52 *Deutsche Chronik*, herausgegeben von Christian Friedrich Daniel Schubart, Jahrgang 1776,41. Stück, S. 321, Neudruck Band 111, Reihe: *Goethezeit*, Hrsg. Arthur Henkel, Heidelberg, 1975.
53 Wilfried F. Schoeller: *Schubart – Leben und Meinungen* ... , a.a.O., S. 52.
54 Ebda., S. 56.
55 Vgl. Heinrich Heine: *Deutschland, ein Wintermärchen*, Caput XXVI.
56 Hans Krauss: *Nachwort*, a.a.O., S. 48.
57 *Deutsche Chronik*, herausgegeben von Christian Friedrich Daniel Schubart, Jahrgang 1774, 77. Stück, S. 612, Neudruck Band IV, Reihe: *Goethezeit*, Hrsg. Arthur Henkel, Heidelberg, 1975.
58 Wilfried F. Schoeller: *Schubart – Leben und Meinungen* ... ,a.a.O. S. 140f.
59 *Chronik*, Hrsg. Christian Friedrich Daniel Schubart, Jahrgang 1790 / 94. Stück vom 21. November.
60 Vgl. Volker Kronenberg: *Patriotismus in Deutschland.* Verlag für Sozialwissenschaften, 2. Aufl., Wiesbaden 2006.
61 Heribert Prantl: *Die Kirschen der Freiheit.* Süddeutsche Zeitung, 19. Juli 2008, S. 4.
62 Wilfried F. Schoeller: *Schubart – Leben und Meinungen* ... , a.a.O., S. 157.
63 Ebda., S. 60.

* * *

»Der Zweck der Dichtkunst ist, nicht mit Geniezügen zu prahlen, sondern ihre himmlische Kraft zum Besten der Menschheit zu gebrauchen.«

Christian Friedrich Daniel Schubart

Jürgen Heizmann

»Ist der Mensch ein wunderliches Geschöpf.«

Über den Dichter und Kalendermann Johann Peter Hebel (1760-1826)

Im 19. Jahrhundert, so wird berichtet, reiste mancher poetisch gesinnte Russe nach Deutschland in dem Glauben, im Land der Dichter und Denker könne man mit jedem beliebigen Metzger oder Kaufmann über Goethe und Schiller disputieren. Die Enttäuschung war groß. Vielleicht hätten die russischen Besucher nach Johann Peter Hebel fragen sollen. Denn der war ein Klassiker, der vom Volk wirklich gelesen wurde. Dabei erfolgte sein Eintritt in die Literatur spät und das Werk, mit dem er in den Parnass einging, ist, zumindest auf den ersten Blick, schmal. Es umfasst lediglich einen dünnen Band mit Dialektgedichten sowie die Erzählungen und Betrachtungen, die er für den Badischen Landkalender schrieb und von denen der berühmte Verleger Cotta eine Auslese in Buchform herausbrachte. Im hektischen Literaturbetrieb von heute ist es um Hebel still geworden. Die Kalendergeschichten, die Kafka, Brecht, Bloch und Benjamin begeisterten, sind allmählich aus den Lesebüchern verschwunden, und Dialekt ist sowieso out. Doch Hebel ist weit mehr als der kleine Sonderling am Rand der Literaturgeschichte. In seinem Oeuvre findet Welttheater statt.

Am 6. Februar 1801 schrieb der in Karlsruhe wirkende außerordentliche Theologieprofessor und Gymnasiallehrer Johann Peter Hebel an seinen besten Freund Friedrich Wilhelm Hitzig, seinerzeit Pfarrer im südbadischen Städtchen Rötteln: »Meine Liebhaberei in den Nebenstunden, zur Schadloshaltung für den Ungenuß mancher Geschäftsstunde, hat sich in ein eigenes Fach geworfen. Ich studiere unsere oberländische Sprache grammatikalisch, ich versifiziere sie, herculeum opus!, in allen Arten von Metris, ich suche in dieser zerfallenden Ruine der altdeutschen Ursprache noch die Spuren ihres Umrisses und Gefüges auf und gedenke bald eine kleine Sammlung solcher Gedichte mit einer kleinen Grammatik und einem auf die Derivation weisenden Register der Idiotismen in die Welt fliegen zu lassen. [...] Vorderhand bitte ich indessen, darüber stille zu sein. Ich weiß nicht, ob ich meinen Namen dazu hergeben werde.«

Was der Schulmann Hebel in dieser Epistel bescheiden als Produkt passionierter Freizeitbeschäftigung ankündigte, sollte bald danach nicht nur zur populärsten Mundartdichtung des gesamten süddeutschen Raumes, sondern auch zum Vorbild schlechthin für Literatur in Dialektform werden. Die *Alemannischen Gedichte* trafen das Lob Goethes, Tiecks, Jean Pauls und anderer Größen der Zeit und sind als Juwel der Volkspoesie in die Literaturgeschichte eingegangen.

Dabei zählte Hebel, als seine Mundartgedichte im Januar 1803 erschienen, bereits dreiundvierzig Jahre und war bisher als Autor nicht hervorgetreten. Nur im privaten Kreis hatte Hebel, wie das damals unter jungen idealistischen Studiosi üblich war, verschämte Reitversuche auf dem Pegasus gewagt. Ein frag-

Johann Peter Hebel. Porträt: Philipp Jakob Becker. Pastell (1795).

mentarisches Versepos in Sturm-und-Drang-Manier ist erhalten. Und als ihm etwa Freund Hitzig, angeregt durch Schiller und Goethe, einige Xenien geschickt hatte, antwortete ihm Hebel im Februar 1797 mit einem Satz Epigrammen, wobei er gleich einschränkend hinzufügte: »Sie nehmen sich freilich neben Xenien aus, wie die Tochter des Stadtschreibers von Schwäbisch-Gmünd gegen einer jungen schalkhaften Athenerin.«

Schalkhaft, wenngleich schlicht, waren indes auch Hebels Epigramme. Sehen wir uns eines an:

Herzensanliegen

Vater: Was liegt dir auf dem Herzen,
mein Kind, du scheinst so bang?
Tochter: Ach, unterm Herzen liegt mirs
nun schon sechs Monden lang.

Und auch eine Poetologie der Xenien ging an den Freund:

Xenien

Xenien sind Geschenke, dem Gastfreund traulich geboten;
dichtet, was ihr wollt, aber nennts, was es ist!
Sollens Xenien sein, recht schön! Vergesset nur eins nicht:
Widmet den Gästen den Witz, nicht dem Witze den Gast.

Doch das waren Spielereien, geistreicher Zeitvertreib unter Theologen, Fingerübungen allenfalls. Auch die ersten Kostproben mundartlicher Dichtung, die Hebel im Bekanntenkreis verschickte, sind gedacht als Jux und Liebesgabe. Doch dann, zwischen 1800 und 1801 muss das geflügelte Pferd mit dem wackeren Schulmann plötzlich davongaloppiert sein zu ungeahnten Höhen. In diesen Monaten brachte er einen Großteil der alemannischen Gedichte zu Papier. Nach zwei Jahren war der schöne Spuk vorbei.

Hebels Muse war – das Heimweh. Er war ein echtes Kind jenes heiteren Hügel- und Reblands südlich und westlich des Schwarzwalds, jener Dreiländerecke zwischen der Schweiz, dem Elsass und dem vorderösterreichischen Breisgau, den die Bevölkerung gern als »Schwanzfeder des Kaiseradlers« bezeichnete. Zwar hatte Hebel im Osten Karlsruhes auch ein paar wolkenverhangene Schwarzwaldhöhen vor Augen, doch sie waren ihm ebenso fremd wie der hiesige Dialekt, hier wehte kein südlicher Wind durch eine burgundische Pforte, und die sandige, unfruchtbare Hardt rund um die nur wenig über 4000 Einwohner zählende Residenzstadt war nicht zu vergleichen mit dem badischen Oberland, über das Goethe in seiner begeisterten Rezension der alemannischen Gedichte schreiben sollte: »Heiterkeit des Himmels, Fruchtbarkeit der Erde, Mannigfaltigkeit der Gegend, Lebendigkeit des Wassers, Behaglichkeit der Menschen, Geschwätzigkeit und Darstellungsgabe, zudringliche Gesprächsformen, neckische Sprachweise.« Und gegen den Zauber der Kindheit hatte Karlsruhe erst recht keine Chance.

Hebel kam in der Schweizerstadt Basel zur Welt, am 10. Mai 1760. Sein Vater, ein Weber und ein offenbar pfiffiger und aufgeweckter Mann, war kein Alemanne; er kam aus dem pfälzischen Hunsrück. Er hatte die aus Hausen im Wiesental stammende Ursula Örtlin, Wirtschafterin in einem Patrizierhaus in Basel, 1757 kennengelernt und geehelicht, doch er starb schon anderthalb Jahre nach Johann Peter Hebels Geburt. Der wuchs nun allein mit seiner Mutter auf, ging sommers in Basel in die Münsterschule – barfuß, wie er später berichtete – winters war er ein Landkind und besuchte die Dorfschule in Hausen.

Hebel verbrachte seine Kindheit nicht in bitterer Armut, aber knappe Zeiten waren es allemal. Handel und Wandel gab es in dem südwestlichen Landwinkel kaum, die Verdienstmöglichkeiten waren gering. Als Hebel dreizehn war, verlor er auch die Mutter. Es waren gerade Herbstferien, als sie in Basel schwer erkrankte; da sich ihr Zustand nicht verbesserte, wünschte sie, in ihren Heimatort Hausen gefahren zu werden. Ein Bauer mit einem Ochsenfuhrwerk übernahm den Transport der wimmernden Frau und ihres Sohnes. Die Mutter überlebte die Fahrt nicht. Auf dem Weg zwischen den Gemeinden Brombach und Steinen, die Burgruine Rötteln am Horizont, erlebte der junge Hebel den Tod seiner Mutter.

In seinem bewegenden Gedicht *Die Vergänglichkeit*, das an ebendieser Stelle spielt und dem Gottfried Keller »homerische Größe« bescheinigte, wird Hebel später versuchen, diese erschütternde Erfahrung zu bewältigen.

Hebel bekam einen Vormund, wurde nach einer kurzen Zeit im Schopfheimer Pädagogium und einer Konfirmation ohne Eltern zum ersten Mal nach Karlsruhe geschickt, in das damals etwa 180 Schüler zählende Gymnasium illustre der jungen Residenzstadt. Hofdiakonus Preuschen war ihm ein väterlicher Freund, nahm ihn kostenlos in seiner Wohnung auf und verschaffte ihm an zwei Wochentagen einen Freitisch. Auch andere Gönner fanden sich für den Waisenknaben. Dennoch wird der Vierzehnjährige manch schwere Stunde in der fremden Umgebung ausgefochten haben.

Er wollte Pfarrer werden, so hatte er bei der Aufnahme in die Secunda angegeben. Also schickte man ihn nach dem Tentamen (der Vorprüfung), dem Examen rigorosum, bei dem er auch eine Predigt halten musste, mit sehr gutem Zeugnis ins fränkische Erlangen. Das war der traditionelle Studienort für badische Pfarramtskandidaten. Doch seinen Aufsehern zum ersten Mal entronnen, scheint Hebel sich ebenso oft im Wirtshaus wie im Vorlesungssaal aufgehalten zu haben. Nicht eine der geforderten Abhandlungen schickte er nach Karlsruhe, und als der Zwanzigjährige dort im September 1780 examiniert wurde, fiel das Ergebnis vermutlich mäßig aus.

Die Gönner wandten sich von ihm ab. Ein geistliches Amt erhielt er nicht. So kehrte er zurück in sein badisches Oberland und trat eine schlecht bezahlte Stelle als Hauslehrer in der Gemeinde Herlingen an. Er unterrichtete die Töchter eines Pfarrers und war Aushilfe in der Seelsorge. 1783 wurde er zum Präzeptoratsvikar am Pädagogium in Lörrach ernannt, wo er, bei nach wie vor bescheidenem Gehalt, Griechisch, Latein, Geometrie, Erdkunde, Deutsch und Religion unterrichtete.

Es waren Jahre des Wartens auf eine Pfarrstelle irgendwo im Oberland, Jahre der Gesuche an den Markgrafen mit der Bitte um Beförderung: vergeblich. In dieser Zeit entstand die Freundschaft zu Hitzig, der damals noch Vikar in der Pfarrei seines Vaters war. Die jungen Geistlichen gründeten zusammen mit ein paar Gleichgesinnten einen Männerbund, den sie nach dem sich ewig wandelnden griechischen Gott Proteus »Proteuserbund« nannten.

Sie machten Lörrach zu »Proteopolis«, tranken in der Wirtschaft »Zum wilden Mann« manchen Schoppen Markgräfler Wein, verspotteten Alltag und allzu steife Bürgerwelt und bestiegen (damals eine ungewöhnliche Unternehmung) den Belchen, erkoren die mächtige, kahle Granitkuppe dieses Schwarzwaldgipfels zum Thron ihres Gottes.

Der schwärmerische Freundschaftskult des ausgehenden 18. Jahrhunderts brachte viele solcher Vereinigungen und Geheimbünde hervor. Vergessen wir nicht: Es war die Zeit der französischen Revolution, und in übermütigem studentischem Treiben konnte man sich über die langsam zu Ende gehende Epoche der Zöpfe und gepuderten Perücken erheben.

Der Gedanke von der Nichtigkeit aller irdischen Dinge, den die »Proteuser« in ihrem halb ulkigen, halb ernst gemeinten Treiben proklamierten, tröstete Hebel auch darüber hinweg, dass man ihn in Karlsruhe offenbar vergessen hatte, während seine Freunde um ihn herum alle zu Amt und Würden aufstiegen.

Noch eine andere Bekanntschaft machte Hebel in seiner Lörracher Zeit: die der Pfarrerstochter Gustave Fecht. Eine zarte Freundschaft entstand, und Gustave wird sich eine Weile lang berechtigte Hoffnungen auf eine Heirat gemacht haben. Doch es blieb bei einer lebenslangen Freundschaft, geheiratet hat keiner von beiden.

Der Ruf nach Karlsruhe kam 1791. Elf Jahre lang hatte Hebel auf ein Avancement gewartet. Als er sich den Karlsruher Kirchenräten als der neue Diakon vorstellte, wurde er barsch zurechtgewiesen: Er sei nur als Subdiakon angestellt. Das war kein fröhlicher Einstand, und die ersten Gedichte, die Hebel in diesen Jahren seinen Briefen aus der Residenzstadt beilegte, entstanden aus der Sehnsucht nach den Freunden und den ungebundeneren Zeiten des Proteuserbundes.

Hier bereiteten sich allmählich die »Alemännlein« vor, die er im Januar 1803 dann tatsächlich, wie Freund Hitzig angekündigt, in die Welt fliegen ließ.

Hebels Dialektgedichte wirken deswegen so frisch, weil sie mit knorriger Waldmystik und Heimattümelei nichts zu tun haben. Er war ja kein Wurzelsepp aus irgendeinem finsteren Schwarzwaldtal, sondern ein Kind des hellen Oberlands, das von den Vogesen herüber französische Luft und in Basel den humanistischen Geist des Erasmus geatmet hatte, er war ein Aufklärer und Theologe.

Dass er mit seinen Versen auf heitere Art erzieherisch wirken wollte, zeigt zum Beispiel folgendes Gedicht:

Das Gewitter

Der Vogel schwankt so tief und still,
er waiß nit, wo n er ane will.
Es chunnt so schwarz un chunnt so schwer,
un in de Lüfte hängt e Meer
voll Dunst un Wetter. Loos, wie's schallt
am Blauen, un wie 's widerhallt!

In große Wirble fliegt der Staub
zuem Himmel uf mit Halm un Laub.
Un lueg mer dört seil Wülkli a!
I ha ke große Gfalle dra ;
lueg, wie mer 's uusenander rupf,
wie üüseserais, wenn 's Wulle zupft.

Se helf is Gott un bhüet is Gott!
Wie zuckt 's dur 's Gwülch so füürigrot!
Un 's chracht un stoßt, es isch e Gruus,
aß d'Fenster zitteren un 's Huus.
Lueg 's Büebli in der Waglen a!
Es schlooft un nimmt si nüt drum a.

Si lütte z 'Schlienge druf un druf,
je, un 's hört ebe doch nit uf,
Sell bruucht me gar, wenn 's dundere soll,
un 's lütet aim no d 'Ohre voll.–
0, helf is Gott! – Es isch e Schlag!
Dört, sihsch im Baum am Gartehag?

Lueg, 's Büebli schlooft no allewiil
un uus dem Dundere macht 's nit viil.
Es denkt: Das ficht mi wenig a,
er wird jo d'Auge by em ha.
Es schnüüfelet, es dräiht si hott
uft ander Öhrli. Gunn der's Gott!

0, sihsch die helle Straife dört?
O loos! Hesch nit das Raßle ghört?
Es chunnt. Gott well is gnädig sii!
Göhnt waidli, henket d'Läden ii!
's isch wider akerat wie fern.
Guet Nacht, du schöni Waizenern!

Es schetteret uf em Chilchedach,
un vor em Huus, wie gäutscht 's im Bach!
Un 's loßt nit noo – daß Gott erbarm!
Jetz simmer wider alli arm.–
Zwar hemm er au scho gmaint, 's seig so,
un doch isch 's wider besser choo.

Lueg, ‘s Büebli schlooft no allewiil,
un uus dem Hagle macht ‘s nit viil.
Es denkt: Vom Briege loßt ‘s nit noo;
er wird my Tail scho übrig loo.
He jo, ‘s het au, so lang i ‘s ha,
zue rechter Zyt sy Sächli gha.

O geb is Gott e Chindersinn!
‘s isch große Trost un Sege drin.
Si schloofe wohl un traue Gott,
wenn’s Spieß un Nägel regne wott.
Un er macht au sy Sprüchli wohr
mit synen Engeln in der Gfohr.–

Wo isch das Wetter anechoo?
D ‘Sunn stoht am haitere Himmel da.
‘s isch schier gar z ‘spoot; doch grüeß di Gott!
»He«, sait si, »nai, ‘s isch no nit z ‘spoot,
es stoht no mengge Halm im Bah
un mengge Baum un Öpfel dra.«

Potz tausig, ‘s Chind isch au verwacht!
Lueg, was es für e Schnüüfli macht!
Es lächlet, es waiß nüt dervo.
Sihsch, Friderli, wie ‘s uussiht do? –
Der Schelm het no sy Gfalle dra.
Gang, richt em ais sy Päppli a! –

Schon zu Hebels Zeiten wurde gewarnt, dass der Charme dieser Mundartgedichte bei der Übertragung ins Hochdeutsche (bereits Tieck plante eine solche Übersetzung) verloren ginge; und als Goethe sich bei einem Empfang in Karlsruhe vom Dichter selbst ein paar der alemannischen Gedichte vorlesen ließ und eine der Hofdamen nach jeder Strophe eine Übersetzung verlangte, grummelte Goethe, man solle dem Poeten den Gefallen tun und seine Sprache lernen. Dennoch will ich, um vielen Lesern entgegen zu kommen, eine Übertragung riskieren:

Das Gewitter

Der Vogel schwankt so tief und still,
weiß nicht, wohin er fliegen will.
Es kommt so schwarz und kommt so schwer,
und in den Lüften hängt ein Meer
voll Dunst und Wetter. Horch, wie ‘s schallt
am Blauen[1], und wie ‘s widerhallt!

In großen Wirbeln fliegt der Staub
zum Himmel hoch mit Halm und Laub.

Und schau mir dort das Wölklein an!
Ich hab kein' großen G' fallen dran;
schau, wie 's auseinanderreißt,
wie unsereins, wenn 's Wolle schleißt.

So helf uns und behüt uns Gott!
Wie zuckt 's durch 's G'wölk so feuerrot!
Es kracht und stößt, es ist ein Graus,
die Fenster zittern und das Haus.
Schau 's Bübelein im Wagen an,
es schläft, als ging 's ihn gar nichts an.

Sie läuten z' Schliengen[2] drauf und drauf,
ja, und es hört halt doch nicht auf.
Das braucht man gar, wenn 's donnern soll,
und sie läuten uns die Ohren voll. –
O, helf uns Gott! – Es ist ein Schlag!
Siehst du den Baum am Gartenhag?

Schau 's Bübelein, es schläft ganz still,
und aus dem Donner macht 's nicht viel.
Es denkt: Das ficht mich wenig an,
er wird die Augen bei mir ha 'n.
Es schnauft im Schlaf. Jetzt dreht es sich
aufs andre Ohr. Gott schirme dich!

O, schau die hellen Streifen dort!
O hör, wie 's in der Luft rumort.
Es kommt. Gott mög uns gnädig sein!
Macht flink jetzt, hängt die Läden ein!
Es donnert in der Fern' wie in der Näh',
du schöne Weizenernte adieu!

Es scheppert auf dem Kirchendach,
und vor dem Haus, wie patscht 's im Bach!
Und 's hört nicht auf – daß Gott erbarm!
Jetzt sind wir alle wieder arm. –
Doch meinten wir nicht manches Mal, 's sei so,
und wurden trotzdem wieder froh.

Schau, 's Bübelein schläft weiter still,
und aus dem Hagel macht 's nicht viel.
Es denkt: Vom Plärren hört 's nicht auf
er hat gewiss die Augen drauf.
Ha ja, es stimmt, beim Bübelein
trifft immer alles zeitig ein.

O geb uns Gott doch Kindersinn!
's ist großer Trost und Segen drin.

Sie schlafen wohl mit leichtem Mut,
und wenn es noch so stürmt und tut.
Und er macht auch sein Sprüchlein wahr
mit seinen Engeln in Gefahr. –

Ja, ist das Wetter nicht mehr da?
Die Sonne steht am Himmel gar.
'S ist fast zu spät; doch grüß dich Gott!
»Es ist noch Zeit«, sagt sie, »habt keine Not.
Es steht noch mancher Halm im Bann
und mancher Baum mit Äpfeln dran.«

Potztausend, 's Kind ist aufgewacht!
Schau, was es für 'nen Schnaufer macht!
Es lächelt selig immerfort.
Schau, Friederlein, wie 's aussieht dort! –
Der Schelm hat auch noch Freude dran.
Geh, richt ihm eins den Milchbrei an! –

[1] Ein Berggipfel des Südschwarzwalds.
[2] Weinort im Markgräflerland.

Ist Vertrauen zu Gott auch in der Gefahr je neckischer dargestellt worden? Doch so naiv und anmutig Hebels Gedichte wirken und so genau er seinen Landsleuten aufs Maul geschaut hat: Man darf nicht annehmen, dass ihm einfach die Bächlein und die Spatzen diese Verse vorgeraunt hätten. Dazu kannte er den Horaz und Theokrit zu gut, den Homer und den Catull, und vor allem seinen Vergil, dessen *Georgica* und *Bucolica* vermutlich auf seinem Schreibtisch lagen, als er an den alemannischen Gedichten feilte. So sehr die Dialektgedichte ein Herzenserguss waren, so sehr waren sie doch auch erarbeitet. Hebel spricht im Brief an Hitzig ja selbst von dem herkulischen Werk, auf das er sich eingelassen hat.

Der Reiz dieser Gedichte liegt nicht zuletzt darin, dass alles belebt und auf zauberische Art miteinander verbunden ist. Da spricht die Sonne mit den Menschen, die Bauern mit dem Morgenstern, da plauschen der Samstag und der Sonntag wie zwei Handwerker miteinander, da bittet der Käfer die Lilie um ein Schöpplein Wein, worauf er den Bescheid bekommt, der alte sei ausgetrunken, doch könne er gern neuen haben, wenn er dem Nachbarn ein wenig Blumenmehl hinüberbringe.

In einem Erinnerungsgedicht an Basel wird der Dichter selbst zum freien Spatz, der vergnügt über den Petersplatz fliegt. In den ländlichen Kosmos des toleranten Aufklärers Hebel passt auch noch der stille Trinker, der auf seine Weise lebt:

Auf den Tod eines Zechers

Do henn si mer e Maa vergrabe;
‘s isch schad für syni bsundre Gabe.
Gang, wo de witt, suech no so ain!
Sell isch verbei, de findsch mer kain.

Er isch e Himmelsglehrte gsi.
In alle Dörfere her un hi
se het er gluegt von Huus zue Huus:
Hangt nienen echt e *Sternen* uus?

er isch e freche Ritter gsi.
In alle Dörfere her un hi
se het er grfoogt enandernoo:
Sinn *Leuen* oder *Bäre* do?

Ne guete Christ, sell isch er gsi.
In alle Dörfere her un hi
se het er untertags un z ‘Nacht
zuem *Chrüetz* sz stille Bueßgang gmacht.

Sy Namen isch in Stadt un Land
by große Heere wohlbikannt.
Sy allerliebsti Kumpanii
sinn allewiil d’ *Drei Künig* gsi.

Jetz schlooft er un waiß nüt dervo;
es chunnt e Zyt, goht ‘s alle so.

Auf den Tod eines Zechers

Da hab ‘n sie einen Mann begraben;
‘s ist schad um seine b‘sond‘ren Gaben.
Schau, wo du willst, such so einen!
Das ist vorbei, du findest keinen.

Ein Himmelsg’lehrter ging ins Grab.
In allen Dörfern auf und ab
hat er geschaut von Haus zu Haus:
Hängt nirgendwo ein *Sternen* raus?

Ein frecher Ritter ging ins Grab.
In allen Dörfern auf und ab
hat er gefragt bei Herr und Kind,
wo *Löwen* oder *Bären* sind.

Ein guter Christ ging uns ins Grab.
In allen Dörfern auf und ab
hat er am Tag und auch bei Nacht
zum *Kreuz* still seinen Bußgang g'macht.

Sein Name ist in Stadt und Land
bei großen Herren wohlbekannt.
Am allerliebsten war er fast
bei den *Drei Königen* zu Gast.

Jetzt schläft er und weiß nichts davon;
's kommt eine Zeit, geht 's allen so.

Der Witz dieser Leichenpredigt liegt natürlich darin, dass dieser vermeintliche Astronom und Rittersmann immer nur ins Wirtshaus will, denn Sternen, Löwen, Bären, Kreuz und Drei Könige: das waren typische Namen für süddeutsche Gasthäuser. Doch der Spott des Dichters ist nicht verletzend, sondern liebevoll verzeihend. Sehe jeder, wie er's treibe. Unser irdisches Leben ist ohnehin nur vorläufig, eine Wanderschaft.
Da blitzt er wieder auf, der proteusische Gedanke. Er steht auch hinter Hebels Sympathie mit den jüdischen Hausierern und Vaganten, mit den Schelmen und kleinen Dieben, die er später in seinen Kalendergeschichten bekunden wird. Doch gerade weil alles vorbeigeht, soll man das Leben auch genießen.
Manche Gedichte feiern schlicht einfache Freuden:

Der zufriedene Landmann

Denkwohl, jetz leng i au in Sack
un trink e Pfiffli Rauchtubak
un fahr jetz haim mit Eg un Pflueg;
der Laubi maint scho lang, 's wär gnueg.

Un wenn der Kaiser uus em Root
in Feld un Forst ufs Jage goht,
se lengt er eben au in Sack
un trinkt e Pfiffli Tauchtubak.

Doch trinkt er wenig Freud un Lust,
es isch em näume gar nit just.
Die goldne Chrone drucke schwer;
's isch nit, as wenn 's e Schihuet wär.

Blick auf die Burg und das Dorf Rötteln im Wiesental. Ausschnitt aus einem Ölgemälde von Heinrich Reichelt.

He, d'Lütt sin nümme do; wenn 's brennt, si sinn –
wo sinn si? Seig du fromm un halt di wohl;
geb, wo de bisch, un b'halt dy Gwisse rain!
Sihsch nit, wie d'Luft mit schöne Sterne prangt?
's isch jede Stern vergliichlige ne Dorf,
un wyter obe seig e schöni Stadt;
me siht si nit vo do; un haltsch di guet,
se chunnsch in so ne Stern, un 's isch der wohl,
un findsch der Ätti dört, wenn 's Gottswill isch,
un 's Chünggi selig, d'Muetter. Öbbe fahrsch
au d'Milchstrooß uf in die verborgni Stadt,
un wenn de sytwärts abeluegsch, was sihsch?
e Röttler Schloß! Der Belche stoht vercholt,
der Blauen au, as wie zwee alti Türn,
un zwischedrin isch alles uusebrennt
bis tief in Boden abe. D'Wise het
ke Wasser meh; 's isch alles öd un schwarz
un totestill, so wyt me luegt. Das sihsch,
un saisch dym Kamerad, wo mit der goht:
»Lueg, dört isch *d'Erde* gsi, un seile Berg
het Belche ghaiße! Nit gar wyt dervo
isch Wislet gsi; dört han i au scho glebt
un Stiere gwettet, Holz go Basel gfüehrt
un broochet, Matte graust un Lichtspöö gmacht
un gvätterlet bis an my selig End;
un möcht jetz nümme hi.« – *Hüst, Laubi, Merz!*

He, die Leut' sind nicht mehr da; wenn 's brennt, sie sind –
wo sind sie? Sei du fromm und halt dich gut;
gib, wo du bist, und halt dein G'wissen rein!
Schau, wie die Luft mit schönen Sternen prangt.
's ist jeder Stern grad wie ein Dorf,
und eine schöne Stadt sei weiter oben;
man sieht sie nicht von hier; hältst du dich gut,
kommst du in einen Stern, und 's ist dir wohl,
findest den Vater dort, wenn 's Gott so will,
und die Gundel, deine Mutter. Oben fährst
du die Milchstraß ' hoch in die verborg'ne Stadt,
und wenn du seitwärts runterkuckst, siehst du
das Röttler Schloß! Der Belchen steht verkohlt
der Blauen auch, grad wie zwei alte Türm',
und zwischendrin ist alles ausgebrannt
bis in den Boden tief. Die Wiese[3] hat
kein Wasser mehr; 's ist alles öd und schwarz
und totenstill, so weit man schaut. Das siehst,
und sag dem Kamerad, der mit dir geht:
»Schau, das war *die Erde*, und diesen Berg

[3] Fluss des Wiesentals

nannten wir Belchen! Nicht sehr weit davon
war der Ort Wislet; dort hab ich schon gelebt,
Stiere ins Joch gespannt, Holz nach Basel transportiert
und gepflügt, Wiesen gemäht und Lichtspän g'macht
und rumgeschafft bis an mein selig 's End ';
und möcht' jetzt nicht mehr hin.« – *Hü, Laubi, Merz.*

Rilke traf es richtig, als er über Hebel schrieb: »Nicht daß dieser Mann im Dialekt gedichtet hat, sondern daß der Dialekt in ihm dichterisch geworden ist, das ist das Entscheidende.« Doch dass die Sprache seiner Jugend plötzlich in ihm zu singen begann, blieb ein einmaliges Erlebnis. Bereits im Februar 1802, als er noch auf die Drucklegung der *alemannischen Gedichte* wartete, schrieb er an Hitzig: »Der alemannische Pegasus will nimmer fliegen; er prätendiert, er sei nicht schuldig, so etwas zu tun bei der Unterländer Stallfütterung, wenn er nicht droben an den sonnigen Hügeln weiden dürfe. Aber es ist Ausrede, das Vieh ist unzufriedener mit der Tränke als mit dem Futter.«

Der Schulmann nahm es mit einem Scherzwort hin, dass ihm die Verse nicht mehr aus der Feder fließen wollten. Die zunehmenden Verpflichtungen ließen ihm ohnehin wenig Zeit für Poesie. Forcieren wollte er die Sache nicht und trat nach dem einen Werk still beiseite. Doch sein Gedichtband, der zu seinen Lebzeiten fünf Auflagen erlebte, machte ihn berühmt. In den folgenden Jahren verlangten Besucher Karlsruhes immer häufiger, den Verfasser der *alemannischen Gedichte* zu sehen.

Inzwischen erklomm Hebel auf der Karriereleiter Sprosse um Sprosse. 1808 wurde er Direktor des Gymnasiums, wo er einst selbst die Schulbank gedrückt hatte. Es hieß inzwischen Lyzeum. Im November 1809 ernannte man ihn zum Mitglied der evangelischen Kirchen- und Prüfungskommission. Die Last der Ämter drückte ihn so schwer wie in seinem Gedicht den König die Krone. Wiederholt klagte er in Briefen an Hitzig über sein Elend. Im April 1811 schrieb er dem Freund:

> Den ganzen Tag auf dem Katheder sitzen ist ein Feiertagsleben, ein Ostermontagsspäßlein, nach dem ich mich zurücksehne. Aber daß ich über den heillosen Mechanismus des Ganzen wachen muß, daß sich mein Museum, meine Proteuskapelle in eine Kanzleistube verwandelt hat, wo ich den ganzen Tag Berichte schreiben, Buch und Rechnungen führen, Red und Antwort geben, Akten durchgehen, Süddeutsche Miszellen zensieren, statt daran zu arbeiten, examinieren, kastigieren, Zeugnisse fertigen, mit allen Vätern aller Kinder des Lyzeums korrespondieren muß, das lehrt mich den Sinn der Worte verstehen: »Ich sterbe täglich.« Soll ich den Pult umstoßen? Soll ich –? Ein Bein hab ich daran.

Hebel stieß das Pult nicht um, sondern harrte in Karlsruhe aus. Eine Chance zu entwischen, hatte er bereits 1806 verstreichen lassen, als er das ihm angebotene Stadtpfarramt in Freiburg ausschlug. Zu seinen zahlreichen Amtsgeschäften gehörte seit 1802 die Mitarbeit am *Badischen Landkalender,* der vom Karlsruher Gymnasium herausgegeben wurde. 1807 wurde er, gegen seinen

Willen, alleiniger Redakteur des Kalenders, der nun auf Hebels Vorschlag den Titel »Der Rheinländische Hausfreund« bekam.

Hebel schuf mit seinen Prosastücken im »Hausfreund« eine Literatur, die zu seiner Zeit nicht ihresgleichen hat. Das lag schon an seinem Publikum: Handwerker und Bauern. Das Personal der Kalendergeschichten besteht denn auch vorwiegend aus Fuhrleuten, Handwerksburschen, Kleinstädtern und Grenadiers, aus Bauern, Müllern und Rheinschiffern sowie aus jüdischen Hausierern, Bettlern und Vaganten. Dazu kommt durchaus große Welt: Napoleon, Kaiser Joseph und der General Suwarow treten auf. Auch spielen manche Geschichten in der Ferne, in Russland, der Türkei oder in Amerika. Doch gleiche Bedeutung haben Ortschaften wie Krozingen, Schliengen und Emmendingen.

Unvergesslich bleibt die Geschichte des Tuttlinger Handwerksburschen, der in Amsterdam alles falsch versteht, die Mitteilung »Kannitverstan« der Holländer für einen Namen hält und nun glaubt, der reiche Schiffsbesitzer Kannitverstan sei aus seinem großen Haus ins enge Grab gegangen. Und doch nimmt der gute Tuttlinger mit dieser Einsicht in den Unbestand aller irdischen Dinge eine Lehre fürs Leben mit nach Hause.

Der Rhein, die großen Verkehrsstraßen, Marktplätze und immer wieder Wirtshäuser: das sind die Orte, wo Menschen verschiedener Herkunft sich begegnen, wo man sich austauscht, debattiert, Wetten abschließt und wo sich Geschichten ereignen. Nimmt man die astronomischen Betrachtungen hinzu, ist es ein ganzer Kosmos, den der Kalendermann vor seinen Lesern entfaltet.

Obwohl Baden in den Jahren vor der Restauration recht liberal war und durch den 1806 eingeführten »code civil« Napoleons mehr Bürgerfreiheiten genoss als die meisten anderen deutschen Territorien, musste Hebel politisch vorsichtig sein. Doch man spürt etwas von seiner demokratischen Gesinnung in den Geschichten, in denen Bediente ihren Herrschaften eine Lehrstunde erteilen. – Ein schönes Beispiel dafür ist »Das Mittagessen im Hof«, wo ein Bedienter unter den Launen seines Herrn zu leiden hat:

> Dem konnte er manchmal gar nichts recht machen und mußte vieles entgelten, woran er unschuldig war, wie es oft geht. So kam einmal der Herr sehr verdrießlich nach Hause und setzte sich zum Mittagessen. Da war die Suppe zu heiß oder kalt oder keines von beiden; aber genug, der Herr war verdrießlich. Er faßte daher die Schüssel mit dem, was darinnen war, und warf sie durch das offene Fenster in den Hof hinab. Was tat hierauf der Diener? Kurz besonnen warf er das Fleisch, welches er eben auf den Tisch stellen wollte, mir nichts, dir nichts der Suppe nach auch in den Hof hinab, dann das Brot, dann den Wein und endlich das Tischtuch mit allem, was noch darauf war. »Verwegener, was soll das sein?« fragte der Herr und fuhr mit drohendem Zorn vom Sessel auf. Aber der Bediente erwiderte ganz kalt und ruhig: »Verzeihen Sie mir, wenn ich Ihre Meinung nicht erraten habe. Ich glaubte nicht anders, als Sie wollten heute in dem Hofe speisen. Die Luft ist so heiter, der Himmel so blau, und sehen Sie nur, wie lieblich der Apfelbaum blüht und wie fröhlich die Bienen ihren Mittag halten!« – Diesmal die Suppe hinabgeworfen und nimmer! Der Herr erkannte seinen Fehler, heiterte sich im Anblick des schönen Frühlingshimmels auf, lächelte heimlich über den schnellen Einfall seines Aufwärters und dankte ihm im Herzen für die gute Lehre.

Derber geht es in der Geschichte »Die zwei Postillone« zu. Zwei Handelsleute, der eine aus Fürth, der andere aus Hechingen, verhalten sich zu ihren Kutschern äußerst geizig. Die Postillone, ein Dinkelsbühler und ein Ellwanger, warten auf eine Gelegenheit, ihren jeweiligen Fahrgast zu mehr Großzügigkeit zu erziehen. Die Gelegenheit ergibt sich, als sich die bei den Kutschen unterwegs begegnen und keiner dem anderen ausweichen will:

Jeder sagt: »Ich führe einen honetten Herrn, einen Schwitie, keinen Pfennigschaber wie du, dem seine Sechsbatzenstücke aussehen wie Hildburghäuser Groschen.« Endlich legte sich der Fürther auch in den Streit. »Gotts Wunder!« sagte er, »sollen wir noch einmal vierzig Jahr in der Wüste bleiben?« und schimpfte zuletzt den Ellwanger, daß ihm dieser mit der Peitsche einen Hieb ins Gesicht gab. Der Dinkelsbühler sagt: »Du sollst meinen Passagier nicht hauen, er ist mir anvertraut und zahlt honett; oder ich hau den deinigen auch.« – »Untersteh dich und hau mir meinen Herrn!« sagte der Ellwanger. Also hieb der Dinkelsbühler des Ellwangers Passagier, und der Ellwanger hieb des Dinkelsbühlers Passagier, und riefen einander in unaufhörlichem Zorn zu: »Willst du meinen Hernn in Frieden lassen, oder soll ich dir den deinigen ganz zu einem Lungenmus zusammenhauen?«, und je schmerzlicher der eine au! und der andere weih! schrie, desto kräftiger hieben die Postillone auf sie ein, bis sie des unbarmherzigen Spaßes selber müde wurden. Als sie aber auseinander waren und jeder wieder seines Weges fuhr, sagten die Postillone zu ihren Reisenden so und so: »Nicht wahr, ich hab mich Eurer rechtschaffen angenommen? Mein Kamerad wirds niemand rühmen, wie ich ihm seinen Herrn zerhauen habe. Aber diesmal kommts Euch auf ein besseres Trinkgeld nicht an. Wenns der Fürst wüßte«, sagte der Dinkelsbühler, »es wäre ihm um einen Maxdor nicht leid. Er sieht darauf, daß man die Reisenden gut hält.«

Der Hausfreund schaltet sich hier am Schluss noch mit einem zustimmenden »Merke« ein:

Es ist kein Geld schlechter erhaust, als was man armen Leuten am Lohn und Trinkgeld vorenthält, und wofür man gehauen oder sonst verunehrt wird. Für ein paar Groschen konn man viel Freundlichkeit und guten Willen kaufen.

Obwohl er es am Karlsruher Hof selbst mit vornehmen Herrschaften zu tun hatte, behielt Hebel, der ja aus einfachen Verhältnissen kam, immer eine Nähe zum Volk. Im August 1810 schrieb er an einen befreundeten Pfarrer bei Bruchsal über einen Besuch in Baden-Baden (wo er übrigens ganz gern am Spieltisch saß):

Als ich den Domestiken […] das Trinkgeld gab, sagte ich: »Ihr könnt nichts dafür, daß ich nicht auch ein Graf bin, ihr sollt nicht darunter leiden. Ich bin gerecht.« Nichts ist angenehmer als der Kontrast. Die Abende brachte ich im Bierhause unter den Kutschern und Lakaien der Grafen und Barone zu, mit welchen ich zu Mittag speiste…

Dass Hebel genau wusste, wo er seine Leser abholen musste, zeigt sich auch und gerade an seinen astronomischen Betrachtungen, die nicht nur ein schönes Beispiel für sein Wirken als Volksaufklärer sind, sondern auch kleine rhetorische Meisterstücke darstellen. Hier galt es ja anschaulich zu machen, was jeder sinnlichen Anschauung widerspricht. Durch sein Eingehen auf die Situation des Lesers, durch Umstellungen der Satzordnung nach gesprochenem Muster und durch Personifikation der kosmischen Vorgänge wusste Hebel auch diese schwierige Materie spannend darzustellen:

Allgemeine Betrachtungen über das Weltgebäude

Dem geneigten Leser, wenn er zwischen seinen bekannten Bergen und Bäumen daheim sitzt bei den Seinigen oder bei einem Schöpplein im »Adler«, so ists ihm wohl, und er denkt just nicht weiter. Wenn aber früh die Sonne in ihrer stillen Herrlichkeit aufgeht, so weiß er nicht, wo sie herkommt, und wenn sie abends untergeht, weiß er nicht, wo sie hinzieht, und wo sie die Nacht hindurch ihr Licht verbirgt, und auf welchem geheimen Fußpfad sie die Berge ihres Aufgangs wiederfindet. Oder wenn der Mond einmal bleich und mager, ein ander Mal rund und voll durch die Nacht spaziert, er weiß wieder nicht, wo das herrührt, und wenn er in den Himmel voll Sterne hinaufschaut, einer blinkt schöner und freudiger als der andere, so meint er, sie seien alle wegen seiner da, und weiß doch nicht recht, was sie wollen. Guter Freund, das ist nicht löblich, daß man so etwas alle Tage sieht, und fragt nie, was es bedeutet. Der Himmel ist ein großes Buch über die göttliche Allmacht und Güte, und stehen viel bewährte Mittel darin gegen den Aberglauben und gegen die Sünde, und die Sterne sind die goldenen Buchstaben in dem Buch. Aber es ist arabisch, man kann es nicht verstehen, wenn man keinen Dolmetscher hat.

Hebel ersetzte die in vielen Kalendern noch populäre Astrologie durch Astronomie. Er gönnt den Lesern ihren Schoppen Wein, aber denkfaul will er sie nicht. Auch hier gehen Wissenschaft und Theologie Hand in Hand. Wie Kant verbindet Hebel den vorgeschriebenen Lauf der Sterne und das moralische Gesetz. Kosmische Zeit ist in Hebels Geschichten eine fundamentale Lebenswirklichkeit des Menschen. Aus der menschlichen Geschichte hingegen lässt sich in vielen Kalendererzählungen kein vernünftiges Prinzip ableiten. Das zeigt sich gerade im berühmten »Unverhofftes Wiedersehen«. Die fünfzig Jahre, die vergehen, bis die schwedische Braut in Falun ihren tot geborgenen Bräutigam wieder sieht, werden in diesem kleinen Meisterwerk deutscher Prosakunst so beschrieben:

Unterdessen wurde die Stadt Lissabon in Portugal durch ein Erdbeben zerstört, und der Siebenjährige Krieg ging vorüber, und Kaiser Franz Joseph der erste starb, und der Jesuitenorden wurde aufgehoben und Polen geteilt, und die Kaiserin Maria Theresia starb, und der Struensee wurde hingerichtet, Amerika wurde frei, und die vereinigte französische und spanische Macht konnte Gibraltar nicht erobern. Die Türken schlossen den General Stein in der Veteraner Höhle in Ungarn ein, und der Kaiser Joseph starb auch. Der König Gustav von Schweden eroberte Russisch-Finnland, und die Französische Revolution und der lange Krieg fing an, und der Kaiser Leopold der Zweite ging auch ins Grab. Napoleon eroberte Preußen, und die Engländer bombardierten Kopenhagen…

Dennoch gehört auch die geschichtliche Welt zur Lebenswirklichkeit des Menschen. In den Kalendern waren den kosmischen Betrachtungen immer die politischen Weltbegebenheiten zur Seite gestellt. Hebel zeigte die verschiedenen Zeiterfahrungen des Menschen: hier Dynamik und ständige Veränderung, dort Statik und zyklische Wiederkehr. Während in der Weltgeschichte ein Ereignis das andere jagt, säen die Ackerleute, mahlen die Müller, graben die Bergleute nach Metall und wartet die Braut in Falun auf ihren im Bergwerk verschollenen Bräutigam. Die geschichtlichen Ereignisse rücken bei Hebel manchmal nah und groß heran, dann wieder schrumpfen sie zur Kulisse zusammen, während eine unbedeutend erscheinende Episode ganz in den Vordergrund rückt, wie etwa in folgender Geschichte:

Dankbarkeit

In der Seeschlacht von Trafalgar, während die Kugeln sausten und die Mastbäume krachten, fand ein Matrose noch Zeit zu kratzen, wo es ihn biß, nämlich auf dem Kopf. Auf einmal streifte er mit zusammengelegtem Daumen und Zeigefinger bedächtig an einem Haare herab und ließ ein armes Tierlein, das er zum Gefangenen gemacht hatte, auf den Boden fallen. Aber indem er sich niederbückte, um ihm den Garaus zu machen, flog eine feindliche Kanonenkugel ihm über den Rücken weg, paff, in das benachbarte Schiff. Da ergriff den Matrosen ein dankbares Gefühl, und überzeugt, daß er von dieser Kugel wäre zerschmettert worden, wenn er sich nicht nach dem Tierlein gebückt hätte, hob er es schonend vom Boden auf und setzte es wieder auf den Kopf. »Weil du mir das Leben gerettet hast«, sagte er, »aber laß dich nicht zum zweitenmal attrapieren, denn ich kenne dich nimmer.«

Die dritte Lebenswirklichkeit des Menschen ist die soziale Ordnung. Deren Regeln, Gesetze und Grenzen führte Hebel mit zahlreichen Geschichten um Verbrechen und Rechtsfälle vor. Dabei ging es Hebel nicht um starre Maximen und Prinzipien, sondern um Geistesgegenwart im Augenblick. Vorbildliches Handeln, praktizierte Gerechtigkeit: das ist das Thema mancher Erzählung. In »Der Kommandant und die badischen Jäger in Hersfeld« blitzt selbst im Terror von Krieg und Besatzung eine soziale Utopie auf.

In dieser Geschichte soll die hessische Stadt Hersfeld, wo französische Soldaten angegriffen worden waren, auf Befehl Napoleons geplündert und in Schutt und Asche gelegt werden. Der menschenfreundliche Kommandant des auf französischer Seite stehenden badischen Bataillons kann diese Strafe zwar abmildern, doch vier Häuser sollen angezündet werden und es bleibt bei der Freigabe zur Plünderung der Stadt:

Die fürchterliche Stunde schlug; die Trommel wirbelte ins Klaggeschrei der Unglücklichen. Durch das Getümmel der Flüchtenden und Fliehenden und Verzweifelnden eilten die Soldaten auf ihren Sammelplatz. Da trat der brave Kommandant von Hersfeld vor die Reihen seiner badischen Jäger, stellte ihnen zuerst das traurige Schicksal der Einwohner lebhaft vor die Augen und sagte hierauf: »Soldaten! Die Erlaubnis zu plündern fängt jetzt an. Wer dazu Lust hat, der trete aus dem Glied!« So sprach der Kommandant; und wer jetzt ein Glas voll Wein hat neben sich stehen, der trinke es aus zu Ehren der badischen Jäger. Kein Mann trat aus dem Glied. Nicht einer! Der Aufruf wurde wiederholt. Kein Fuß bewegte sich; und wollte der Kommandant geplündert haben, so hätte er müssen selber gehen.

Mord und Verrat erscheinen in den Kalendergeschichten als Verbrechen, wo der Hausfreund mit alttestamentarischer Härte spricht. So ermorden in einer Geschichte ein Bauer und eine Bäuerin aus Geldgier einen Metzger. Als die Bäuerin bemerkt, dass ein Kind den Mord beobachtet hat, steckt sie dessen Kopf in heiße Lauge, brüht es zu Tod und schiebt die Leiche in den Backofen. Doch die beiden Verbrecher werden gefangen:

Sechs Wochen darauf wurden sie gerädert und ihre verruchten Leichname auf das Rad geflochten, und die Raben sagen jetzt: »Das Fleisch schmeckt gut.«

Hier ist ein Ton vorweggenommen, den man später bei Brecht finden wird. Es gibt bei Hebel jedoch auch Figuren, die am Rand der sozialen Ordnung stehen, mit ihren Regeln ein Spiel treiben und dennoch sympathisch dargestellt werden. An seinen Dieben Zundelfrieder und Zundelheiner, die in mehreren Episoden auftreten, hatte Hebel, nicht eben zum Gefallen der kirchlichen Behörde, selbst ein diebisches Vergnügen. Während er in manchen Erzählungen, wie schon in einigen seiner alemannischen Gedichte, bürgerliche Tugenden wie Fleiß, Arbeitsethos und Sparsamkeit lobte, relativierte er diese Werte in den Diebsgeschichten. Und meldete sich da nicht erneut der proteusische Geist in ihm, wenn er das Treiben der Diebe immer wieder als »Handwerk« bezeichnete und damit gerade protestantisch-bürgerliches Selbstverständnis verspottete?

Auch geht es diesen Dieben gar nicht um den Erwerb: »Denn der Zundelfrieder stiehlt nie aus Not oder Gewinnsucht oder aus Liederlichkeit, sondern aus Liebe zur Kunst und zur Schärfung des Verstandes.« Auch gewalttätig sind sie nicht: »Doch mordeten sie nicht, und griffen keine Menschen an.« Manchmal erteilen diese Spitzbuben den allzu selbstgefälligen Bürgern, wie etwa dem Brassenheimer Müller mit seinen roten Pausbacken, auch nur eine Lehre. Im Fortgang der Abenteuer zeigen die Tricks der Schelme immer größere Kunstfertigkeit und eine immer absurdere Logik, mit der sie die geistig unbeweglichen Vertreter der Ordnung aufs Glatteis führen.

Einen Höhepunkt stellt folgende Geschichte dar:

Wie der Zundelfrieder eines Tages aus dem Zuchthaus entwich und glücklich über die Grenzen kam

Eines Tages, als der Frieder den Weg aus dem Zuchthaus allein gefunden hatte und dachte: ›Ich will so spät den Zuchtmeister nimmer wecken‹, und als schon auf allen Straßen Steckbriefe voranflogen, gelangte er abends noch unbeschrien an ein Städtchen an der Grenze. Als ihn hier die Schildwache anhalten wollte, wer er sei und wie er hieße und was er im Schild führe: »Könnt Ihr Polnisch?« fragte herzhaft der Frieder die Schildwache. Die Schildwache sagt: »Ausländisch kann ich ein wenig, ja! Aber Polnisches bin ich noch nicht darunter gewahr worden.« – »Wenn das ist«, sagte der Frieder, »so werden wir uns schlecht gegeneinander explizieren können.« Ob kein Offizier oder Wachtmeister am Tor sei? Die Schildwache holt den Torwächter, es sei ein Polack an dem Schlagbaum, gegen den sie sich schlecht explizieren könne. Der Torwächter kam zwar, entschuldigte sich aber zum voraus, viel Polnisch verstehe er auch nicht. »Es geht hiezuland nicht stark ab«, sagte er, »und es wird im ganzen Städtel schwerlich jemand sein, der kapabel wäre, es zu dolmetschen.« – »Wenn ich das wüßte«, sagte der Frieder und schaute auf die Uhr, die er unterwegs noch an einem Nagel gefunden hatte, »so wollte ich ja lieber noch ein paar Stunden zustrecken bis in die nächste Stadt. Um neun Uhr kommt der Mond.« Der Torhüter sagte: »Es wäre unter diesen Umständen fast am besten, wenn Ihr gerade durchpassiertet, ohne Euch aufzuhalten; das Städtel ist ja nicht so groß«, und war froh, daß er seiner los ward. Also kam der Frieder glücklich durch das Tor hinein. Im Städtlein hielt er sich nicht länger auf, als nötig war, einer Gans, die sich auf der Gasse verspätet hatte, ein paar gute Lehren zu geben. »In euch Gänse«, sagte er, »ist keine Zucht zu bringen. Ihr gehört, wenns Abend ist, ins Haus oder unter gute Aufsicht.« Und so packte er sie mit sicherm Griff am Hals und mir nichts, dir nichts unter den Mantel, den er ebenfalls untenwegs von einem Unbekannten geliehen hatte. Als er aber an das andere Tor gelangte und auch hier dem Landfrieden nicht traute, drei Schritte vor dem Schilderhaus, als sich inwendig der Söldner rührte, schrie der Frieder mit herzhafter Stimme: »Wer da!« Der Söldner antwortete in aller Gutmütigkeit: »Gut Freund!« Also kam der Frieder glücklich wieder zum Städtlein hinaus und über die Grenzen.

Hebel ironisiert hier die soziale Ordnung, indem er den Gaunerjargon übernimmt und die Vergehen Frieders in die Sprache des harmlosen bürgerlichen Alltags überträgt. Die Ordnungshüter nehmen sich aus wie Knallchargen, in die die herzhafte Rede Frieders, auch grammatikalisch überraschend, hineinfährt.

Gerade hinter der vermeintlichen Einfachheit von Hebels Kalendergeschichten steckt hohe Erzählkunst. So viel Witz und eine solche Leichtigkeit des Erzählens findet man in der deutschen Literatur selten. Hebel machte selbst darauf aufmerksam, wie sehr er an seiner Prosa ziselierte: »So leicht alles hingegossen scheint, so gehört bekanntlich viel mehr dazu, etwas zu schreiben, dem man die Kunst und den Fleiß nicht ansieht, als etwas, dem man sie ansieht und das in der nämlichen Form um den Beifall der Gebildetsten zugleich und der Ungebildetsten ringt.«

Mit dem Zundelfrieder und seinen Spießgesellen suchte Hebel wohl zu zeigen, dass der Mensch nicht nur ein Bedürfnis nach Ordnung, sondern auch eines nach Freiheit hat. Das war ein Drang, den er selbst in sich spürte, doch nicht auszuleben wagte. Noch als 64jähriger schrieb er an elsässische Freunde:

> Es ist gar herrlich, so etwas Vagabundisches in das Leben zu mischen. Es ist wie der Fluß in dem Tal. Man fühlt doch auch wieder einmal, daß man der Erde nicht angehört und daß man ein freier Mensch ist, wenn man wie der Spatz alle Abende auf einem andern Ast sitzen kann. Das ist es, was den Bettler groß und stolz macht, wenn er sich selbst und seinen Beruf recht versteht. Ich habe diese Glücklichen schon oft beneidet und gebe gerne denen, die es aus Grundsatz sind. Es gibt keine andere Philosophie.

Hebel schaffte es jedoch nicht mehr, sich von Karlsruhe und den Ämtern frei zu machen. Zwar spintisierte er noch gelegentlich von einer Landpfarrstelle im geliebten Oberland, aber dazu hatte er sich mit den Jahren doch zu bequem in Karlsruhe eingerichtet, hatte sich wohl auch mehr und mehr an urbane Lebensformen gewöhnt. Vielleicht wurde er auch langsam selbst ein wenig wie einer jener kauzig-sympathischen und ein wenig versponnenen Hagestolze im Werk des von ihm so verehrten Jean Paul. 1812 reiste er zum letzten Mal in seine Heimatregion, begegnete dabei noch einmal Gustave Fecht. Ein Jahr zuvor hatte Cotta, immerhin der Verleger Goethes, das »Schatzkästlein des Rheinischen Hausfreunds« herausgebracht, eine Art »Best of« des Kalenders. Hebels Ruhm mehrte sich.

Mit der Zensur hatte Hebel als Kalendermann immer wieder zu kämpfen. 1814 beschwerten sich der Generalvikar des Bistums Konstanz und der päpstliche Nuntius in Luzern über die für den Kalender 1815 gedachte Geschichte »Der fromme Rat«. Dort gerät ein achtzehnjähriger katholischer Jüngling in eine schwierige Situation. Als er auf einer Brücke steht, kommt ihm nämlich von jeder Seite ein Pater entgegen, und jeder trägt das Sakrament vor sich her. Der Jüngling verzweifelt, denn er weiß nicht, vor welchem Sakrament er nun niederknien muss:

> Als er aber den einen Pater mit Bekümmernis anschaute und ihn gleichsam mit den Augen fragte und bat, was er tun sollte, lächelte der Pater wie ein Engel freundlich die fromme Seele an und hob die Hand und den Zeigefinger gegen den hohen und sonnenreichen Himmel hinauf. Nämlich vor dem dort oben soll er niederknien und ihn anbeten.

Man warf der Geschichte eine antikatholische Tendenz vor. Weder das lutherische Konsistorium noch die badische Regierung kamen Hebel zu Hilfe. Die Geschichte musste aus dem Kalender genommen werden. Die Kosten für den Umdruck von zweimal vierzigtausend Blättern wurden dem Lyzeum aufgebürdet. Hebel fand die Geschichte, wie er Hitzig schrieb, »zum Todlachen«, doch mit echtem alemannischem Trotz legte er nun die Redaktion des Badischen Landkalenders nieder: »in Zukunft schreib ihn wer will.«

Vieles spricht dafür, dass Hebel wegen des nun immer tumber aufschäumenden deutschen Nationalismus, gepaart mit Franzosenhass, ohnehin die

Lust verloren hatte, am Kalender weiter zu machen. Er lieferte in den nächsten vier Jahren nur noch gelegentlich einen Beitrag ab. 1821 gelang es ihm mit einigen Mitstreitern, die Lutheraner und die Reformierten zur evangelisch-protestantischen Landeskirche Badens zu reformieren. Er wurde erster Prälat und damit kirchliches Oberhaupt Badens und erhielt daraufhin noch im gleichen Jahr die Ehrendoktorwürde durch die Theologische Fakultät in Heidelberg.

In Schwetzingen bei Heidelberg starb er auch, fünf Jahre später, am 22. September 1826. Im Jahr zuvor hatte er, der nun seit 35 Jahren in Karlsruhe lebte, Gustave geschrieben: »Ich bin bekanntlich in Basel daheim« und phantasierte, sich wieder in seinem Geburtshaus einzuquartieren. Gustave wird das zu diesem Zeitpunkt nicht mehr allzu ernst genommen haben. Denn Hebel war selbst ein ebenso sonderbarer Mensch wie jener Pariser Bürger, den er in einer seiner letzten Erzählungen für den »Hausfreund« beschrieb, ja fast mutet die Geschichte mit dem Titel »Ist der Mensch ein wunderliches Geschöpf« wie ein Selbstporträt an.

In der Erzählung wird dem König von einem fünfundsiebzigjährigen Mann berichtet, der nie in seinem Leben aus Paris wegfuhr, obwohl ihn nichts daran hinderte. Der König lässt den Mann darauf zu sich kommen und verbietet ihm, Paris jemals zu verlassen. Seiner Freiheit beraubt, fühlt sich der Mann nun auf einmal eingesperrt in der Hauptstadt, die Zeitungen, das Geschehen auf der Straße, die Komödie, das Wirtshaus: alles erscheint ihm auf einmal langweilig und fad. Er beschwert sich bei seinen Freunden über sein Los, und nach einem Dreivierteljahr hält er es nicht mehr aus und versucht fast jeden Tag eine Erlaubnis zu bekommen, die Stadt zu verlassen:

> Aber vergebens. Nach Verlauf aber eines schmerzlich durchlebten Jahres, gerade am nämlichen Tage. als er abends nach Hause kam, fragt er mit bösem Gesicht die Frau: »Was ist das für ein neues Kaleschlein im Hof? Wer will mich zum besten haben?« – »Herzensschatz«, antwortete die Frau, »ich habe dich überall suchen lassen. Der König schenkt dir das Kaleschlein und die Erlaubnis, darin spazierenzufahren, wohin du willst.« – »Ma foi!« erwiderte der Mann mit besänftigter Miene, »der König ist gerecht.« – »Aber nicht wahr«, fuhr die Gattin fort, »morgen fahren wir spazieren aufs Land?« – »Ei nun«, erwiderte der Mann kalt und ruhig, »wir wollen sehn. Wenns auch morgen nicht ist, so kanns ein ander Mal sein, und am Ende, was tun wir draußen? Paris ist doch am schönsten inwendig.«

Merke: Wer selbst nach dieser Geschichte nichts mit Hebel anzufangen weiß, ist vermutlich von einem anderen Planeten.

* * *

»Der Augenblick des Einhaltens und des reinen Schauens ist es, dem seine tiefste Inspiration sich verdankt.« ***W. G. Sebald***

Literatur:

Johann Peter Hebel: *Sämtliche Schriften (hg. von Adrian Braunbehrens, Gustav Adolf Benrath und Peter Pfaff).* Band II und III: *Erzählungen und Aufsätze.* Karlsruhe: C.F. Müller, 1990.

Johann Peter Hebel: *Werke (hg. von Eberhard Meckel),* 2 Bände. Frankfurt/Main: Insel, 1968.

*

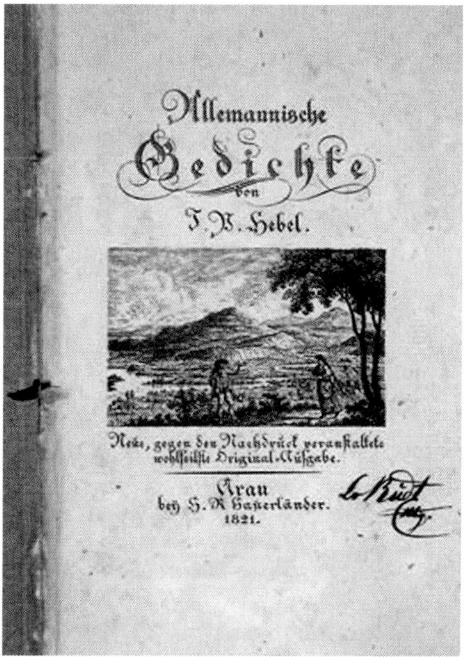

Ausgabe der *Alemannischen Gedichte* (1821) aus der Schlossbibliothek Bödigheim. Repro ©: Badische Landesbibliothek.

Bei der Übersetzung des Gedichts »Das Gewitter« habe ich einige Verse aus Hebels eigener, hochdeutschen Version verwendet, die von der später entstandenen alemannischen Fassung stark abweicht. Die Lebensbeschreibung Hebels stützt sich zum großen Teil auf seine Briefe, auf das von Eberhard Meckel in der zweibändigen Werkausgabe skizzierte Lebensbild – und auf:

Ulrich Däster: *Johann Peter Hebel in Selbstzeugnissen und Bilddokumenten.* Reinbek bei Hamburg: Rowohlt, 1973.

»Den Blick zum Belchen gewendet«: Johann Peter Hebel im Markgräflerland. Marbacher Magazin, Sonderheft 23/1982.

*

Für den Herbst (Oktober 2009) vorangekündigt ist – frühzeitig vor dem 250. Geburtstag 2010 – : *Johann Peter Hebel. Kästchengeschichten – Ausgewählt, neu gelesen und literarisch beleuchtet von Ulrike Draesner.* Erscheint im Libelle Verlag, Sternengarten 6, CH-8574 Lengwil / Schweiz.

Georg Ruppelt

Der Köchin flicht die Nachwelt keine Kränze? O doch!

Die Bestsellerautorin Henriette Davidis und ihr berühmtes Kochbuch

»Denn schnell und spurlos geht des Mimen Kunst,
Die wunderbare, an dem Sinn vorüber,
Wenn das Gebild des Meißels, der Gesang
Des Dichters nach Jahrtausenden noch leben.«

So beklagt Friedrich Schiller im Prolog zum »Wallenstein« das Schicksal der Schauspielkunst. Und kürzer heißt es an anderer Stelle: »Dem Mimen flicht die Nachwelt keine Kränze«. Dem Koch und seinem Produkt auch nicht, fügen wir, scheinbar ebenfalls klagend, hinzu, denn, was der Kochkünstler auf den Tisch gebracht hat, verschwindet vergleichsweise rasch in den Verdauungstrakten der Speisenden. Doch es ist, wie gesagt, nur eine scheinbare Klage, denn die Kunst des Koches oder der Köchin kann durch die Handschrift oder den Buchdruck und heute durch mannigfache audiovisuelle Techniken (wie übrigens auch die flüchtige Kunst des Schillerschen Mimen) durchaus eine gewisse, wenn auch keine direkt sinnlich erfahrbare Nachhaltigkeit erlangen. Oder anders gesagt: Auch für Köchinnen und Köche gilt die alte Skatregel »Wer schreibt, der bleibt!«

Alte Bibliotheken bewahren die Geistes- und Kulturschätze vergangener Jahrhunderte und Jahrtausende auf. Besonders Bibliotheken, die das Pflichtexemplarrecht wahrnehmen, beherbergen in ihren Sammlungen die merkwürdigsten Bücher. Wer zum Beispiel würde Bücher zu Küche und Keller in diesen ehrwürdigen Einrichtungen vermuten? Doch man ist gerade in Bibliotheken vor Überraschungen nie sicher! Kochbücher oder Literatur vergangener Jahrhunderte zu Küche und Keller im weitesten Sinne finden sich häufig in der Abteilung »Oeconomica«.

Küchenliteratur ist nicht nur etwas für Hobby- oder Profiköche, sie ist auch ein Vergnügen besonderer Art für den Bücherfreund. Dem Wissenschaftler bietet diese Literatur aufschlussreiche Einblicke in die Lebensgewohnheiten und Lebensbedingungen der Menschen früherer Jahrhunderte. Historiker und Sprachwissenschaftler verschiedener Richtungen haben alte Küchenliteratur schon seit geraumer Zeit als Quellengrundlage entdeckt und sie für mannigfaltige Untersuchungen genutzt. Ihre Untersuchungen gehen dabei von der Voraussetzung aus, dass das Grundbedürfnis der Menschen nach Nahrung, die Verteilung und Verarbeitung von Lebensmitteln beziehungsweise der Mangel an eben diesen Lebensmitteln häufig verantwortlich waren für gesellschaftliche und politische Entwicklungen oder auch bestimmte konkrete Ereignisse. »Das Schicksal der Nationen hängt von der Art ihrer Ernährung ab«, meinte der Küchenpapst des 19. Jahrhunderts, Anthelme Brillat-Savarin.

Buchhistoriker gewinnen aus alter Küchenliteratur Informationen über die Frühzeit des Buchdrucks und des Buchgewerbes. Denn schon in der zweiten Hälfte des 15. Jahrhunderts, als die Buchdruckerkunst noch in der Wiege lag – wir sprechen daher von Wiegendrucken oder Inkunabeln –, gehörte bereits ein Kochbuch zu den Bestsellern. Bis 1500 erlebte die 1485 zuerst erschienene »Küchenmeisterei« immerhin dreizehn Ausgaben.

Über die Jahrhunderte hinweg war die Produktion von Kochbüchern in der Regel ein ertragreiches Geschäft. Da der Inhalt von Kochbüchern aber weniger der Geistes-, sondern eher der Leibesstärkung diente, blieb die Beschäftigung mit ihnen auf Köchinnen und Köche, Hausfrauen und Hausväter, Ärzte und Heilkundige beschränkt. Ein Kochbuch zu verlegen, galt im 19. Jahrhundert nicht eben als anrüchig, aber es war halt ein Geschäft, mit dem keine wissenschaftlichen oder literarischen Lorbeeren zu ernten waren. Einen ungeheuren Aufschwung nahm die Kochbuchproduktion dennoch, und zwar durch ein zunächst recht bescheiden daher kommendes, aber bald den Markt revolutionierendes und auch bald beherrschendes Bändchen.

»Ein wesentliches Hilfsmittel zum guten und auch zum sparsameren Kochen ist ein zuverlässiges Kochbuch.« Dieser Satz aus der Einleitung von Henriette Davidis' »Praktischem Kochbuch für die gewöhnliche und feinere Küche«[1] erhebt, so unscheinbar er auch klingen mag, doch einen hohen Anspruch. Zwar ist vom Kochbuch allgemein die Rede, doch wird impliziert, dass eben genau das vorliegende Kochbuch ein zuverlässiges sei.

Und das war es in der Tat. Woher diese Zuverlässigkeit kam, sagt uns der Untertitel, in dem darauf hingewiesen wird, dass es »*selbstgeprüfte* Rezepte« seien, die man in dem Buch abgedruckt habe. In der ersten Auflage von 1844 und dann noch in der zweiten hieß das Kochbuch »Zuverlässige und selbstgeprüfte Recepte der gewöhnlichen und feineren Küche«.

Dass Rezepte, bevor sie in der Öffentlichkeit zugänglich gemacht wurden, auch immer auf ihre tatsächliche Koch- und Genießbarkeit geprüft wurden, war durchaus keine Selbstverständlichkeit. Gerade ältere Kochbücher bestehen häufig aus Kompilationen verschiedener Quellen, vornehmlich anderer Kochbücher. Wer heute ein Rezept aus dem 17. oder 18. Jahrhundert sich nachzukochen wagt, wird nicht selten von dem Ergebnis unangenehm überrascht sein. Ein weiteres Hindernis, das dem Nachkochen alter Rezepte im Wege steht, ist die oft ungenaue oder fehlende Beschreibung von Mengen, Zutaten oder Zubereitungsanweisungen.

Erst das 19. Jahrhundert wurde konkreter. Allerdings dürfte das exakte Nachkochen von Speisen aus manchem Kochbuch auch dieser uns relativ nahen Zeit erhebliche Schwierigkeiten bereiten. In Betty Gleims »Bremischem Kochbuch« von 1840 sind beispielsweise im Anhang neun Seiten einer Übersicht der wichtigsten deutschen Maße und Gewichte vorbehalten. Sie werden dort mit dem als Grundmaß vorgegebenen Bremer Maß verglichen. Wenn eine Hamburgerin oder ein Hamburger nach den für seine Region gültigen Maßen und Gewichten diese Rezepte nachkochen wollte, so musste er zunächst folgende Anweisung zur Kenntnis nehmen:

– 1 Quartier hält 45 Cubikzoll, und ist also 1 1/8 Bremer Quart.
– Es hat 2 Oeßel, jedes zu 2 1/4 Bremer Mengeln.
– 1 Scheffel hält 5312 Cubikzoll und ist 1 1/2 Bremer Scheffeln gleich.
– Er hat 2 Faß, 4 Himmten oder 16 Spint.
– 1 Faß zu 2656 Cubikzoll ist gleich 2/5 eines Bremer Scheffels.
– 1 Himmt zu 1327 Cubikzoll ist gleich 1 1/2 Bremer Vierteln.
– 1 Spint zu 332 Cubikzoll ist 1 1/2 Bremer Spint gleich.
– 1 Pfund wiegt 10,080 holländische As, und ist
– 1 Loth schwerer als das Bremer Pfund. […]

Leben und Schreiben der Henriette Davidis

Das Kochbuch der Henriette Davidis beschreibt deutlich und ausführlich Vor- und Zubereitung von Gerichten in klarer, schnörkelloser Prosa, und es enthält Gerichte, die bereits mindestens einmal ausprobiert wurden, nämlich von der Verfasserin des Buches.

Bis zu ihrem Tode 1876 wurde das Buch 21 Mal aufgelegt, lebte aber unter ihrem Namen und unter Nennung zusätzlicher Bearbeiterinnen fort bis ins 21. Jahrhundert. So erschien beispielsweise 2002 ein Nachdruck der amerikanischen Ausgabe von 1904. Die Druck- und Rezeptionsgeschichte dieses Buches und seiner Nachfolger ist so gewaltig, dass sie hier auch nicht einmal andeutungsweise nachvollzogen werden kann. Die beste bibliographische Aufbereitung findet sich in dem 2001 erschienenen dickleibigen Band von Eckehard und Walter Methler »Von Henriette Davidis bis Erna Horn«. Unter dem Stichwort »Henriette Davidis« heißt es im August 2007 im Internet-Lexikon »Wikipedia«: »Gemessen an der Zahl der Exemplare, die von dem ›Praktischen Kochbuch‹ in über 160 Jahren bislang verkauft wurden, findet Henriette Davidis in der Erforschung von Alltagskultur und Frauenbiographien des 19. Jahrhunderts allerdings noch kaum Beachtung.«

Natürlich handelte es sich bei den Neuauflagen des Davidis'schen Kochbuches vom 19. bis zum 21. Jahrhundert inhaltlich um neue Bücher. Kochbücher gehören ja im Wortsinne zur Gebrauchsliteratur, davon zeugen die Fettflecke und Spaghetti-Lesezeichen in Büchern, die sich bereits eine Weile reger Benutzung erfreuen; sie sind verbraucht, Neuanschaffungen werden notwendig. Außerdem veralten Kochbücher und müssen immer wieder an die Zeitverhältnisse angepasst werden, wenn sie das Attribut ›praktisch‹ behalten wollen, etwa weil sich die Ernährungsgewohnheiten ändern, Krieg und Nachkriegszeit den Speiseplan bestimmen oder die Technik ganz neue Hilfsmittel für die Zubereitung von Speisen zur Verfügung stellt.

So heißt es etwa im Vorwort zur 32. Auflage des Davidis'schen Kochbuches von 1898:

»Die fortschreitende Wissenschaft und Technik haben gerade in den letzten Jahren eine Fülle von Neuerungen der Küchen-Praxis gebracht, von denen ich mich bemüht habe, das wirklich als brauchbar sich bewährende den Ratsuchenden nutzbar zu machen. Auch die Ansprüche an die Kochkunst sind gestiegen. Man verlangt immer größere Abwechslung der Speisen.« (S. 3)

Wer war nun diese Henriette Davidis, nach deren Anweisungen Generationen von Köchinnen und Hausfrauen die Kochkunst erlernten und ausübten? Die Praxisnähe des Buches und seine klare, gepflegte Sprache lassen auf jemanden schließen, der sich sowohl in der Küche bestens auskannte, wie auf jemanden, der eine gewisse sprachliche Bildung erfahren und/oder Freude an schriftstellerischer Produktion gefunden hatte. Beide Beschreibungen treffen auf Henriette Davidis zu.

Henriette Davidis wurde am 1. März 1801 im westfälischen Wengern an der Ruhr geboren.[2] Sie war das zehnte von dreizehn Kindern des dortigen lutherischen Pfarrers Ernst Heinrich Davidis und seiner aus den Niederlanden stammenden Frau Maria Katharina Litthauer oder Lithoven. Bereits im Elternhaus wird sie die erste Förderung ihrer Begabung, die sie später so berühmt machen sollte, erfahren haben, indem die Mutter sie stark zu häuslicher Betätigung heranzog und der Vater ihr die erste schulische Bildung angedeihen ließ.

Nach ihrer Konfirmation besuchte sie die private höhere Töchterschule in Schwelm, ließ sich dann in Elberfeld zur Erzieherin ausbilden und übte diesen Beruf darauf vier Jahre im Hause ihrer älteren Schwester und anschließend vier Jahre bei einer hochgestellten Familie in Bremen aus.

Nach dem Tode ihres Vaters kehrte die junge Frau für einige Jahre zu ihrer Familie in die Heimatstadt zurück. »Einen eigenen Hausstand zu gründen, war ihr nicht vergönnt gewesen. Zweimal war sie verlobt, doch beide Male hatte der Tod ihr den Bräutigam von der Seite gerissen. Diese Schicksalsschläge mögen für den weiteren Lebensweg der jungen Frau bestimmend gewesen sein: da sie nun keine eigene Familie umsorgen durfte, sich helfend für andere hinzugeben, ihren erlernten Beruf, später insbesondere schriftstellerisch, als Lebensaufgabe zu nehmen.«[3]

Nach dem Ableben ihrer Mutter 1838 verbrachte sie einige Jahre als Gesellschafterin bei einer gemütskranken Dame in der Schweiz. 1841 übernahm sie die Leitung einer Mädchenarbeitsschule in Sprockhövel. In diesem Lehrinstitut wurden heranwachsende Mädchen auf ihre Rolle als Hausfrau und Mutter vorbereitet. Die sieben Jahre, in denen sie als Leiterin der Schule tätig war, sind recht eigentlich die Grundlage gewesen, auf der sie ihre spätere Existenz als freie Schriftstellerin aufbaute.

Aus dem Bedürfnis, ihren Schülerinnen einen Küchenleitfaden an die Hand zu geben, war ein umfangreiches Manuskript aus selbst erprobten Kochrezepten und praktischen Hinweisen für Haushalt und Küche entstanden. Als sie es publizieren wollte, musste sie die Erfahrung vieler Schriftsteller teilen, die ihr Erstlingswerk einem Verleger übergeben: es wurde abgelehnt. Schließlich griff der Bielefelder Verlag Velhagen & Klasing zu, der sich damit einen lukrativen Bestseller sicherte.

Der Verleger Karl Robert Langewiesche berichtet in seinem Erinnerungsbuch »Aus fünfundzwanzig Jahren«, wie sich sein Großvater auf Anraten seiner Frau gegen das spätere Erfolgsbuch entschieden habe: »Henriette Davidis, eine frühere ›Stütze‹ meiner Großmutter, bot nach Jahr und Tag meinem Großvater das Manuskript ihres Kochbuches an. Dieser – an sich geneigt, die frühere Hausgenossin in ihrem Bestreben zu fördern – fragt angesichts des für einen Mann und halben Poeten immerhin heiklen Stoffes seine Frau um Rat und bekommt von dieser die vernichtende Antwort: ›Was soll denn das Jettchen groß kochen können?‹ Um doch etwas zu tun, machte mein Großvater Fräulein Davidis auf den tüchtigen Bielefelder Verlag aufmerksam. Man kam zusammen. Und weder Verlag noch Verfasserin werden jemals Grund gehabt haben, diese Entwicklung zu bereuen. Aber auch mein Großvater wird sich schließlich über die nahrhafte Taube, die er sich hatte entwischen lassen, weil seine Ratgeberin sie für einen mageren Spatzen hielt, [...] weniger gegrämt haben.« (4)

In dem Band der beiden Autoren Methler heißt es zu dieser netten Anekdote: »Gefallen kann sie, diese Geschichte, historisch ist sie nicht. Henriette war nie Stütze im Hause von Wilhelm und Luise Langewiesche [...]. Velhagen & Klasings Verlagskatalog von 1880 beschreibt die Situation nüchterner: Als Davidis ›ihr Manuskript mit großer Sorgfalt druckfertig hergestellt hatte, wurde sie von drei Verlegern damit zurückgewiesen, ehe sie an das rechte Haus kam, in dem ihr Werk zu seiner jetzigen Bedeutung und Verbreitung gelangen sollte.‹« (S. 4)

Das Buch war von Anfang an ein Erfolg. Bereits 1846 brachte der Verlag eine erweiterte und neu bearbeitete Auflage heraus, auf die schon 1847 die dritte Auflage mit dem nun bleibenden Titel »Praktisches Kochbuch für die gewöhnliche und feinere Küche« folgte. Nahezu jährlich erschienen dann – immer neu bearbeitet – weitere Auflagen.

Mit dem alle Erwartungen übertreffenden Erfolg des »Praktischen Kochbuchs« war Henriette Davidis der Durchbruch als Sachbuchautorin gelungen, was einschneidende Veränderungen in ihrem Leben zur Folge hatte, denn bald konnte sie von den Honorareinkünften ihrer Bücher leben. 1848 nahm sie ihren Abschied von der Leitung der Mädchenarbeitsschule in Sprockhövel, um für den Rest ihres Lebens als freie Schriftstellerin tätig zu sein. Ihr Ruhm und ihr Wohlstand gründeten sich in erster Linie auf ihren Kochbuch-Bestseller, der bald eine marktbeherrschende Position einnehmen sollte und auch in Übersetzungen im Ausland eine Auflage nach der anderen erlebte. Der Name Davidis war zu einem Markenartikel geworden, der erstklassige Qualität anzeigte.

Das mag sich auch auf den Erfolg ihrer anderen Sachbücher ausgewirkt haben, die ebenfalls zahlreiche Auflagen erlebten, wenn auch keines an die phänomenalen Verkaufserfolge des »Praktischen Kochbuches« heranreichte. Neben weiteren, dem Bereich der Küche zuzuordnenden Veröffentlichungen wie »Praktische Anweisung zur Bereitung des Roßfleisches« (Elberfeld, [Iserlohn]: Bädeker, 1848), schrieb sie erfolgreiche Bücher, in denen sie praktische Hilfen für die Hauswirtschaft anbot wie »Der Gemüse-Garten« (Iserlohn: 1850) und »Die Hausfrau« (Leipzig: Seemann, 1861). Ihre pädagogischen Erfahrungen im Umgang mit jungen Mädchen kamen dem Erziehungsbuch von 1856/57 »Die Jungfrau. Worte des Raths zur Vorbereitung auf ihren Beruf. Eine Mitgabe für Töchter bei ihrem Eintritt in's Leben« zugute. Die zweite Auflage erschien 1864 unter dem Titel »Der Beruf der Jungfrau. Eine Mitgabe für Töchter bei ihrem Eintritt in's Leben«. Aus der verbesserten und vermehrten Auflage von 1874 seien einige Stellen zitiert:

> »Herren geflissentlich in Gespräche zu ziehen [...] oder Unterhaltungen mit ihnen anzuknüpfen, die eine Art von Gelehrsamkeit zu Tage fördern sollen, ist nicht Sache einer Dame von guter Sitte und weiblichem Takt; sie überläßt dies den Männern. « (S. 41)

»Das Haus zum angenehmsten Aufenthalt der Familie zu machen und darin durch fromme Liebe, durch Anmuth und weibliche Würde eine magnetische Kraft auszuüben, das ist eine Kunst, welche die Männer an den Frauen viel höher schätzen als alle Gelehrsamkeit.« (S. 251)

»Ein Durchsetzenwollen seines Willens ist nicht fein und für das häusliche Leben von gar unangenehmen Folgen. Darum sollten junge Töchter sich stets zu beherrschen suchen, sich auch nicht verstimmen lassen, wenn es nicht nach ihren Wünschen geht. [...] Eine liebe Tochter wird sich stets kindlich in den Willen der würdigen Mutter fügen. [...] Das Leben der glücklichen Gattin und Hausfrau ist eine stete Selbstverleugnung; wie aber, wenn solche nicht früh gelernt, nicht früh Fügsamkeit geübt würde?« (S. 240)

In dieser Zeit wandte sich Henriette Davidis auch der Erziehung von Kindern, speziell Mädchen zu mit ihrer »Puppenköchin Anna« (Dortmund: Grote, 1856) und der »Puppenmutter Anna« (Dortmund: Joedicke, 1858). Für das »Christliche Volksblatt« und die Familienzeitschrift »Daheim« schrieb Henriette Davidis als freie Mitarbeiterin. Recht lukrativ dürfte für sie die Publikation der Werbeschrift »Kraftküche von Liebig's Fleischextract für höhere und mittlere Verhältnisse erprobt und verfaßt« (Braunschweig: Vieweg, 1870) gewesen sein. Ohnehin konnte die Autorin ihren »Marktwert« sehr wohl einschätzen. Sie verhandelte sehr selbstbewusst mit ihren Verlegern über Preisgestaltung, Auflagenhöhen und Ausstattung ihrer Bücher.

Eine ihrer Publikationen fällt völlig aus dem Rahmen des Sachbuches für Haus und Küche heraus. 1848, als ihr Weg als freie Schriftstellerin bereits vorgezeichnet war, erschien bei Bädeker in Iserlohn und Elberfeld ein 204 Seiten starker Oktavband mit Gedichten, der ihr die Nennung in literarischen Lexika sicherte.[5] Sie bewies damit, dass sie nicht nur in der Lage war, Vorgänge und Sachverhalte in klarer, leicht verständlicher Prosa darzustellen, sondern dass sie auch über bescheidene poetische Ausdrucksmittel verfügte.

Eine gewisse Nähe zum Tod, zu Liebesleid und Abschiedsschmerz ist vielen ihrer in dem Band publizierten Gedichte eigen, und das nicht von ungefähr. Zwei Verlobte und ihren Bruder hatte sie durch den Tod verloren.

Dem Andenken eines geliebten Bruders

In fremdem Lande an des Altar's Stufen,
Da ruht nun die geliebte Hülle aus;
Indeß der Geist auf unsichtbaren Schwingen
Zurückgekehrt in's große Vaterhaus.

O senke doch aus diesem sel'gen Raume
Als Schutzgeist einen Stral auf mich herab!
Wir sind ja ewig eins – ob auch so ferne –
Die Liebe schwingt sich über Zeit und Grab.

Die Liebe, die von Elternhand gepfleget,
So innig sich um uns're Herzen wand,

Die tausend, tausend Freuden mir verliehen,
In der als Kind ich schon den Himmel fand.

Wie rein wird diese Liebe sich verklären,
Wenn uns're Seelen keine Schranke trennt;
Am Vaterherzen wir gemeinsam ruhen,
Deß hohe Liebe keine Sprache nennt! –

27. Mai 1874

Viele ihrer Gedichte sind durchdrungen von einem tiefen Glauben. Der erste Abschnitt des Bandes ist mit »Religiöse Gedichte« überschrieben und enthält Titel wie »Glaube, Liebe, Hoffnung«, »Gottesliebe«, »Gottesfurcht«, »Leben in Jesu«, »Durch Tod zum Leben«. Es schließen sich Gedichte über den Frühling, über den Wald, Blumen, Tiere und die Schönheit der Natur an, gefolgt von Gelegenheitsgedichten zu unterschiedlichen Anlässen. Die die Menschen ihrer Gegenwart bewegenden Probleme kommen allerdings nicht vor, sie werden vielmehr bewusst ausgespart, wie das »Trinklied« (S. 66/67) erkennen lässt:

Trinklied

Ein Trinklied versuch' ich zu singen –
Es gilt weder Mosel noch Rhein;
Es gilt weder Freiheit noch Presse,
Es gilt weder Zecher noch Wein.
        Und dennoch gesungen!
        Und dennoch geklungen!
        O traurige Becher! –
        Für durstige Zecher.

Die Blumen, die haben's gesungen,
Die Blumen, die haben's erdacht,
Als längst sie nach Regen gedürstet
Und endlich ein Trunk ward gebracht.
        Da wurde gesungen,
        Empor sich geschwungen,
        Nach oben! nach oben!
        Die Flora zu loben.

Dann hieß es: getrunken! getrunken!
Still haben wir lange geklagt;
Doch nimmer die Hoffnung verloren;
Doch nimmer an Hülfe verzagt.
        Drum lasset uns trinken!
        Wir werden nicht sinken,
        Der Trunk wird uns geben
        Ein frischeres Leben.

Und haben genug wir getrunken,
Begehren das And're wir nicht.
Drum findet so frisch uns der Morgen,
Drum grüßen wir freudig das Licht.
Drum sendet uns Flora
Die Schwester Aurora
Zu unserer Freude!
Hoch leben sie Beide!

Es mag symptomatisch für die Haltung der Henriette Davidis sein, dass dieser Gedichtband im Revolutionsjahr 1848 erschien. Die unruhige Zeit findet keinen Eingang in ihre Bücher. Die Welt ist für sie, wie sie ist, und es gibt an den Dingen nichts zu rütteln. Diese Einstellung wird etwa auch deutlich, wenn sie in ihrem ›Praktischen Kochbuch‹ die leiblichen Genüsse beschreibt, mit denen einer Jagdgesellschaft aufgewartet werden könne. Sie unterscheidet dabei sehr deutlich zwischen vier Klassen von Jagdteilnehmern, nämlich I. den Jägern, 2. den Jägern, welche zur Dienerschaft gehören, 3. den Treibern und 4. den Hunden (»denn der Gerechte denkt auch an sein Vieh«). Jeder Gruppe ist eine andere Mahlzeit darzureichen, und je weiter man die hierarchische Leiter nach unten steigt, umso einfacher werden die Speisen.[6]

Und doch wird man dem Leben und Schaffen der Henriette Davidis eine gewisse avantgardistische Note nicht absprechen können. Sie, die in praktisch-erzieherischer Tätigkeit und schriftstellerischer Produktion dem Dasein der Frau in der Gesellschaft eine eindeutige und unbezweifelte Funktion zuweist, nämlich – zeitgemäß – die der Hausfrau und Mutter, sie selbst ist so etwas wie eine emanzipierte Frau, jedenfalls in beruflicher Hinsicht und wenn auch wohl dem Zwang der Umstände gehorchend.

Schon früh musste sie selbsttätig für ihren Unterhalt sorgen, und sie beweist bis zu ihrem Tode, dass sie in der Lage ist, die Regie über ihr Leben tatkräftig und geschickt zu führen. Dass sie etwa in geschäftlichen Angelegenheiten sehr gut »ihren Mann stehen« konnte, haben, wie oben schon angedeutet, ihre Verleger durchaus zu spüren bekommen. »Sie wußte um den Erfolg ihrer Bücher und handelte entsprechend Verträge aus. Sie beeinflußte nicht nur Druck und Aufmachung, sondern diktierte förmlich Auflagenhöhe und Honorar und regelte zugleich die Rechte ihrer Erben.«[7]

Es entbehrt nicht einer gewissen Ironie, dass ausgerechnet Henriette Davidis, die wohl auch ein wenig mit dafür Sorge getragen hat, dass Generationen junger Mädchen in ein rein auf Häuslichkeit eingeschränktes Leben hineinwuchsen, für sich selbst bewies, dass auch eine Frau des 19. Jahrhunderts sehr wohl in der Lage war, ihr Leben in die eigenen Hände zu nehmen. Henriette Davidis starb am 3. April 1876 in Dortmund, wo sie die letzten 20 Jahre ihres Lebens gewohnt hatte.

Der Kochbuchklassiker

Doch nun wieder zum Hauptwerk der Henriette Davidis, ihrem »Praktischen Kochbuch für die gewöhnliche und feinere Küche«![8] Schon die ersten der

34 römisch und 648 arabisch gezählten Seiten lassen klar erkennen, dass hier jemand aus der Praxis für die Praxis geschrieben hat. Nach dem Abdruck von Vorworten zu früheren Auflagen folgen eine als »Wegweiser« bezeichnete Inhaltsangabe und unmittelbar darauf das Register.

Welcher Kochwillige hat nicht schon einmal verzweifelt in einem Kochbuch hin- und hergeblättert, um ein bestimmtes Gericht zu finden, bis er es schließlich nur mühsam aufschlagen konnte, weil diesem Buch ein Register fehlte oder das vorhandene unvollständig oder unverständlich angelegt war. Das Register bei Henriette Davidis ist mustergültig in Aufbau und Inhalt. In 48 Spalten enthält es über 2200 Registereinträge von »Aal, aufgerollter-, gebackener« bis »Zwiebeln, gefüllte Riesen-, gestovte«. Wer sucht, der findet hier.

Dem Register folgt eine dreiseitige Einleitung, die mit dem geradezu klassischen Satz beginnt: »Das Kochen ist schon wegen der Gesundheit nicht als Nebensache zu betrachten.« Hier werden Tipps zur Benutzung des Buches, aber auch allgemeine Regeln zur Vorbereitung eines Kochaktes mitgeteilt. Sie sagen zusammengefasst aus, dass man mit dem Kopf kochen und auftischen solle. An die Einleitung schließen sich »Angaben zu Portionen bei großen und kleineren Essen« an (zum Beispiel »Puterhenne für 8 Personen«) und Hinweise dazu, welche Fette man für welche Zwecke zu verwenden habe.

Das nächste Kapitel »Vom Aufbewahren verschiedener Vorräthe für Küche und Keller« dürfte im Zeitalter moderner Kühl- und Kältetechnik nur noch von historischem Interesse sein, wenn auch die Unart des »Geschmacktotkühlens« bei manchem heutigen Leser vielleicht Sehnsucht nach alten Aufbewahrungstechniken aufkommen lässt.

»Eier bleiben frisch, wenn man sie in einem steinernen Topfe, mit dünnem Kaltwasser bedeckt, in den Keller stellt, doch müssen sie zugedeckt werden, um den Zutritt der Luft zu verhüten. [...] Monate lang nachher kann man dieselben noch zu Backwerk gebrauchen, da sich das Weiße zu festem Schaum schlagen läßt. Auch kann man die ganz frischen Eier mit geschmolzenem Talg bestreichen und sie an einem kühlen Ort aufbewahren. September-Eier erhalten sich ohne weiteres den ganzen Winter hindurch im Keller.« (S. 12)

Das darauffolgende Kapitel »Allgemeine Verhaltensregeln« ist ein Kurs über die Grundlagen des Kochens. Unter vielem anderen findet man darin Tipps, wie man »irdene Töpfe dauerhafter« macht, »Erkennungszeichen des alten Geflügels« und »In welchen Monaten das Geflügel am besten ist«. In erster Linie jedoch werden Grundverrichtungen des Kochens erläutert, wie etwa das Einkochen von Kräutern als Zusatz an Saucen:

»Eine Obertasse voll feingehackter Schalotten oder Zwiebeln, etwas Petersilie, Dragon, Thymian, Basilikum, Zitronenschale und 1-2 Lorbeerblätter werden mit 70 Gr. Butter aufs Feuer gesetzt und so lange gerührt, bis die Butter klar hervorkommt; braun darf sie nicht werden. In einem offenen Glase kann man sie 14 Tage aufbewahren.« (S. 28)

Schließlich, auf Seite 39, beginnt der eigentliche Rezeptteil des Buches, in dem jeder Art von Gerichten ein eigenes Kapitel gewidmet wird, 23 insgesamt, die wiederum von allgemeinen Hinweisen eingeleitet werden. Die Rezeptauswahl wird dem Titel des Buches durchaus gerecht; es wird viel geboten, für die gewöhnliche, also einfachere, also billigere Küche, wie für die feinere und damit meist auch teurere Küche. An zwei Sauerkraut-Rezepten aus dem Kapitel »Gemüse« sei dies demonstriert:

»Sauerkraut für den gewöhnlichen Tisch. Dasselbe wird vorab behandelt wie in der vorigen Nummer. Unterdeß wird Wasser je nach der Portion mit 1-2 Eßlöffel gutem Rüböl und Schweinefett kalt aufs Feuer gesetzt, zum Kochen gebracht, das Sauerkraut hinein gethan und gahr gekocht. Das Oel bewirkt ein schnelleres Weichwerden und eine gelbliche Farbe. Wünscht man ein Stückchen Schinken oder durchwachsenen Speck darin zu kochen, was zu empfehlen ist, so darf solches nicht zu salzig und muß zur Hälfte gahr geworden sein, ehe das Sauerkraut hinzugethan wird. Auch kann man, wie bei Rübstiel mit Kartoffeln bemerkt, Speckscheiben dazu braten und das flüssige Fett zum Sauerkraut anwenden. Es ist besser, die Kartoffeln allein zu kochen und sie zuletzt durchzurühren, weil die Säure des Sauerkrautes solche etwas hart macht. Sehr gut ist es, je nach Verhältniß der Portion 1-2 roh geriebene Kartoffeln, wenn das Gemüse völlig gahr ist, durchzurühren. Es benimmt der Brühe das Wässrige und gibt dem Sauerkraut ein gutes Ansehen. Auch können statt Kartoffeln weiße Bohnen ganz weich gekocht und mit ihrer kurz eingekochten sämigen Brühe vor dem Anrichten durchgerührt werden. Zeit des Kochens wie vorstehend bemerkt.« (S. 112)

»Sauerkraut mit Austern-Ragout und Rheinwein. Der eingemachte Kohl wird gut ausgedrückt, mit 1 Pfund ungesalzener Butter auf 3 Pfund Kohl in kochendem Wasser 3 Stunden gekocht, dann mit 1 Flasche Rheinwein fast trocken eingeschmort und in einer Schüssel kranzförmig angerichtet. In die Mitte legt man Austern-Ragout wie folgt: Nachdem man 1/2 Eßlöffel voll feines Mehl in frischer Butter geschwitzt hat, kocht man mit kräftiger Bouillon ein wenig sämige Sauce davon, würzt sie mit Salz, Zitronensaft und etwas Muskatnuß, rührt sie mit 2 Eidottern ab. In dieser Soße schwenkt man 2 Dutzend von den Bärten gereinigte Austern, bis sie steif sind, läßt sie aber nicht kochen, gibt auch das Austernwasser durch ein feines Sieb hinzu und sofort zur Tafel.« (S. 113)

Henriette Davidis befasst sich im übrigen nicht nur mit deutschstämmiger Küche, wie die beiden zitierten Rezepte vielleicht vermuten lassen; ihre Sammlung enthält eine Vielzahl fremdländischer Speisen wie etwa die »Batavia-Suppe von indianischen Vogelnestern« in dem Kapitel »Verschiedenerlei selten vorkommende in- und ausländische Speisen«.

Kochkunst ist und war schon immer sympathisch international, Rezepte wanderten von Region zu Region, von Land zu Land, verbreitet von den ihren Einsatzort wechselnden Köchen oder Reisenden, später auch von Kochbüchern. Die Lust auf Neues, der Spaß am Unbekannten, bisher Ungeschmeckten sind wesentliche Merkmale des fähigen Koches, der fähigen Köchin wie des genießenden Kenners.

Einige Rezepte finden sich übrigens im Kochbuch der Henriette Davidis, die heute nicht mehr nachgekocht werden können oder nachgekocht werden dürfen. Es handelt sich dabei um Zubereitungsanweisungen für Tiere, die mittlerweile in Mitteleuropa ausgestorben sind oder die – jedenfalls in Deutschland – zu den geschützten Tierarten zählen, mithin also tabu für Jäger und Köche sind. Dazu gehören etwa die Rezepte für Fischotter, Auerhahn oder Lerche.

Nach 1890 Rezepten will der letzte Teil des Buches Hilfen geben bei Arrangements von Speisen zu verschiedenen Anlässen. Es gibt auch eine Liste von »Speisen, welche nach der Suppe gegeben werden« und von »Mittel- und Schlußspeisen zu kleinen freundschaftlichen Essen«.

Dass eine Hausfrau gut und sparsam zu kochen habe, findet sich als wiederholte Ermahnung in allen Auflagen des Davidis'schen Kochbuches. Die »Hinweisung auf Speisen, welche von Resten verschiedener Art zubereitet werden«, sollte ihr dabei helfen.

Wie sehr sich die heutige Tiefgefrier-Schnellküche von der Schnellküche des 19. Jahrhunderts unterscheidet, macht besonders das Kapitel »Hinweisung auf schnell zu machende Speisen« deutlich. In diesem Kapitel wird auch das Rezept für Wildschweinskopf aufgeführt, das uns eine Anschauung davon gibt, wie sehr sich der Zeitbegriff doch innerhalb der letzten zwei Jahrhunderte verändert hat:

»**Wildschweinskopf.** Man schickt den Kopf zum Schmied, um ihn mit glühendem Eisen gehörig absengen zu lassen, wäscht ihn rein, schneidet die Haut von Ober- und Unterrüssel los, macht vor der Stirn einen Einschnitt, damit die Schwarte nicht aufplatze, und läßt ihn eine Nacht ganz im Wasser liegen, um ihn von dem durch das Sengen entstandenen Geruch zu befreien. Kann man ihn nicht im Schinkenkessel auf einem Einleger kochen, so thut man wohl, den Kopf in ein reines, altes Tuch zu legen. Die Ohren müssen glatt angelegt und das Tuch zum bequemeren Herausziehen zugebunden werden. Dann legt man denselben in einen Topf, bedeckt ihn mit 2 Theilen Wasser, I Theil Essig, gibt Senf dazu, schäumt ihn gut und läßt ihn mit reichlich Zwiebeln, Pfeffer, Nelken, Lorbeerblättern, Salbei, Thymian, Rosmarin 4-5 Stunden langsam kochen, bis er fast weich ist, und in der kochenden Brühe 1 Stunde nachweichen. Dieselbe muß einen recht kräftigen Geschmack haben. Dann putzt man die Ohren, zieht die Zunge ab und läßt den Kopf kalt werden, legt ihn in ein passendes Bunzlauer Geschirr, gießt die kaltgewordene Brühe darauf, in welcher er sich wochenlang frisch erhält. Beim Gebrauch schneidet man die schwarze Haut unten am Halse ein wenig weg, verziert die Schüssel mit gehackter Petersilie, buntgeschnittenen Zitronenscheiben, Rothebeeten, dem Weißen und Gelben von hartgekochten Eiern und in Streifen geschnittenen Gurken, den Kopf mit Grün, und gibt ihm eine Zitrone oder einen Apfel ins Maul. Der Kopf wird mit der Sauce lila diable oder Remoulade zur Tafel gegeben. Was davon übrig bleibt, legt man wieder in die Brühe.« (S. 191/2)

Vergleichen wir dieses Rezept mit einem Produkt unserer Zeit, das in jedem Supermarkt erhältlich ist! Es geht um ein Plastikbecherchen, das keine 50 Gramm wiegt. Wenn man es schüttelt, hört man ein leises Rasseln; es hat etwa einen Euro gekostet. Innerhalb von fünf Minuten kann man sich daraus eine den »kleinen Hunger« sättigende und nicht unangenehm schmeckende Mahlzeit zubereiten. Es ist der »Hühner-Nudeltopf«. Auf das Becherchen ist u. a. folgender Text gedruckt:

Zubereitung: 1. Kochendes Wasser bis zu Unterkante des geriffelten Randes aufgießen. 2. Sofort gründlich umrühren. 3. Vier Minuten ziehen lassen. Gelegentlich umrühren. Inhalt: »Einwaage 38g ergibt eine Portion von 240g. Fleischeinwaage 3g«.

Als eine Fundgrube für die Erforschung der Lebens- und Essgewohnheiten des Bürgertums im 19. Jahrhundert erweist sich der Anhang »Arrangements zu kleinen und größeren Gesellschaften, zu Frühstücks-, Mittags- und Abendessen, Kaffee's und Thee's, und einem Küchenzettel nach den Jahreszeiten geordnet«. Hier gibt es ausführliche Belehrungen über die »Anordnungen vor einer Gesellschaft«, »Vom Decken einer großen Tafel«, »Vom Arrangieren einer großen Tafel« und »Vom Bedienen einer Tafel«. Im Kapitel »Eingang zu den Essen« wird man eingehend über Speisezusammenstellungen und -folgen bei verschiedenen Gelegenheiten unterwiesen, was sich so liest:

»Bei der Wahl des Fleisches hat man Rücksicht darauf zu nehmen, daß von einer Art Fleisch nicht zweierlei Gerichte erscheinen. Gibt man zum Beispiel ein Roast-Beef nach der Suppe, so kann man nicht wohl Filet zum Braten oder zu einer Geleeschüssel bestimmen. Bei einem Kalbskopf wähle man womöglich keine Kalbs-Cotelettes. Es wird keine Hasensuppe genommen, wenn Hasenbraten gegeben werden soll, und keine Pasteten von Schwarzwild, wenn Reh- oder Hirschbraten folgen.« (S. 615)

An diese allgemein belehrenden Kapitel schließen sich Küchenzettel an, bei denen Henriette Davidis ausgiebig aus dem Fundus ihrer nahezu 1900 Rezepte schöpfen kann. Mittag- und Abendessen, Gabel-, gewöhnliche und Jagdfrühstücke werden in zahlreichen Kompositionen für verschiedene Jahreszeiten angeboten. »Ein beliebtes Herren-Essen« für November, Dezember und Januar zum Beispiel wird so zusammengestellt:

»Kräftige Bouillon, wozu Reis und Parmesankäse gegeben wird. – 2. Round of Beef oder ein großes Stück Hamburger Rauchfleisch, Sauerkraut, dick gekochte durchgeschlagene Erbsen mit braun gebratenen Zwiebeln bedeckt, brauner Kohl und Kastanien, gebratene Kartoffeln. Jedes Gemüse besonders angerichtet. – 3. Macronenkranz oder Macronenkuchen. – 4. Butter und englischer Käse oder Sardellenbutter.«(S. 632)

Zum Ende des Buches werden genaue Beschreibungen der Arrangements und Aufwartungsregeln für verschiedene Arten von Kaffee- und Teegesellschaften zusammengefasst. Etwas prosaisch wird das Buch nach 647 Seiten durch Mitteilungen über kulinarische Köstlichkeiten geschlossen mit einem »Nachtrag. Ueber die Salicylsäure und ihre Anwendung in der Küche«, denn »ein gutes Kochbuch muß bestrebt sein, die Entdeckungen der Wissenschaft auch für die Küche nutzbringend zu machen« (S. 647) – ein früher Sündenfall im Bereich der Nahrungsmittelkonservierung; die Verwendung der Säure wurde 1959 in der Bundesrepublik für diese Zwecke verboten.

Dass das Davidis'sche Kochbuch einst zu den beliebtesten und am weitesten verbreiteten Kochbüchern zählte, ist heute noch auf dem Antiquariatsmarkt zu erkennen. Es ist zu vermuten, dass nicht nur Sammler am Erwerb dieser Bücher beteiligt sind, sondern auch Kochlustige, die neue Anregungen aus einem alten Werk gewinnen wollen. Und es werden sich Leser finden, denen es Freude bereitet, in einem gut geschriebenen historischen Kochbuch zu blättern oder gar zu schmökern und sich von ihm in eine vergangene Welt bürgerlicher Tafelkultur entführen zu lassen.

Anmerkung:

1 Henriette Davidis: *Praktisches Kochbuch für die gewöhnliche und feinere Küche.* Zuverlässige und selbstgeprüfte Rezepte zur Bereitung der verschiedenartigsten Speisen und Getränke, zum Einmachen etc., und eine Hinweisung auf schnell zu machende Speisen. Mit einem Anhange, enthaltend Arrangements zu kleinen und größeren Gesellschaften und einem Küchenzettel nach den Jahreszeiten. Mit besonderer Berücksichtigung der Anfängerinnen und angehenden Hausfrauen. 22.,vermehrte und verb. Aufl. Bielefeld und Leipzig: Velhagen & Klasing, 1877.
Vgl. zur gesamten Thematik: Eckehard Methler / Walter Methler: *Von Henriette Davidis bis Erna Horn.* Bibliographie und Sammlungskatalog hauswirtschaftlicher Literatur – mit Anmerkungen zur Frauenfrage. Wetter (Ruhr) 200 I. (Veröffentlichungen des Henriette Davidis-Museums; Bd. 9.); Beruf der Jungfrau. Henriette Davidis und Bürgerliches Frauenverständnis im 19. Jahrhundert. 2. Aufl. Oberhausen 1990.

2 Die biographische Darstellung nach Methler / Methler, s. Anm. I, S. 1-8; Willy Timm: *Henriette Davidis.* In: *Westfälische Lebensbilder.* Bd. 12. Münster 1979. S.88-103; ders.: *Man nehme ... Vor 125 Jahren erschien das berühmte Kochbuch der Henriette Davidis.* In: *Der Märker.* 19. 1970. H.2. S. 44; Franz Brümmer: *Henriette Davidis.* In: *Allgemeine Deutsche Biographie.* Bd. 47. S. 626/7; ders.: *Deutsches Dichter Lexikon.* Nachtrag. 1877. S. 37. Weitere bio-bibliographische Hinweise bei Elisabeth Friedrichs: *Die deutschsprachigen Schriftstellerinnen des 18. und 19. Jahrhunderts.* Stuttgart 1981. S. 56/7.

3 Timm, Davidis, s. Anm. 2, S. 90.

4 Karl Robert Langewiesche: *Aus fünfundzwanzig Jahren. Buchhändlerische Erinnerungen 1891/1916.* Königstein u. Leipzig: Langewiesche, 1919. S. 15/16.

5 *Gedichte.* 2. Aufl. Elberfeld [Iserlohn]: Bädeker, 1848. Nach Angabe des »Gesamtverzeichnisses des deutschsprachigen Schrifttums 1700-1910« kam die I. Aufl. nicht in den Buchhandel. (Nachdruck 1991 mit einem Nachwort von Walter Methler.)

6 *Praktisches Kochbuch,* s. Anm. I, S. 640-642.

7 Timm, Davidis, s. Anm. 2, S. 100.

8 Siehe Anm. 1. Die 22. Auflage ist gegenüber der von Henriette Davidis noch selbst besorgten 21. Auflage nur unwesentlich verändert worden.

* * *

Wenn man etwas gern essen will: so bringe man es in des Freundes Haus; es schmeckt besser als eignes und fremdes zugleich, da es eben keines von beiden ist. *Jean Paul*

Martin Lowsky

Menschen, die verblüffen

Trien' Jans und andere Nebenfiguren bei Theodor Storm, Theodor Fontane und Karl May

Sie trug in einem alten blau karierten Kissenüberzug eine Last in ihren Armen, die sie sorgsam, als wär's ein Kind, umklammerte; ihr greises Haar flatterte in dem leichten Frühlingswind. »Was schleppt Sie da, Trina?«, frug ein Bauer, der ihr entgegenkam. »Mehr als dein Haus und Hof«, erwiderte die Alte; dann ging sie eifrig weiter.

Theodor Storm: Der Schimmelreiter (1888); über Trien' Jans mit ihrem toten Kater

Er kam jeden Abend und plauderte, so daß es mitunter an die Zeiten erinnerte, wo Dörr auf seinem Schemel gesessen und seine Pfeife geraucht hatte, nur daß der neue Nachbar in vielen Stücken doch anders war: ein ordentlicher und gebildeter Mann, von nicht gerade feinen, aber sehr anständigen Manieren, dabei guter Unterhalter, der, wenn Lene mit zugegen war, von allerlei städtischen Angelegenheiten, von Schulen, Gasanstalten und Kanalisation und mitunter auch von seinen Reisen zu sprechen wußte.

Theodor Fontane: Irrungen, Wirrungen (1887), 17. Kap.; über Gideon Franke

»Ich bin Mediziner, mag aber von Medizin, wie sie von unsern Ärzten verordnet und gegeben wird, nichts wissen. Ich bin vielmehr der Ansicht, daß der kranke Körper, wenn er überhaupt noch Lebensfähigkeit besitzt, keine fremden, wohl gar giftigen Stoffe in sich aufzunehmen braucht, um wieder gesund zu werden. [...] Ich habe mir vorgenommen, auf diesem Wege weiterzugehen, und bin der Meinung, daß die sogenannten wilden Völker, weil auf die Natur angewiesen, Anhänger meiner Überzeugung sind. Darum entstand in mir der Gedanke, nach dem Westen zu gehen, um bei irgend einem Indianerstamme Studien zu machen.«

Karl May: »Weihnacht!« (1897), 2. Kap.; Worte Hermann Rosts

In epischen Werken gibt es gelegentlich Nebenfiguren, die den Leser verblüffen. Es sind Figuren, die sich in den Erzählkosmos des jeweiligen Werkes nicht recht einfügen, Figuren, durch die der Erzählkosmos einen Sprung bekommt. Es sind Personen, die dem Erzähler des Romans selbst nicht geheuer sind. Sie sind die Narren im Roman, die die Gefahr, die von ihrem Reden ausgeht, nicht scheuen und bisher nie gehörte Themen anschneiden. Narren sind sie auch in dem anderen Sinne, dass sie sich sonderlingshaft oder lächerlich benehmen und vielleicht sogar uns Lesern unsympathisch sind. Andererseits: Sie zu beachten, sie gründlich beim Wort zu nehmen, ist ein besonderer Lesegenuss.

Ich stelle drei solche Personen vor: die allein lebende Frau Trien' Jans in Theodor Storms *Schimmelreiter*, den Fabrikmeister Gideon Franke in Theodor Fontanes *Irrungen, Wirrungen* und den homöopathischen Arzt Hermann Rost in Karl Mays »*Weihnacht!*«. Sie stammen also alle aus der Literatur des späten 19. Jahrhunderts.

* * *

Wie ein »junger Schatz im Bett«, so sei für sie ihr Angorakater. Dies sagt Trien' Jans, diese Frau in der Welt des Theodor Storm'schen Schimmelreiters – einer Welt, in der es um den Bau eines Deiches geht und in der zugleich ein großes Tableau des menschlichen Kommunizierens entfaltet wird. Wie soll der Einzelne, der ein neues Projekt wagt, mit seinen Mitmenschen umgehen, wie demokratisch kann er sein, wenn er schon die Klügsten auf seiner Seite hat? Wie gefährlich ist sein Tun für ihn, für andere, für die Natur?

In dieser komplizierten Welt des Schimmelreiters also tritt Trien' Jans auf, deren höchstes Glück ihr Kater ist. Sie ist die einzige Person, die mit der ganzen Welt in Berührung steht, denn ihr Kater stammt, wenn wir das Wort Angora wörtlich nehmen, aus der Türkei, ihr Sohn hat »spanische Seereisen« unternommen, d. h. er war in Südamerika, und zu Hause hat sie Rohrzuckerkisten-Holz, das also aus Westindien stammt. Trien' betreibt die Entenzucht, kann Ställe mauern und mischt sich bei den Festen unter die Männer. Damit hat sie einen so weiten Denk- und Gefühlshorizont wie sonst keine Person in dieser Novelle. Sie vertritt das weibliche Prinzip? Nein, sie ist nicht festzulegen: Sie ist wütend auf Hauke Haien, der ihr den Angorakater tötet, reicht ihm aber doch zur Versöhnung einen Schnaps. Sie ist kein geselliger Mensch, aber spricht, wenn es sein muss, jeden an. Über ihr Alter macht der Erzähler widersprüchliche Angaben; sie hat eben kein Alter, sie ist zeitlos.

Trien' Jans war wahrscheinlich nie verheiratet, doch sie hatte einen »Schatz im Bett« und einen Sohn. Sie wohnt nicht im Dorf, sondern in einer Kate auf dem Deich, lebt also zwischen der menschlichen Siedlung und dem Meer. Das Meer fasziniert sie: Ihr Sohn ist im Sturm an der Küste umgekommen; er wurde vom Meer überwältigt und kehrte damit ins Nichts zurück.

Die Körper werden »allmählich in ihre Urbestandteile aufgelöst«, heißt es über die Familie des Schimmelreiters am Ende, und dasselbe gilt für Trien' Jans' Sohn, der dieser Familie vorangegangen ist. So wird fur Trien' das tödliche Meer zum Spiegelbild ihrer Mütterlichkeit und zu etwas Vertrautem und zugleich zu einer Macht, an der sie nicht rühren will.

Nicht die Dorfgemeinschaft, die Hauke Haien sehr oft widerspricht, sondern, lesen wir genau, Trien' Jans ist der schärfste Gegner des Hauke Haien'schen Deichprojektes. Dem Meer etwas abgewinnen zu wollen, ist für sie eine böse Tat. Sie kennt die Sage von der »Wasserfrau«, die in den Wellen lebt und plötzlich durch die Deichkonstruktion vom Meer und von ihren Lieben abgeschnitten wird und bitterlich weint – eine Sage, die für Trien' Realität ist.

Sie habe, sagt sie, das Weinen der Wasserfrau vernommen. Hauke Haien, der Trien' erzählen hört, greift ein: Er verbietet ihr, weiterhin derartige abergläubische Dinge zu verbreiten. Und Hauke, der rational Denkende, ist konsequent auf noble Weise: nicht einmal seiner schwachsinnigen Tochter soll Trien' Jans das erzählen, auch diese Behinderte habe ein Anrecht darauf, vernünftig belehrt zu werden. Nein, Trien' Jans findet keine Bundesgenossin.

›Der Schimmelreiter‹ ist der Bericht von dem rationalen Deichkonstrukteur, dem ehrgeizigen Einzelnen. Er ist auch ein sozialer und ein politischer Roman, weil beim Deichbau die Dorfgemeinschaft mitwirkt. ›Der Schimmelreiter‹ ist aber auch ein Roman über die Verletzung der Natur, eine Verletzung, für die uns die richtigen Begriffe fehlen und die sich nur mühsam mit dem Wortschatz der Sagen und des Aberglaubens andeuten und beklagen lässt. Trien' Jans wagt diese Klage. Das Abergläubische, das sie vorträgt, hat einen tiefen Sinn.

* * *

Theodor Fontane ist ein Meister der Gesprächsszenen. In seinen Romanen gibt es die Konversationsrunden, mit denen scheinbar locker und doch sehr scharf die Personen charakterisiert werden. Konversation ist ein Muss – bei Fontane und überhaupt in der bürgerlichen Welt des 19. Jahrhunderts. Entsprechend gibt in Fontanes Roman ›Irrungen, Wirrungen‹ Botho von Rienäcker seiner ahnungslosen Freundin Lene Nimptsch diese Erläuterung: »Eigentlich ist es ganz gleich, wovon man spricht. [...] Über jedes kann man ja was sagen, und ob's einem gefällt oder nicht. Und ›ja‹ ist geradesoviel wie ›nein‹.« Das ist die Kunst der Konversation.

In seinem späten Werk ›Der Stechlin‹ wird Fontane so radikal, dass er eine Person äußern lässt: »Was ich da gesagt habe ... Wenn ich das Gegenteil gesagt hätte, wäre es ebenso richtig.« Doch in ›Irrungen, Wirrungen‹ erscheint auch eine andere Gesprächskultur, in der Nebenfigur Gideon Franke, der als Vorarbeiter in einer Gasröhrenfabrik tätig ist. Er ist ein Mann, der zu Lene »von Schulen, Gasanstalten und Kanalisation und mitunter auch von seinen Reisen zu sprechen wußte«. Nicht die Gebote der Konversation leiten ihn, sondern fachliches Wissen, Welterfahrung und präzise Vorstellungen.

Dieser Mann hält um ihre Hand an; er wird ihr Bräutigam. Für den Leser, der auf Gideons Sprechen achtet, ist klar: Lene schätzt diesen Mann. Wer so sachbezogen redet, gewinnt ihre Sympathie. Sie selbst ist eine Kunststickerin, eine qualifizierte Facharbeiterin (nicht eine Büglerin, wie manche Interpreten sagen).

Lene musste Botho, mit dem sie drei Monate ein tiefes Liebesverhältnis hatte, samt gemeinsamem Wochenendausflug, aufgeben. Denn Botho, eingebunden in seine Adelswelt – und obendrein von schwachem Charakter, konnte sie doch nicht gebrauchen. Nach Botho, so der erste Eindruck bei der Lektüre, kann Lene nur noch unglücklich werden. Auch das Auftreten Gideon Frankes scheint daran zunächst nichts zu ändern: er ist doppelt so alt wie Lene, er hat nichts Erotisches an sich, er leitet eine Sekte.

Und doch hat er eine eigene Größe. »Ich war lange drüben in den States«, sagt er zu Botho, den er aufsucht (in dem berühmten 20. Kapitel), um sich ihm vorzustellen als Lenes neuer Freund und als welterfahrener Mann. Durch seinen handwerklich-technischen Sachverstand ist er Botho überlegen. Überlegen ist er sogar schon durch den Schritt, das Gespräch mit Botho zu suchen und Botho von seiner Liebe zu Lene berichten zu lassen.

Nirgends bis dahin im Werk spricht Botho so kluge Worte wie in dieser Szene, die Gideon veranlasst hat.

Gideon präsentiert eine Denkweise, die den gesamten preußischen Adel hinter sich lässt. Er, der Amerika-Erfahrene, der Spezialist fur Gas- und andere Leitungen, er und seine Kollegen in der Fabrik sind die Begründer der modernen Weltstadt Berlin. »Gideon ist besser als Botho«, lautet der letzte Satz des Romans, ausgesprochen von Botho selbst, und diese Aussage gilt nicht nur, wenn man die beiden als die denkbaren Ehepartner für Lene beurteilt, sondern sie gilt auch im Blick auf die zukünftige Welt. Der kompetente Fabrikmeister Gideon ist besser als der Adelige Botho samt seinem preußisch-adeligen Wust von überkommenen Prinzipien. Freilich – und da gibt Fontane nicht nach: Botho ist der Scharmantere, er ist die Hauptfigur im Roman. Gideon dagegen tritt nur in wenigen Episoden auf. Fontane selbst konnte ihn wohl nicht leiden.

* * *

Um Amerikafahrten geht es auch in Karl Mays Reiseerzählungen. Der Wilde Westen spielt da eine tragende Rolle. Er ist der Flucht-Raum für die in der Zivilisation Geschädigten. Bei Karl Mays Indianern erlebt man wahrhaftige menschliche Beziehungen, es gibt keine Standesunterschiede, keine Geldnot, keine entfremdete Arbeit. Ein guter Westmann, sagt May in der Jugenderzählung ›Der Ölprinz‹, taugt mehr als der Präsident der Vereinigten Staaten.

Öfters beschreibt May deutsche Auswanderer und führt sie als Zivilisationsflüchtlinge vor. Wer sich in die literarische Anti-Welt der Prärien begibt, vollzieht einen sozialen und psychischen Neubeginn, Mays Wilder Westen ist, wie Ernst Bloch es ausgedrückt hat, »ehrlicher Revolutionsersatz«.

In Karl Mays später Reiseerzählung ›»Weihnacht!«‹, die in ihrer zweiten Hälfte in den Staat Wyoming führt und dort spannende Abenteuer geschehen lässt, tritt vor diesen Abenteuern ein eigentümlicher 28-jähriger Mann auf, der später kaum noch eine Rolle spielt. Er heißt Hermann Rost; er ist Arzt und hat an der Universität von St. Louis sein Examen abgelegt. Er will in den Wilden Westen ziehen, um bei den Indianern seine medizinischen Kenntnisse zu erweitern, nämlich die Naturheilkunde, die Homöopathie lernen. Winnetou möge ihn, das hofft er hartnäckig, zu den Indianern mitnehmen.

Ist Hermann Rost eine übliche May'sche Figur? Auch er ist ja aus Deutschland emigriert, auch für ihn sind der Wilde Westen und die Indianer verlockend. Aber er ist doch kein Zivilisationsflüchtling, denn von der Zivilisation des amerikanischen Ostens hat er profitiert: hier konnte er Medizin studieren, was sein heißer Wunsch war, der sich daheim im alten Deutschland nicht verwirklichen ließ. Er sieht den Wilden Westen gar nicht als sein Lebensziel. Er will, wenn er die Naturkenntnisse der Indianer sich angeeignet hat, in die Zivilisation des Ostens zurückkehren und dort als homöopathischer Facharzt praktizieren. Er will auch gutes Geld verdienen. Der Plan wird gelingen; in einem Ausblick am Ende des Romans heißt es: »Er ist jetzt einer der angesehensten Naturärzte des Ostens.«

Hermann Rost will im Wilden Westen lernen, seine Rückkehr steht von vornherein fest. Der Wilde Westen ist nicht mehr die Anti-Welt der Zivilisation, sondern er ist der fruchtbare Anreger für ein zivilisiertes Leben. Wird May bürgerlich? Wird er einfach nur pragmatisch? Vielleicht. Doch vor allem gilt: May übernimmt ein ganzheitliches Denken, das mehrere menschliche Lebensräume überspannt, die nun als die Etappen einer Karriere in Verbindung stehen.

Schon Mays Hauptfigur Old Shatterhand hat dies in den Reiseerzählungen vorgelebt (ohne dass es sonderlich aufgefallen wäre): auch er wechselt die Räume in beiden Richtungen. Doch Hermann Rost, dieser schmächtige Jüngling, ist viel menschlicher als der Superheld Shatterhand – und er ist origineller. Denn wie geht er vor? Als Rost zum ersten Mal auftritt, in einer Kleinstadt am Missouri, am Rande des Wilden Westens, jobbt er als Kellner, um eine Reisemöglichkeit westwärts abzuwarten.

Er ist mit diesem Jobben ein Vorläufer des Landvermessers in Franz Kafkas ›Schloss‹ (das genau ein Vierteljahrhundert später entsteht), jenes Landvermessers, der nur einen elenden Posten als Schuldiener bekommt. Ja sogar, der Kellner Dr. Rost ist ein früher Vorläufer der heutigen ›Generation Praktikum‹.

So ist die Nebenfigur Hermann Rost die realste Gestalt in dieser Erzählung, und durch das Erscheinen dieser Figur verliert Mays Wilder Westen seinen einstigen Zauber. Eine ideologische Wende geschieht. Die nach ›»Weihnacht!«‹ erschienenen May'schen Werke bestätigen es: Die Poesie des revolutionär neuen Wilden Westens geht unter, May wird sein eigener literarischer Westen fremd.

* * *

Es gibt bei Theodor Storm, bei Theodor Fontane und bei Karl May Nebenfiguren, die den vorgegebenen Erzählkosmos sprengen und sich damit den mächtigen, im Werk sichtbaren Traditionen widersetzen. Wir haben sogar gesehen: Sie verlängern den Roman in eine andere, neue, zukünftige Welt hinein.

Hinzu kommt: Diese drei Figuren stehen mit der Exotik in Verbindung. Hermann Rost sucht die Heilkunst des Wilden Westens, Gideon Franke ist ein Rückkehrer aus Amerika, und Trien' Jans hatte einen zur See fahrenden Sohn. Die Exotik aber war ein verbreitetes Thema in der Literatur des 19. Jahrhunderts. So sind unsere drei Personen bei all ihrer Außergewöhnlichkeit doch auch Kinder ihrer Epoche.

Noch ein paar Bemerkungen! Selbstverständlich ist es so, dass diese untypischen Figuren mit den anderen Personen im Roman ›zusammenspielen‹. Dringend brauchen sie den Mitmenschen. Trien' Jans will die Sage erzählen, Gideon Franke will Lene heiraten, und Hermann Rost benötigt die Naturvölker in seiner Lebensplanung. Es gibt sogar Momente im Roman, wo Nebenfigur und Hauptfigur wie verbündet sind. Trien' Jans und Hauke Haien sind gerade die Personen im ›Schimmelreiter‹, die das schwachsinnige Kind ernst nehmen. Das Gespräch zwischen Gideon und Botho ist für Botho der Anlass, sich über seine einstige Liebe zu äußern, und zwar, wir sagten es, in sehr kluger Weise. Und Old Shatterhand, Mays Hauptperson, zieht, ähnlich wie Rost, nur vorübergehend in den Wilden Westen, um dort sozusagen Studien zu machen, die er dann als Reise- und Abenteuererzählungen berufsmäßig publiziert.

Die Nebenfiguren öffnen uns die Augen für Besonderheiten der Hauptfiguren. So läuft doch alles auf Harmonie hinaus? Nein, die Nebenfiguren strahlen nebenbei und gegen ihre eigentlichen Intentionen auf die Hauptfiguren aus. Sie sind in ihrer Dynamik unberechenbar.

Und sie sind unbelehrbar. Sie haben etwas Besserwisserisches, etwas Sektiererisches an sich. Gideon Franke, der Sektenführer, sowieso, aber auch Trien' Jans mit ihrem Aberglauben und Hermann Rost, der sich auf die Homöopathie versteift.

Dies ist eine Strategie der Schriftsteller. Sie wollen außergewöhnliche Gedanken im Werk vortragen und verwenden dazu Figuren, die beim Vorbringen dieser Gedanken und auch sonst ihre Schwächen haben, Figuren, die, wir haben es am Anfang gesagt, mitunter unsympathisch sind. Die neuen Ideen überrumpeln uns daher nicht, sie tauchen ganz unverführerisch im Werk auf. Sie erscheinen, möchte ich sagen, auf eine abgefederte Weise. Überlege dir in Ruhe, so scheint der Autor den Leser zwanglos einzuladen, ob du diese seltsamen Figuren und ihre Ansinnen magst.

Es gibt die schöne Stelle in Fontanes ›Irrungen, Wirrungen‹, die das Auftreten des Mietshaus-Mitbewohners Gideon Franke so kommentiert: »Wie sich denken lässt, erregte dies alles die höchste Neugier der Frau Dörr, die denn auch nicht müde wurde, Fragen zu stellen und Anspielungen zu machen [...]. ›Sagen Sie, liebe Frau Nimptsch, was is er denn eigentlich?‹«

Nicht nur die ewig indiskrete Frau Dörr, auch wir können uns neugierig machen lassen, können spekulieren, deuten, Urteile fällen; wenn wir denn wollen. Oder uns nur verblüffen lassen.

Theodor Storm, Theodor Fontane & Karl May.
Fotos/Repros: Archiv.

Ulrich Klappstein

Schmidts Eduard

Spurenlese: Wilhelm Busch im Werk Arno Schmidts

Das Wilhelm-Busch-Jahr erlebte eine Vielzahl von Publikationen über den immer wieder neu zu entdeckenden Maler-Dichter, das »Genie des Humors« (Die Zeit), aber trotz aller Popularisierungen trifft das Diktum des Literaturwissenschaftlers Gert Ueding wohl immer noch zu: »Wilhelm Busch gehört zu den meistgelesenen Schriftstellern des 19. Jahrhunderts und zu den unbekanntesten Eckenstehern der deutschen Literaturgeschichte.«[1] – Dieser Aufsatz möchte einige Anregungen geben, zwei auf den ersten Blick ganz unkommensurabel erscheinende Künstlerpersönlichkeiten wechselweise unter verschiedenen »Beleuchtungen«[2] zu lesen und versuchen, bisher übersehene Aspekte und Übereinstimmungen im Werk beider Autoren aufzuzeigen.

Der Humorist und Zeichner Wilhelm Busch ist schon dem jungen Arno Schmidt in seiner Laubaner Zeit als kaufmännischer Angestellter bei den Greiff-Werken[3] präsent gewesen, und auch wenn er danach nicht zu den *Hausheiligen* Arno Schmidts gehörte, hat der *Einsiedler von Wiedensahl* im Werk des *Solipsisten in der Heide* deutliche Spuren hinterlassen: Die früheste Erwähnung von Wilhelm Busch bei Arno Schmidt findet sich in der Erzählung »Seelandschaft mit Pocahontas« (Niederschrift 1953, Erstausgabe 1959), wo der Erzähler in einem seiner vielen Wortspiele den Neologismus »Buschbussebuchholzbuckinghamburckhardt«[4] prägt, den ein Nachfahre dieses Erzählers in ähnlicher Form als Spiel und Anspielung auf Namen in der Erzählung »Am Fernrohr« aus dem Jahr 1957 wieder aufgreifen wird. Auch finden sich einige eigenwillige *Zitierungen* Schmidts, die auf diese sich ab Mitte der 50er Jahre verstärkende Beschäftigung mit Busch hinweisen. So im Roman »Das steinerne Herz« (1954/55), in der Karl-May-Studie »Sitara und der Weg dorthin« (1963), in der Schmidt direkt aus Buschs »Schnurrdiburr oder die Bienen« zitierte, um auf Mays Sexualsymbolik der Traum- und Bildersprache und die »unterschwellige Beeinflussung« der im Gehirn des Lesers »gelagerten Worte durch Doppel- und Mehrfachbedeutungen« hinzuweisen: »Ach, wie erschrak der Jüngling da, als er das Tier von hinten sah!«.[5]

Schmidt zieht den »alten genialischen Spitzbuben«[6] Wilhelm Busch als Gewährsmann für die frühe Ausformung seiner eigenen *Poetologie der Etyms* heran. – Letzte »sichtbare« Bezüge auf Busch werden dann in »Zettel's Traum« an entscheidender Stelle im sechsten Buch hineingewoben: »Könnte es doch eine Art ›Pflicht‹ gegenüber der Menschheit sein, daß Jeglicher seine literarischn Lieblinge angebe; um eine, (sâ'n Wa) ideale ›MondBibliothek‹ durchberaten zu könn')«[7] Nach der Aufzählung einiger von Schmidts Lieblingen: Fouqué, Scott, Dickens schlägt Wilma ihrem Gatten vor: »Herzchen, Du bist ein Idiot –: nimm doch 1 englisches Wörterbuch [...] oder BUSCH?«[8] In Schmidts Bargfelder Bibliothek sind Buschs »Gesammelte Werke« in der vierbändigen Ausgabe von 1959 vorhanden, zwei Lesezeichen finden sich in Band IV und markieren die Erzählungen »Eduards Traum« und »Der Schmetterling«.

II

Dem zeitgenössischen Lesepublikum kam Buschs späte Prosa, besonders die 1891 erschienene Miniatur »Eduards Traum«, allzu fremdartig vor und schon frühe Interpreten haben diese innere *Bildergeschichte* in die Nähe der Formensprache eines Hieronymus Bosch und der »Nachtwachen des Bonaventura« gebracht[9] oder sie 38 Jahre vor dem Manifest Andre Bretons für surrealistisch erklärt[10] Diese Vielschichtigkeit dürfte auch heute noch dafür verantwortlich sein, dass der späte Prosaist Busch nur einer kleinen Lesergemeinde vorbehalten bleibt. Buschs letzte Veröffentlichungen vor »Eduards Traum« waren die Bildergeschichten »Balduin Bählamm« (1883) und »Maler Klecksel« (1884), die schon deutliche Merkmale eines Abschieds von vorausgegangenen Werkphasen trugen. Busch zog sich in die Wiedensahler Welt zurück, »vertieft in alte ernsthafte Schmöker«.[11] Die zunehmende Auseinandersetzung mit dem Tod sowie Zweifel am Sinngehalt des Lebens bildeten die Folie für die lange unbekannt gebliebene Ölmalerei des letzten Lebensjahrzehnts, vor allem aber für seine späte Prosa.

In »Eduards Traum« erzählt ein biederer Familienvater seinen Freunden von einer Traumreise, die er als »denkender Punkt« unternommen hat. Die Erzählung wird kontrapunktisch unterbrochen durch die dringende Ermahnung seiner Frau: »Eduard, schnarche nicht so!« – als stereotyper, aber erfolgloser Rückruf Eduards in die Realität. »Mein Geist, meine Seele, oder wie man's nennen will, kurz so ungefähr alles, was ich im Kopfe hatte, fing an, sich zusammenzuziehen. Mein intellektuelles Ich wurde kleiner und kleiner. Erst wie eine mittelgroße Kartoffel, dann wie eine Schweizerpille, dann wie ein Stecknadelkopf, dann noch kleiner und immer kleiner, bis es nicht mehr ging. Ich war zum Punkt geworden.«[12]

Es beginnt eine Traumreise in mathematische Bezirke, die einem Punkt als geometrischer Figur durchaus adäquat erscheinen mögen; allerdings sind die ihm begegnenden Zahlen, Linien, Figuren allesamt sprachbegabt und vermenschlicht. Vielleicht wurde Busch inspiriert von dem französischen Illustrator und Karikaturisten Grandville, der in seinem Traumbuch »Un autre Monde« schon 1844 und besonders in seiner letzten Skizze »Une Promenade dans le Ciel«[13] »Metamorphosen, Transformationen, Ketten der Gedanken beim Träumen« und »harmonische Umbildungen im Schlaf« dargestellt hat.[14]

Ganz ähnlich offenbart Busch in seiner Erzählung »düstere Traumbilder der Seele, in denen sich sexuelle Triebe und Ängste mit suggestiver Symbolkraft ausdrücken«.[15] Er ahnt bereits vor Freuds »Traumdeutung«, dass das Unbewusste in mehrere Instanzen unterteilt ist, die sich in einem wechselseitigen Abhängigkeits- und Kontrollverhältnis befinden: »Träume, die doch nichts weiter sind, als die zweifelhaften Belustigungen in der Kinder- und Bedientenstube des Gehirns, nachdem der Vater und Hausherr zu Bette gegangen.«

Beim Träumen ist das Ich von aller Verantwortung entbunden. Diese Suspendierung des Wach-Ichs in Gestalt des träumenden Protagonisten ermöglicht den Lesern, denen »in angestammter Hellhörigkeit schon ein leichtes Säuseln der Probleme genügend ist, um sich selbstdenkend zu belustigen«[16], eine Lektüre der Ideologie und Prüderie der Gründerzeit. Als Werke wie Carrolls »Alice's Adventures in Wonderland« und Lautreamonts »Chants de Maldoror« ihre Wirkung in der europäischen Moderne entfalteten, bündelte Busch in seinem

Spätwerk schon hohlspiegelartig das neunzehnte Jahrhundert »en miniature« (Ueding).

In »Eduards Traum« wird eine raum-zeitliche Transzendentalerfahrung beschrieben, die dem denkenden Punkt eine panoramahaft vergrößerte Projektionsfläche des Wahrnehmungsapparates eröffnet. »Obwohl ich nun, wie erwähnt, infolge der traumhaften Isolierung meines Innern alle fünf Sinne, man möchte fast sagen, zu Hause gelassen, kam es mir doch vor, als bemerkte ich Alles um mich her mit mehr als gewöhnlicher Deutlichkeit.« Eduard ist ein Grenzgänger zwischen dem Wirklichen und dem Phantastischen, dem *Heimlichen* seiner Bürger- und Alltagsexistenz und dem *Unheimlichen*[17] seines Traum-Ichs, wenn er in Buschs Allegorie des Rückzugs auf die »nullte Dimension« mit einem »Seitenwischer durch die Wand« aus der Realität entschwindet.

Carrolls »Alice's Adventures in Wonderland« war 1865 erschienen, im gleichen Jahr kommen die Bildergeschichten von Max und Moritz als Buch heraus. Sieben Jahre vor »Eduards Traum« war der Roman »Flatland – A Romance of many Dimensions« des englischen Philologen, Theologen und Lehrers Edwin A. Abbott in England veröffentlicht worden, in dem ein denkendes Quadrat als mathematisch gebildeter Erzähler eine Reise durch seine Heimat antritt und durch das Eindringen einer Kugel in diese zweidimensionale Welt gewaltsam zur Erkenntnis der Existenz einer dritten Dimension gedrängt wird. Am Schluss von Abbotts Erzählung befindet sich das Quadrat im Gefängnis, weggesperrt von einer Gesellschaft, die seinen Entdeckungen wegen der Aufrechterhaltung der zweidimensionalen Herrschaftsordnung nicht glauben darf.[18] Abbott nimmt sein fiktives Erzähler-Ich in eine Position der ›verrückten‹ Phantasie zurück, Busch versetzt seinen Protagonisten im Schonraum des biedermeierlichen Wohnzimmers in einen »Schlupfwinkel der Unbegreiflichkeit.«

III

Auch Arno Schmidt hatte eine englischsprachige Ausgabe von Abbots »Flatland« in seiner Bibliothek; und wie Busch stellt sich Schmidt in seinen frühen Erzählungen und Kurzromanen in die Reihe der Dichter, die sich auf Mathematik und Geometrie beziehen und mathematische Kategorien ins Ästhetische überführen: »Zum Beispiel Adalbert Stifter; in dessen ›Feldblumen‹ zur idealen Wohnungseinrichtung nicht nur ein achromatisches Fernrohr gehört, sondern sogar ›Rechen=‹, also Logarithmen=Tafeln. Oder James Fenimore Cooper, der sich sehr wohl auf die Theorie des Mondes und ihren Nutzen für die Längenbestimmung auf See verstand. Franz Kafka war Landvermesser. Das allbekannte Märchenbuch, ›Alice in Wonderland‹, hat ein Mathematiklehrer geschrieben.«[19]

Die Erzählung »Enthymesis oder W.I.E.H.« aus dem Jahr 1946 kann als eines der frühesten Beispiele für eine derartige Durchmessung des poetischen Raums und als Dokument der kalkulierten Absonderung von der Welt – wie in Buschs Hohlspiegelpanorama – angesehen werden. Für den Protagonisten, den alexandrinischen Mathematiker und Erdvermesser Philostratos, ist »die Zeit zumindest eine Fläche, keine Linie; am Tage ist der Geist wie ein Schiffer auf einem Fluß, und der Nachen treibt; im Traum, zur Nacht, kann er aussteigen und über die Fläche des Zeitenstroms dahinschweifen – das Bild ist nicht schlecht

(Zukunftsschau; freier Wille usw.); nun – noch viel zu forschen.«[20] Die *Zeitfläche* ist für Philostratos ein Projektionsraum für die freie Imagination des Traumes, um sich aus der Enge und Gefangenschaft der gesellschaftlichen Existenz, der Konventionalität und Selbstisolation zu befreien.

Man vernimmt hier deutlich den Autor, der sich von den Zeitumständen betrogen und um seine schriftstellerische Karriere gebracht sah und sich den restaurativen Tendenzen Nachkriegsdeutschlands entgegenstellte.[21] Und in der Tat steht der Titel *Enthymesis* für das Streben des Philostratos nach der »Silberstadt«, einer sagenhaften Traumstadt, zugleich Fluchtpunkt seines Begehrens.

Im Imaginären treffen sich Schmidts wüstenträumendes Alter Ego Philostratos und Buschs Eduard. So wie Philostratos die silberne Stadt niemals erreicht, weil er auf unerklärliche Art und Weise aus der Erzählung *verschwindet*, kann Eduard seinem Hörerkreis nur im Traum verkünden: »Ich erhob mich und schaute hinüber. Eine herrliche Tempelstadt, ganz aus Edelsteinen erbaut und durchleuchtet von wunderbarem Lichte, viel schöner als Sonnenschein, stieg zum Gipfel des majestätischen Berges empor.« Die hier beschriebene heilige Stadt, das *Jerusalem Caelestis*, verschmolz irgendwann mit der *Roma Aeterna*, auf die auch Schmidts *Enthymesis* anspielt: so in Thackerays »Vanity Fair«, Blakes »Jerusalem«, Joyces ironisch-verfremdender Variante im »Ulysses«, Franz Kafkas »Das Schloss«, der Anti-Utopie »Die andere Seite« von Alfred Kubin und den surrealen Szenarien in »Die unsichtbaren Städte« von Italo Calvino.

Schmidt gestaltete in seinem Kurzroman »Leviathan oder Die beste der Welten« (geschrieben 1946, veröffentlicht erst 1949) in einem höchst realen Alptraum eine andere Art des ›Verschwindens‹: auf der Flucht vor der nachrückenden sowjetischen Armee befindet sich eine kleine Schar Menschen in einem Güterbahnwaggon mit angehängtem Schwellenreißer. Am Schluss der Erzählung schweben die Personen hoch über einem Abhang, abgeschnitten von allen Fluchtwegen, es gibt kein Vor und kein Zurück: »Ende. Wir werden in die grobrote bereifte Tür treten. Goldig geschleiert wird die Teufels-Winter-Sonne lauern, weißrosa und ballkalt.«[22]

Schmidt rückt diese letzte Fahrt in dem Eisenbahnwaggon der Deutschen Reichsbahn in eine apokalyptische Mehrdimensionalität, in der das Schicksal der Eingeschlossenen vom Dämon=Leviathan als Repräsentanz des realen faschistischen Staates bestimmt ist. Die Menschen sind in höchster Lebensgefahr, gleichzeitig aber irgendwie auch von allem losgelöst, wie in einer Zeitkapsel, die ihnen angesichts des sie umgebenden Pandämonismus einen Raum für Gespräche und Reflexionen über Mathematik und Relativität gibt, sozusagen als Ablenkung vor dem unaufhaltbaren Ende.

So doziert während des andauernden Gefechtsfeuers unter dem nächtlichen Sternenhimmel der Ich-Erzähler gegenüber einem alten Postbeamten: »Eine Kugeloberfläche ist auch unbegrenzt, aber nicht unendlich. Wir können uns zwar nur Dreidimensionales vorstellen (eine Folge unserer Gehirnstruktur), aber folgen Sie mir einmal zur Erläuterung ins Zwei-Dimensionale. Eine ›unendliche‹ Tischplatte, zwei gleichgroße Pappdreiecke darauf: die denkenden Dreiecke. Diese Wesen können sich in ihrem Raum nur umeinander verschieben; wollten sie z. B. ihre Kongruenz nachweisen, müssten sie Winkel und Seiten messen und trigonometrische Folgerungen ziehen; wir heben zum Nachweis nur eins der Dreiecke in unseren um eine Dimension höheren Raum hinaus, und decken es auf das brüderlich andere. – (…) Hier schrie die Nutte hoch unkeusch und sagte: »Jetzt nicht !«[23]

Schon in Schmidts Laubaner Jahren hat es Gespräche über mathematisch-physikalische Probleme gegeben, »auch über das Problem der 4-Dimensionalität, an dem Arno Schmidt charakteristischerweise interessierte, ob es nicht eine Möglichkeit geben könne, diese vierte Dimension sinnlich zu erfahren«[24]; dies wurde mit dem unkeuschen Ausruf der ›Nutte‹ dann adäquat umgesetzt.

In »Eduards Traum« findet sich eine ähnliche Stelle, zwar verhaltener als bei Schmidt, im wilhelminischen Deutschland aber nicht weniger provokant: ein Bewohner der zweidimensionalen Stadt erzählt, dass es, »obwohl hier jeder von Haus aus unendlich dünn sei, doch einige Briefträger (sic!) gäbe, die sich mit der Zeit so abgeschabt hätten, daß sie auf ihre alten Tage nur halb so dünn wären, wie möglich.« Und Eduard schließt folgende Reflexion an: »Dies schien mir bemerkenswert, wegen der Congruenz. Denn erwies sich die Angabe als richtig, so war eine thatsächliche Deckung ganz gleicher Figuren, welche mir bei den äußerst gedrückten Ortsverhältnissen unmöglich schien, doch unter Umständen nicht ausgeschlossen. Ich erkundigte mich nach dem Congruenzamte, eine Einrichtung, die ungefähr unserm Standesamte entsprechen würde. Da mir niemand Auskunft zu geben vermochte, wandte ich mich direkt an den Magistrat. ›Solche Dummheiten‹, hieß es, ›machen wir hier nicht. Die das wollen, müssen sich gefälligst in die dritte Dimension bemühen, und die Symmetrischen erst recht.‹«

IV

Auch Schmidt verwendet in seinen frühen Texten Einschübe von Traumsequenzen oder Tagträumen, die als ›Längeres Gedankenspiel‹ zwischen objektiver Realität und subjektiver Erlebnisebene vermitteln. Die Prosa sollte eine möglichst genaue Rekonstruktion, eine *konforme Abbildung* bei gleichzeitiger *Verdichtung* der außersprachlichen Wirklichkeit liefern. Schmidt plante, dieses Prosamodell um eine weitere ›Versuchsreihe Traum‹ zu erweitern, orientierte sich in seinem Roman »Kaff auch Mare Crisium« von 1960 an Verfahren der psychoanalytischen Traumtheorie und präzisierte dann im monumentalen Roman »Zettel's Traum« den »Zustand von Angst und Todesnähe.«[25]

Aber noch vorher, noch in den fünfziger Jahren, eingeklemmt in die zu engen Darmstädter Verhältnisse in einer Art raumzeitlichem Moratorium, suchte Schmidt neben dem langgehegten Plan des Rückzugs in die (Bremische) Provinz auch literarische Auswege: die Erzählung »Am Fernrohr« (verfasst im Februar 1957) beinhaltet viele solcher Gedankenspiele, die stark an Buschs Erzählung ›Eduards Traum‹ erinnern.

»Denken« könne man »in den frühen Nachmittagsstunden nicht mehr«, sinniert der namenlose Ich-Erzähler, der zwar vom »Maschinenzustand erquickt« ist – damit meint er seine plagiatorische »Abschrift« von Gedichten im Stile Rilkes oder Hofmannsthals auf der Schreibmaschine –, sich andererseits aber in Fantasiegebilde von »Stenotypistinnen« mit »zierlichen Hufen« anstelle der »spinnenhaft hastendenden Finger« hineinsteigert.

Das solchermaßen im Erzähleingang »unverhüllt« angesprochene sexuelle Verlangen »erledigt« der bekennende Textilkaufmann »in der Fantasie«, als er plötzlich und unerwartet, wie ein traumwandlerischer Flaneur, vor dem Hauseingang seines Schulfreundes *Eduard* anlangt.

»Im Hausflur war es dann stockstill und lau; eine Treppe hoch; und bei Eduard klingeln. Ruhig warten. Dann noch zweimal: so schnell bekam er nicht die Füße aus seinem Traumkraut los.«[27]

Die nun folgende Assoziationsreihe spielt etymologisch mit den Wortfeldern Ortlosigkeit und Heimatlosigkeit und lässt außer dem schon bei Busch wichtigen Dualismus des Heimlichen/Unheimlichen das Motiv des machtlosen Bettlers anklingen: »:›Nanu?!‹ (ich; erstaunt). Denn es gibt ja Leute, die die Fähigkeit besitzen, beim Türeöffnen den Besucher so abwesend und befremdet=verständnislos anzusehen, daß man sich sofort nichtig vorkommt; ein Mittelding aus Hausierer und Fechtbruder; am liebsten möchte man die Hand vors Gesicht schlagen und davon stürmen… .«

Anstelle einer Flucht setzt eine Traumerzählung ein, die sich der physiognomischen *Erscheinung* Eduards zuwendet. Wie in einem Vexierbild wirkt Eduard auf den Erzähler zwar zunächst befremdlich, dann aber »so liebenswürdig, wie nur je einer der ›Helden‹ Adalbert Stifters, ETA. Hoffmanns, oder wie diese verschollenen Schmäucher alle heißen mögen; ich bin Textilkaufmann, und *kann* mir das alles nicht merken.« Das kontrollierte Wach-Bewusstsein untersagt dem Textilkaufmann derartige Ausflüge in die versunkene Welt der Literatur, was ihm aber in einer Traumerzählung problemlos gelingt. Dass Eduard hier wie die Figur eines Romanhelden erscheint, spricht für ein Doppelgänger- oder Wiedergängermotiv: der Ich-Erzähler verschmilzt mit Buschs *Eduard* zu ein und derselben Instanz.

V

Wilhelm Busch selbst spielte in »Eduards Traum« mit derartigen intertextuellen Bezügen.[28] So lässt sich *Eduards* Erzählung auf das allegorische Bild »Der verlorene Sohn« von Hieronymus Bosch plastisch beziehen: nachdem er dem *Höllenwirtshaus* entkommen ist und zur *Bergstadt* aufbrechen will, nimmt er den »Fußweg, welcher rechts neben der Chaussee allmählich im Walde« aufsteigt. Und stößt der christliche Protagonist in Bunyans Traumpilgerschaft auf Personen mit allegorischen Namen, sie heißen dort Good-will, Prudence, Charity, Money-Love, Save-AII, begegnet *Eduard* vier Wanderburschen, es handelt sich um die personifizierten ›vier gute Vorsätze‹: »der eine hieß Willich, der andere hieß Wolltich, der dritte hieß Wennaber und der vierte hieß Wohlgemuth. (…) Willich hatte eine rothe Nase, Wolltich ein rundes Bäuchlein, Wennaber eine schwarze Hornbrille, und wie verdammt hübsch der Wohlgemuth aussah, das wußte er schon selber.«

Nach gemeinsamem und mühseligem Aufstieg beobachtet Eduard nun folgende Szene: »Wir zogen am Rande eines sandigen Abhangs hin, der sich bis unten ins Thal erstreckte, und befanden uns nun an einer Stelle, von wo man eine dankbare Aussicht nach links hatte. Am Fuße des Berges sah man deutlich das reizende Etablissement liegen, welches ich in der Frühe verlassen hatte …

Rechts am Wege stand noch ein dritter dicker Baum. Hinter diesen stellte sich Wohlgemuth, kriegte sein Perspektiv heraus, und als er durch dasselbe bemerkte, daß unten im Garten viele hübsche Mädchen saßen, schob er's wieder ein, schlich sich an den Abhang und ließ sich hinunter rutschen.« Der voyeuristische Akt mit Hilfe des Fernrohres geht dem »Hinunterrutschen ins Sündental« voraus.

Dass hiermit nichts anderes als ein sexueller Kontext umschrieben wird, wird aus einem Hinweis Uedings deutlich: »Von allen Ansichten des Körpers hat für Busch die Kehrseite die größte Faszination. Die bevorzugte Stelle für elterliche Züchtigungen ist zugleich auch der Ort anders gearteter, entgegengesetzt gerichteter sinnlicher Empfindungen.« Und Ueding schließt mit Blick auf das Gesamtwerk Buschs: »So breitet sich (...) vor den erfreuten Augen des Lesers ein Lustrevier von Vorstellungen, Phantasiebildern und Assoziationen aus, die oft nur leicht verhüllte Ersatzbildungen sexueller Vorstellungen zeigen.«[29] Möglich, dass sich schon der Schmidt der Darmstädter Zeit von diesem ›Lustrevier der Hinterteile‹ hat inspirieren lassen, in der Sitara-Studie jedenfalls wird das Bild der Hintern zentral für die Auseinandersetzung mit dem Werk Karl Mays: »Eine Welt, aus Hintern erbaut!«[30]

VI

Hatte schon Buschs Personal der Bildergeschichten eigentlich permanent mit den Widrigkeiten der Gegenstände und der Tücke des Objekts zu kämpfen – erinnert sei an die vielen ›Fehltritte‹ und ›Sündenfallen‹ in der Bildergeschichte »Die fromme Helene« – , stößt sich konsequenterweise auch der Ich-Erzähler Schmidts beim Hinausgehen an einem Objekt im Raum: »Dann ging ich allein durch seinen schwarzgoldenen Korridor; stieß mich an einer Nähmaschine (wozu hatte der Kerl *die* wohl?!) und stelzte dann wieder hinaus, ins Sonnenlicht: Baconberkeleylockeandhume : wieso leben wir eigentlich so?« Mit dem einsetzenden Tagbewusstsein wird die Traumszenerie aufgelöst.

Auch Buschs Geschichte endet derart abrupt: nach Eduards Traumerzählung erwachen die Zuhörer »aus einer Art peinlicher Betäubung... wir hatten doch mancherlei Dinge vernommen, die dem Ohre eines feinen Jahrhunderts recht schmerzlich sind.« In Schmidts Traumerzählung wird das Wach-Ich durch das Kunstwort *Baconberkeleylockeandhume* daran gemahnt, wieder »Herr im Haus« (Busch) sein zu müssen.[31]

Diese Namensreihung in der Schmidtschen *Verschreib-Kunst* am Schluss der Erzählung demonstriert, dass sich Phantastik und Traumerleben – wie in der synkretistischen Schilderung der Irrfahrt *Eduards* bei Busch – mit dem heraufdämmernden Bewusstsein mischen. Dass dies nicht ohne Widerstände abgeht, zeigt sich im Moment kurz vor dem Erwachen in der Begegnung des Ich-Erzählers mit einer »Nähmaschine«, im Flur platziert als ausgewiesen anstößiges objet trouvé.

Hans Sedelmayr hat in seiner Interpretation der Zeichnungen Grandvilles darauf hingewiesen, wie sich bei ihm »alles in alles verwandeln« könne, »tote Dinge können sich mit der Gestalt von Menschen vermischen«, das »Sinnlose« und »Unlogische« sei »der Vorbereiter des Surrealismus«.[32] Schmidt tut also hier nichts anderes, auch aus seiner Kenntnis des Grandvilleschen Œuvres heraus, als die durch die Surrealisten berühmt gewordene Metapher Lautreamonts aus »Die Gesänge des Maldoror«[33] in einen literarischen Tagtraum zu übertragen.

Im *Maldoror* wurde die Geschichte des jungen Mervyn erzählt, der so schön ist, »wie die unvermutete Begegnung einer Nähmaschine und eines Regenschirms auf einem Seziertisch!«[34] Bei Schmidt ist die »Nähmaschine« als traumökonomischer Verarbeitungsmechanismus des ›Traumgarns‹ zu einem ›Traumgewebe‹ zu begreifen. Busch hatte die Metapher von der »Näh- und Mäh- und Waschmaschiene«[35] zwar so nicht in Eduards Traumszenerie gebraucht, diese aber im Vorwort seines »Antonius von Padua« dem spießbürgerlichen Biedermann mit Hausmütze, Zeitung und Kaffeetasse, den man sich als Geistesverwandten *Eduards* im gründerzeitlichen Wohnzimmer vorstellen muss, in den Mund gelegt.

VII

Wie Busch in seinem panoramaartigem Hohlspiegel benutzt Schmidt das Modell der tagtraumartigen Weltabbildung in seinen frühen Erzählungen und Romanen zu »wiederholten Spiegelungen« (Goethe) all dessen, was außerhalb des Kopfes liegt, also prinzipiell der gesamten Unendlichkeit der Außenwelt. Am bekanntesten ist vielleicht das Gedankenspiel im Roman »Schwarze Spiegel« aus dem Jahr 1951, wo der Ich-Erzähler beim Durchstreifen der nach einem Atomkrieg zerstörten Welt in der Lüneburger Heide in einer Mühle auf sein eigenes Ich stößt und schließlich – sich selbst im Spiegelbild gegenübertretend – in der Dimensionalität des eigenen Schädels anlangt.[36]

Das Bild des Kopfes und des Gehirns als »Pyramide voller Gemächer und Gänge« (Jean Paul), hat verschiedene Künstler dazu inspiriert, Buschs »Eduards Traum« im Jahr 1970 kongenial zu illustrieren; was wiederum einen Schmidt-Spezialisten zu der verrätselten Frage verleitete: »Was ist das: Ein Buch, großformatig, grün, erschienen im Jahr 1970, mit dem Titel ***'s Traum?«[37]

Anmerkungen:

1 Bei diesem Aufsatz handelt es sich um eine gekürzte und überarbeitete Fassung meines Aufsatzes »Schmidts ›Eduard‹«, erschienen im Bargfelder Boten, Lfg. 308/Juli 2008, S. 3 – 19; Zu verweisen ist außerdem auf einige Neuerscheinungen, die Buschs »Konjunktur« bestätigen, u.a. Gert Ueding: *Wilhelm Busch. Das 19. Jahrhundert en miniature*. Erweiterte und revidierte Neuausgabe, Frankfurt am Main und Leipzig: Insel 2007, S. 14; Gudrun Schury: *Ich wollt, ich wär ein Eskimo. Das Leben des Wilhelm Busch*, Berlin: Aufbau 2007 und Eva Weissweiler: *Wilhelm Busch. Der lachende Pessimist.* Eine Biografie, Köln: Kiepenheuer & Witsch 2007; in der Ausstellung *Wilhelm Busch – Avantgardist aus Wiedensahl* im Wilhelm-Busch-Museum Hannover (vom 11.3. bis 18.11.2007) wurden bisher unbeleuchtete Facetten des Werks herausgestellt; vgl. dazu den Katalogband von Hans Joachim Neyer / Hans Ries / Eckhard Siepmann (Hg.): *Pessimist mit Schmetterling. Wilhelm Busch – Maler, Zeichner, Dichter, Denker,* Hannover: Wilhelm-Busch-Gesellschaft e.V. 2007.

2 Vgl. zum Aspekt der »Beleuchtungen« Arno Schmidt: *Kaff auch Mare Crisium*, in: Bargfelder Ausgabe (in der Folge BA) Band 1,3, Zürich Haffmans 1987, S. 99.

3 Jan Philipp Reemtsma und Bernd Rauschenbach (Hg.): »Wu Hi?« *Arno Schmidt in Görlitz Lauban Greiffenberg*, Edition der Arno Schmidt Stiftung im Haffmans Verlag, Zürich: Haffmans 1986, S. 137; in der Villa des Industriellen Johannes Schmidt (nicht mit Arno Schmidt verwandt) wurden auf Soireen Busch-Gedichte rezitiert.

4 Arno Schmidt: *Seelandschaft mit Pocahontas*, in: (BA) Band I, 1, Zürich: Haffmans 1987, S. 431; in Buschs Briefen mehr noch als in seinen Werken finden sich an zahlreichen Stellen ganz vergleichbare kunstvolle Wortzusammenballungen, so etwa »Schnilterschnalterschnabeltierchen«, »Kreuzhimmelsherzensgutmütigkeit«, »Jungfernbundesfahnenstange«, »Nichtweiterbemerkbarkeit«.

5 Arno Schmidt: *Sitara und der Weg dorthin. Eine Studie über Wesen, Werk & Wirkung Karl Mays*, Frankfurt am Main: S. Fischer 1985, S. 199f.

6 Ebd., S. 99.

7 Arno Schmidt: *Zettel's Traum*, Frankfurt am Main: Fischer Taschenbuch Verlag 2002 (Reprint der Erstausgabe von 1970), S. 759 mm; mindestens zweimal bezieht sich Schmidt in »Zettel's Traum« zuvor verdeckt auf Busch, wenn er Daniel Pagenstecher als Öpfer der Katze Franziska darstellt: S. 357 und S. 445: Schmidt spielt dabei auf Buschs Gedicht »Es sitzt ein Vogel auf dem Leim« von 1874 an. ebd., S. 762.

9 So Wolfgang Kayser in seinem Versuch einer Wesensbestimmung des Grotesken in: Otto F. Best: *Das Groteske in der Dichtung*, Darmstadt: Wissenschaftliche Buchgesellschaft 1980, S. 40ff.

10 Karl Wiechert: *Muckenmacher & Eduards Traum*, in: *Wilhelm-Busch-Jahrbuch*, Hannover: 1971, S. 76.

11 Busch in einem Brief vom 25.4.1884.

12 Zitiert wird nach der Ausgabe Wilhelm Busch: *Eduards Traum*, München: Friedrich Bassermann 1891; Lautstand und Rechtschreibung bleiben gegenüber allen späteren Ausgaben gewahrt.

13 Grandville: *Das Gesamte Werk*. Einleitung von Gottfried Sello, München: 1969, S. 312 f.

14 Vgl. den Brief Grandvilles an den Redakteur der Zeitschrift *Magasin Pittoresque* Edouard Charton vom 26. 2. 1847, in: ebd. S. 1609; im übrigen befinden sich drei Werkausgaben Grandvilles in Arno Schmidts Bargfelder Bibliothek.

15 Peter-Andre Alt: *Der Schlaf der Vernunft. Literatur und Traum in der Kulturgeschichte der Neuzeit*, München: c.H. Beck 2002, S. 298.

16 Busch in einem Brief vom 29.4.1891 an seinen Freund, den Münchener Maler Lenbach, kurz nach Erscheinen von »Eduards Traum«.

17 Freud schreibt, dass das Wort heimlich »zwei Vorstellungskreisen zugehört, die, ohne gegensätzlich zu sein, einander doch recht fremd sind, dem des Vertrauten, Behaglichen und dem des Versteckten, Verborgengehaltenen«; vgl. Sigmund Freud: *Das Unheimliche* (1919), in: Psychologische Schriften. Studienausgabe, Frankfurt am Main: S. Fischer 1970, S. 241 ff.

18 Die Erstauflage erschien 1884: der Autor verbarg sich unter dem Pseudonym *A Square;* vgl. die Interpretation der Bezüge von Buschs »Eduards Traum« und Abbotts »Flatland« in: Dieter und Barbara Lotze: »Romanzen in vielen Dimensionen. Abbotts Flatland und Buschs Eduards Traum«, in: Wilhelm-Busch-Jahrbuch, Hannover: 1976.

19 Arno Schmidt, *Das essayistische Werk zur deutschen Literatur in 4 Bänden*, a.a.O., S. 359.

20 Arno Schmidt: *Enthymesis oder W.I.E.H*, in: (BA) Bd. 111, Zürich: Haffmans 1992, S.11ff.

21 Doris Plöschberger ist in ihrem Aufsatz »Der Erzähler im lauschenden Hörerkreis ... – Zur Mimesis von Imagination und personalem Welterleben in frühen Texten Arno Schmidts« der Ansicht, »dass die verhasste Gegenwartsrealität des Zweiten Weltkriegs mit all ihren Unbilden für die Person Arno Schmidt in exotisch bevölkerten Phantasmagorien besserer, einzig dem hehren Wissens- und Liebesideal verpflichteter Welten

zum Verschwinden gebracht werden soll.« In: Robert Weninger (Hg.): *Wiederholte Spiegelungen. Elf Aufsätze zum Werk Arno Schmidts,* Sonderlieferung des Bargfelder Boten, München: edition text + kritik 2003, S. 64.

22 Arno Schmidt: *Leviathan oder Die beste der Welten,* in: BA Band 1,1, Zürich: Haffmans 1988, S. 54.

23 Ebd., S. 40.

24 Jan Philipp Reemtsma: »*... jene dunklen Greiffenberger Jahre*«, in: Reemtsma a.a.O. (siehe Anm. 4), S. 161.

25 vgl. »Zettel's Traum«, a.a.O., S. 873 f.

26 Vgl. hierzu Friedhelm Rathjens Aufsatz »Schmidt als Küster an St. Jürgen«, der Schmidts »Wohnungssuche« und die Briefwechsel dokumentiert; in: ders., »*Die Kunst des Lebens. Biographische Nachforschungen zu Arno Schmidt & Consorten*«, Scheeßel: Edition ReJoyce 2007, S. 9-28.

27 Arno Schmidt: *Am Fernrohr*, in: BA Band 1,4, Zürich: Haffmans 1988, S. 107.

28 Die Bedeutung Hieronymus Boschs für das Spätwerk Arno Schmidts ist u.a. von Kurt Jauslin im Bargfelder Boten, Lfg. 41-42/1980, untersucht worden.

29 Gert Ueding: *Buschs geheimes Lustrevier. Affektbilder und Seelengeschichten des deutschen Bürgertums im 19. Jahrhundert*, Frankfurt am Main: Ullstein 1982, S. 28.

30 Arno Schmidt: *Sitara und der Weg dorthin. Eine Studie über Wesen, Werk & Wirkung Karl Mays*, a.a.O, S 113.

31 In seiner autobiografischen Schrift »Was mich betrifft« von 1882 beschreibt Busch seine frühe Kantlektüre, die in ihm die Neigung weckte, »in den Laubengängen des intimeren Gehirns zu lustwandeln, wo's bekanntlich schön schattig ist« und die ihn später dazu brachte, sich auch mit den philosophischen Entwürfen der englischen Frühaufklärer eingehender zu beschäftigen; vgl. Hermann, Adolf und Otto Nöldeke: *Wilhelm Busch*. München: Lothar Joachim Verlag 1909, S. 122.

32 Zitiert in: Grandville, a.a.O. (siehe Anm. 13), S. 1618ff.

33 Im »Tagebuch aus dem Jahr 1954« von Alice Schmidt wird angedeutet, dass Arno Schmidt die 1954 erschienene deutsche Übersetzung der Gesamtausgabe der Schriften Lautreamonts kannte (vgl. Alice Schmidt: *Tagebuch aus dem Jahr 1954*, hg. von Susanne Fischer, Edition der Arno Schmidt Stiftung Bargfeld: Suhrkamp 2004, S. 260); Schmidt erwähnt Lautreamont selbst erst viel später in der Sitara-Studie (vgl. Arno Schmidt: *Sitara und der Weg dorthin. Eine Studie über Wesen, Werk & Wirkung Karl Mays*, a.a.O. S. 134f.).

34 Lautreamont: *Das Gesamtwerk*. Aus dem Französischen und mit einem Nachwort von Re Soupault, Hamburg: Rowohlt 1988, S. 223f.: Lautreamont, ein Pseudonym für Isidore Lucien Ducasse, lebte von 1846-1870; der Roman »Les chants de Maldoror« wurde ab 1868 anonym publiziert.

35 Wilhelm Busch: *Was beliebt ist auch erlaubt*, hrsg. von Rolf Hochhuth, München: C. Bertelsmann 2006[11], S. 34.

36 Arno Schmidt: *Schwarze Spiegel*, in: BA, Band 1,1, Zürich: Haffmans 1988, S. 219.

37 Günter Flemming: *Marginalia 1 – ***'s Traum. Ein Rätsel*, in: BB Nr. 79-80/1984: Flemming bezieht sich auf den 1970 im Steintor Verlag Burgdorf/Hannover erschienenen Band »Muckenmacher & Eduards Traum« mit dem vollständigen Text von »Eduards Traum« und Grafiken verschiedener Künstler: vgl. auch die Besprechung dieses Bandes von Karl Wiechert im Wilhelm-Busch-Jahrbuch, a.a.O. (siehe Anm. 10).

Rudi Schweikert

Tittlebat Titmouse wird wach und macht Toilette

Empfehlung eines Romans von Samuel Warren, den Arno Schmidts Daniel Pagenstecher der Lektüre nicht wert fand, und ein kurzer Vergleich mit James Joyces »Ulysses«

Nee Paul; zum Lesn lohnt er nich['] « winkt Daniel Pagenstecher in Arno Schmidts »Zettels Traum« (S. 337 mm) ab, als kurz die Rede ist von Samuel Warens Roman »Zehntausend Pfund Renten« (»Ten Thousand a Year«, 1841). – Schmidt selbst gibt auch eine klare Wertung, wenn er in seinen Bemerkungen über die Arbeitsweise Edgar Allan Poes befindet, daß Warrens Erzählen platt sei,[1] womit er Poes eigenes Urteil über »Ten Thousand a Year« in der Tendenz übernimmt, der das Englisch des Verfassers als blamabel rügt, »übelste Vulgaritäten im Ausdruck«, Grammatikverstöße, auch die völlig unnötige Auswalzung des Ganzen kritisiert, das ständige Moralisieren, die übertriebene Sentimentalität, und zu »den schlimmsten Eigenschaften« des Romans gehöre der »kindische Versuch, die Regierungspartei ... lächerlich zu machen«.[2]

Das mag schon sein, obwohl der eine oder andere Kritikpunkt uns eher hellhörig-neugierig machen sollte. Denn: In der Tat bietet Warren mit seinen »Zehntausend Pfund Renten« streckenweise genau das, was Schmidt just in jenen Jahren um 1965 gerade an englischer Literatur des 19. Jahrhunderts so schätzte, nämlich »vielviel reiche Alltäglichkeit« (Enter Conte Fosco!; BA III 4, 5. 428). Und zwar zumal als furioses, nicht enden wollendes Detailstakkato am Romananfang.

Das scheint mir doch etwas Besonderes zu sein und der Erinnerung wert. Denn in der Präzision des Banalen hält Warrens Schilderung, wie sich seine unsympathische Zentralfigur, Tittlebat Titmouse mit Namen, des Morgens zum Vertun eines Sonntags rüstet, durchaus dem Vergleich mit Leopold Blooms Tagesauftakt, dem Kalypso-Kapitel in James Joyces »Ulysses« stand.

Präsentiert wird dem Leser durch Warren die Welt des ewigen Ladenschwengels, des kleinen Kommis aus den dreißiger Jahren des 19. Jahrhunderts. Und zwar die äußere wie die innere. Was damals an ›Innerer-Monologhaftigkeit‹ – achtzig Jahre vor Joyce – erzählerisch machbar war: Warren leistet es hier am Anfang seines Romans.

Haarklein bekommt man das ›Si j'étais roit‹-Gedenkel serviert. Und kaum hat sich Tittlebat Titmouse (Warrens satirisch übertreibende Antwort auf die Unsitte der ›sprechenden Namen‹) ausgemalt, wie es wäre, wenn er zehntau-

1 »Der platte SAMUEL WARREN« (Arno Schmidt: Über die Arbeitsweise Edgar Allan Poe's; BA III, 4, S. 378).

2 Edgar Allan Poe: Watten: Zehntausend im Jahr. In: Ders.: Rezensionen II. Herrsching: Pawlak 1980 (= Edgar Allan Poe. Das gesamte Werk in zehn Bänden, Bd. 7), S. 396 – 398, Zitate S. 397 und 398.

send Pfund Rente im Jahr verbraten könnte, bekommt er sie schon. Aber das, und das, was daraus an irrwitzigen Konsequenzen folgt, steht im riesigen Rest des Romans, durch den sich der nun Interessierte selbst schmökern muß, wenn er will – ich schweige.

Das Zusammenspiel von auktorialer Erzählerironie und möglichst direkt-ungeschminkter Wiedergabe dessen, was dem Jungspund an tittle-tattle durchs Kleinhirn säuselt, mithin den ersten Teil der Exposition von Warrens Roman, kann man auf den folgenden Seiten lesend verfolgen. – Ich zitiere nach der Ausgabe *Samuel Warren: Zehntausend Pfund Renten* in der Übersetzung von Carl Kolb, Stuttgart: Verlag von S. G. Liesching, 1843, S. 3 – 16, mit leichten Abweichungen in Interpunktion und Rechtschreibung.

*

Ein paar Daten noch zu Samuel Warren. Er war Sohn von Samuel Warren senior (1781 bis 1862), einem späteren Wesleyaner, der in seiner Jugend mit seinem Vater in die Wirren der Französischen Revolution geriet, aber relativ unbeschadet davonkam. Verstrickt in kirchliche Konflikte, gründete Warren senior die Sekte der Warreniten, die kurzfristig Bestand hatte und in der vereinigten methodistischen Freien Kirche aufging. Samuel Warren junior, am 23. Mai 1807 in der Nähe von Wrexham geboren, studierte in Edinburgh Medizin (1826 – 1827) und zeigte nebenbei literarisches Talent. Er gehörte einem Rechtskollegium in London an und profilierte sich mehr als Anwalt und weniger als Schriftsteller.

Erst William Blackwood akzeptierte für sein Magazin Warrens »Ausschnitte aus dem Tagebuch eines Arztes« (1829 geschrieben), die zwischen 1832 und 1837 erschienen und gierig aufgenommene Berufsgeheimnisse ausplauderten. Sie wurden Warrens erster Erfolg, in verschiedene europäische Sprachen übersetzt und besonders in Amerika durch Raubdrucke weit verbreitet. Sein nächster literarischer Erfolg – und zwar ein Riesenerfolg bei der Leserschaft – war »Ten Thousand a Year« ab Oktober 1839 (bis August 1841) in »Blackwood's Magazine«gedruckt, Boz, das heißt Dickens, weit hinter sich lassend, wie die zeitgenössische Kritik befand.

Warren selbst geriet darob völlig aus dem Häuschen. Auch die Buchausgabe von 1841 hatte riesigen Erfolg. Die drei dicken Bände wurden rasch ins Französische, Deutsche, Russische und andere europäische Sprachen übersetzt und erhielten allüberall Beifall – außer von ernsthaften Schriftstellern wie Poe oder Thackeray. »Zehntausend Pfund Renten« wurde zu einem der populärsten Romane des 19. Jahrhunderts, und etliche seiner Figuren blieben im kollektiven Gedächtnis haften.

Wesentlich kürzer und auch weniger erfolgreich war Warrens letzter Roman, »Now and Then« (»Jetzt und Einst«, 1847; deutsch 1848). Als geradezu töricht abgetan wurde sein Lobpreis des Crystal Palace 1851, »The Lily and the Bee«, aber ganz ausgeschlossen scheint es nicht, daß Joyce in »Finnegans Wake« mit der Wendung »tittlebits of beebread« (S. 416, Zeile 18) darauf und auf Warrens Tittlebat anspielte.

Als Jurist machte Warren eine bemerkenswerte Karriere. 1851 wurde er Kronanwalt. 1853 bekam er in Oxford die juristische Ehrendoktorwürde verliehen (wie Macaulay und Bulwer). Einige seiner juristischen Schriften erzielten mehrere Auflagen. Von 1856 an war er drei Jahre lang konservativer Abgeordneter, bis er ein lukratives Angebot mit nicht zehntausend, aber immerhin zweitausend Pfund jährlich annahm – als Untersuchungskommissar von Geisteskrankheiten. Am 29. Juli 1877 starb er, siebzigJahre alt, in London.

* * *

Erstes Kapitel.

Es war ein Sonntagmorgen des Monats Juli 18--, und die blendenden Sonnenstrahlen hatten bereits mehrere Stunden ein kleines, trübseliges Hinterdachstübchen, das nach einem ungemein engen Hofe in der Nähe der Oxfordstreet hinaus sah, beleuchtet, bis sie endlich gegen zehn Uhr mit gesteigerter Kraft die geschlossenen Augenlider eines im Bette liegenden jungen Mannes trafen und ihn weckten. Er rieb sich eine Weile gähnend die von dem plötzlich einfallenden, grellen Lichte geblendeten Augen und streckte so schwerfällig seine Glieder, als ob ihm der Schlaf keine Erfrischung gebracht hätte. Dann blickte er auf den Haufen Kleider, die noch in demselben bunten Durcheinander auf dem lehnenlosen Stuhl neben seinem Bette lagen, wie er sie um die erste Stunde nach Mitternacht in der Eile hingeworfen hatte: erst um diese Zeit war er nämlich aus dem Laden eines bedeutenden Modehändlers in der Oxfordstreet, wo er als Commis diente, zurückgekehrt, nachdem er, erschöpft von der langen Arbeit des Tages, beinahe unter dem Vorlegen der Fensterladen eingeschlafen war. Er hatte während des Kleiderausziehens (so wenig dieß auch Zeit erforderte) kaum die Augen offen erhalten können und sich ermattet in's Bette geworfen, wo er tief und ununterbrochen fortschlummerte, bis zu dem Augenblicke, wo wir ihn dem geneigten Leser vorgestellt haben. Er gähnte, seufzte und streckte sich etliche Minuten, wobei er hin und wieder einen unschlüssigen Blick nach dem winzigen Kamine warf, auf dessen Gesims eine Zunderbüchse nebst etlichen Schwefelhölzern lag, unter deren Beihülfe er leicht den auf dem Rost befindlichen mäßigen Holz- und Kohlenvorrath zum Behufe des Rasirens und der Frühstückbereitung anzünden konnte. Endlich arbeitete er sich schläfrig aus dem Bette, tastete mit den Beinen nach dem Boden, gähnte und reckte sich abermals, machte dann Feuer an, hing seinen kleinen Theekessel darüber und kehrte wieder nach dem Bette zurück, wo er, die Augen auf das Feuer geheftet, liegen blieb und zusah, wie die prasselnde Flamme an dem Holz und den Kohlen weiter züngelte. Bald drohte jedoch das Feuerchen wieder auszulöschen, und der junge Mann sah sich abermals genöthigt, aufzustehen, um durch Blasen und etwas Papier nachzuhelfen. Bei so bedenklicher Sachlage entschloß er sich übrigens, nicht mehr niederzuliegen, sondern an der Seite des Bettes sitzen zu bleiben, um die erforderlichen Operationen jeden Augenblick wieder aufnehmen zu können. Die Arme über der Brust gekreuzt verblieb er in dieser Haltung, achtete auf seine kleine Flamme und horchte gleichgültig auf das unharmonische Gebimmel der zahllosen Kirchenglocken, welche die Einwohner der Stadt zur Andacht riefen. Die Gedanken, die ihm dabei durch den Kopf gingen, mochten etwa folgende seyn:

»Oh weh! – 0 Jemine! – Mir ist's so flau wie Sumpfwasser! – Dieß ist mein einziger Feiertag, und doch scheint er mir keine Freude zu bringen! – denn ich fühle mich ganz abgeschlagen von der Arbeit einer Woche! (Ein Gähnen.) Welch ein Leben ist doch das meinige! Da sitze ich nun in meinem achtundzwanzigsten Jahre, bin achtundvierzig lange Monate einer der Ladendiener von Tag-rag* und Compagnie gewesen, habe mich jeden Tag von Morgens halb acht Uhr bis Abends neun Uhr abgeeselt – und alles dieß für einen Gehalt von fünfunddreißig Pfund im Jahre, neben Verköstigung! Und Herr Tagrag – puh, dieser Kerl! – schwatzt mir immer vor, wie hoch er mein Salair gestellt habe!

Fünfunddreißig Pfund des Jahres ist alles, was ich habe, um meine Hausmiethe bestreiten und wie ein Gentleman auftreten zu können! Bei meiner Seele, so kann es nicht fortdauern. Es kommen mir oft so wundersame Gedanken in den Kopf, daß ich darüber närrisch werden könnte. – Sieben Schillinge wöchentlich zahle ich für dieses verwünschte Loch – (er murmelte diese Worte mit einem bitteren Nachdruck, den er mit einem unmuthigen Blick rund durch das kleine Gemach begleitete) – in dem man nicht einmal eine Katze schwingen kann, ohne alle vier Wände zu berühren! – Letzten Winter kamen an einem Sonntagabende drei unserer Leute (das hieß drei seiner Ladengenossen) auf eine Theepartie zu mir, und obgleich es bitter kalt war, so machten doch wir Vier dieses verfluchte Hundeloch so heiß, daß wir die Fenster öffnen mußten! – Und dann die Bequemlichkeit – ich erinnere mich, daß ich zwei garstige Stühle von den Leuten unten borgen mußte, die dafür am nächsten Sonntag meine einzige Flasche liehen und – hole der Henker das Pack – sie mir verwetterten! – Ich will verdammt seyn, sage ich, wenn sich's nur der Mühe lohnt, zu leben! Wie wahr heißt's nicht irgendwo in der Bibel, ›Oh Eitelkeit der Eitelkeiten!‹ – Nichts als Schanzen und Schanzen einen Tag wie den andern – und wofür? – für fünfunddreißig Pfund im Jahr, und weder ›Vorschüsse noch Aufbesserung!‹ – (Hier trat eine Pause ein.) Pah! diese Glocken! So läutet meinetwegen, bis ihr alle berstet! – Glaubt ihr etwa, ich lasse mich von euch in die Kirche miauen, an diesem einzigen von allen sieben Wochentagen, der mir übrig bleibt, um mich zu vergnügen und frische Luft zu schöpfen? Ja, das ginge mir vollends ab! (Ein Gähnen.) Doch im Grunde ist's fast eben so gut, wenn ich hier sitzen bleibe, denn was habe ich davon, wenn ich ausgehe? Jedermann, den ich draußen sehe, ist glücklich, wenn ich mich und die armen Schlucker meines Gelichters ausnehme! – Alle Welt lacht, wenn sie mich sieht, und weiß, daß ich nur ein talggesichtiger Ellenritter bin (denn diesen Ekelnamen beliebt man uns und Consorten beizulegen), der ganz und gar nicht nöthig hätte auszugehen! Ach Gott! was nützt mir das gute Aussehen, das ich dem Vernehmen nach haben soll?« – Hier fuhr er unwillkürlich mit seiner Linken durch ein Büschel röthlicher Haare und warf einen Blick nach dem an der Wand hängenden zerbrochenen Spiegel, wo er, so oft er sich darin besichtigte, seit Jahren sich den schönsten Genuß holte, welchen ihm die Welt bieten konnte, da ihm dieses Möbelfragment in der That ein durchaus nicht häßliches Gesicht zeigte, die etwas unangenehme Farbe seiner Haare abgerechnet. – »Ha, beim Zeus! Wie oft und vielmal habe ich mein Bestes gethan, um die Aufmerksamkeit einer schmucken Dirne, die ich im Laden bediente, auf mich zu ziehen – natürlich nur, wenn ich sie aus einem Wagen steigen sah! Hat doch schon mancher arme Schlucker wie ich durch die gleiche Speculation sein Glück gemacht! Wenn ich nur an Tom Tarnish denke – wie kam der zu Miß Twang, der reichen Pianofortemacherstochter? Er hat dem La-

* Deutsch: Lumpenkram.

den den Laufpaß gegeben und wohnt jetzt zu Hackney wie ein ächter Gentleman! Hah! das war ein Fang! Aber so etwas ist mir noch nie in's Garn gelaufen; die Mädels kommen nicht heran! Welche Blicke ich ihnen zuwarf nicht allen schien es zu mißfallen – und bisweilen lächelten sie auch in einer Weise, als wollten sie sagen, es sey da etwas zu wagen – aber was hat's mich genützt? Nichts!

– Du mein Himmel! Hole mich dieser und jener, wenn ich nach dem, was mir vor ein paar Monaten im Park begegnete, je wieder an Sonntagen einer Dame zunicke, die meine Liebäugeleien im Laden mit einem Lächeln hinnahm! War's mir da nicht zu Muth, als seyen mir die Waren verdorben? Doch gleichviel, die Frauenzimmer sind gar verschieden zu verschiedenen Zeiten! – Wahrscheinlich habe ich die Sache nicht recht angegriffen. Was war der Kerl, der auf sie zuging, als sie aus ihrem Wagen gestiegen war, um ein wenig spazieren zu gehen, nicht für eine köstliche Puppe! Das gute Aussehen anbelangend (ein zweiter Blick nach dem Spiegel) – zum Henker auch! – nein, da fürchte ich mich vor Keinem – aber – oh weh! ich glaube, jener muß wohl, wie man zu sagen pflegt, mit einem goldenen Löffel im Munde geboren seyn, und besitzt vielleicht so viele Tausend im Jahr, daß sie ihn für noch so wenig Gehirn hinlänglich schadlos halten können! Freilich muß ich zugestehen, daß er ungemein gut gekleidet war. Welche Pantalons! – sie paßten ihm so gut, als ob er damit auf die Welt gekommen wäre. Und seine Weste, die Atlascravatte – wie das Alles sich ausnahm! Freilich, an seiner Figur konnte ich ganz und gar nichts Außerordentliches sehen; aber seine Handschuhe waren so weiß wie Schnee, und ich zweifle nicht, daß er jeden Tag ein Paar neue trägt – alle Welt! macht drei Schillinge sechs Pence täglich; denn sollte ich nicht wissen, was sie kosten? – Ach! wenn doch meine Kasse auch in einer Weise versehen wäre, um es so treiben zu können! – Und als er sie nach ihrem Wagen geleitete – das Pferd, welches er hatte! – und der elegante Reitknecht – ich wette, der Lohn des Kerls beläuft sich eben so hoch, als mein Salair (abermalige Pause). Nehme ich einmal Spasses halber an, daß mir ein Glück zustoßen sollte! Gesetzt, es hinterließe mir Jemand eine hübsche Erbschaft – etliche tausend Pfund des Jahrs – oder etwas der Art! Potz Stern, könnte ich da nicht mit den Besten von ihnen wetteifern? (Lange Pause.) In der That, ich wüßte kaum, wie ich es angreifen sollte, um sie durchzubringen! – Nun, ich denke, ich kaufte mir zuvörderst einen Titel – denn was wäre nicht für Geld zu haben? So etwas kömmt oft vor. Hat sich nicht kürzlich ein reicher Zwiebackbäcker in der City für sein Geld zu einem Baronet machen lassen können? Warum sollte ich's nicht auch?«

Er kam im Verlaufe seiner Betrachtungen ein wenig in Feuer und schlug mit einem unwillkürlichen Nachdruck seine Hände zusammen, während er die Arme nach ihrer vollsten Länge ausstreckte, um ein recht herzhaftes Gähnen zu unterstützen.

»Lieber Himmel, ich darf gar nicht daran denken, wie es klingen würde: –

›Sir Tittlebat Titmouse, oder Lord Titmouse‹

Zuerst ginge ich dann, wenn ich meinen Titel hätte und in Stulz's Atelier schwunghaft herausgeputzt wäre, zu unserem verwünschten Laden, um ein oder zwei Dutzend Paar weißer Glacehandschuhe zu kaufen. Welch ein Aufsehen würde es unter den blaßgesichtigen, armen Teufeln machen, die, wie sonst, hinter Tag-rag und Compagnie's Ladentischen stünden, wenn meine Equipage vorführe und ich als vollendeter Elegant in den Laden träte! Tag-rag würde kommen, um mich in Person zu bedienen. Doch nein, das würde er nicht – sein Stolz ließe es nicht zu. Wer weiß übrigens, was er thun würde, um nur einen Penny umzukehren und zwei Schillinge und neun Pence in drei Schillinge und einen Penny umzuwandeln. Ich glaube zwar nicht, daß ich mich allzu steif gegen ihn benähme; aber doch wollte ich ihn mit einem Air behandeln, als ob – hem! Bei meinem Leben, es wäre entzückend! (Ein Seufzer und eine Pause.) Ja, ich würde oft in den Laden kommen; beim Himmel, es wäre der köstlichste Genuß in meinem Glücke: ihr Neid – es wäre ein Weltspaß! An's Heirathen würde ich nicht denken, bis – und doch möchte ich's nicht ganz verschwören, wenn mir etwas Extrafeines, eine Ware erster Sorte, in den Weg käme – jene Dame im Park zum Beispiel – ich möchte doch auch sehen, ob sie mich wieder so schnöd abfertigte, wenn ich zehntausend Pfund jährlich in der Tasche hätte? Gewiß, sie würde mir nachlaufen, sonst müßten die Romane lügen, und 's ist doch oft so viel Wahres darin. Natürlich heirathete ich eine, die mir gefiele. Welche ließe sich nicht mit Zehntausend im Jahr gewinnen? (Weitere Pause.) Ich würde unverzüglich nach Rußland reisen, denn, wie ich höre, gibt es dort einen Mann, der so verwünschten rothen Haaren, wie die meinigen sind, jede mögliche Farbe geben kann. – Tausend alle Welt! dann käme ich nach Hause so schwarz wie eine Krähe, und trüge meinen Kopf so hoch, als einer von ihnen. Den Augenbrauen einen neuen Anstrich zu geben, ginge natürlich in einem hin.«

Mit einem Male waren aber alle seine Luftschlösser dahin über dem Tone seines Theekessels, der zischend und gischend in dem Schmerze der Südhitze übersprudelte, als ob die unerträgliche Glut des Feuers das arme darauf sitzende Geschöpf zur Verzweiflung getrieben und es zu dem Versuche veranlaßt hätte, die Ursache seiner Qual in dieser Weise auszulöschen. Nachdem er den Kessel abgenommen und auf den Kaminsims gestellt hatte, legte er dem Feuer ein spärliches Stückchen frischer Kohle zu und machte sofort Anstalten, sich zu rasiren, indem er das heiße Wasser in eine obere Theetasse goß, welche demnächst auch beim Frühstück Dienste leisten sollte. Dann rollte er ein Stückchen zusammengeknüllten Löschpapiers auf, in dem sich ein Paar gestern Abend zum Zwecke der Sonntagsfeier gekaufte Cigarren befanden; wenn er aber vielleicht glaubte, sie stammten aus einem Platze jenseits der vier Meere, so mochte er sich wohl in einem kleinen Irrthum befinden. Er legte den Papierfetzen auf das kleine Kamingesims, zog sein einziges, abgenütztes Rasiermesser etliche Mal über die Fläche seiner linken Hand, tauchte den Pinsel, dessen Borsten sich durch den Gebrauch bis auf die Länge eines Drittelzolls verkürzt hatten, in das heiße Wasser und fuhr damit rasch über denjenigen Theil seines Gesichtes, den er zu scheeren gedachte; dann rieb er die feuchte Oberfläche mit einem Stückchen gelber Seife – und in weniger als fünf Minuten war Herr Titmouse ein rasirter Mann. Aber wohlgemerkt – man darf nicht glauben, daß er bei dieser Gelegenheit eine umfassende Operation vornahm; denn statt sich zu bemühen, so viel als möglich von seinen häßlichen rothen Haaren los zu werden, that er gerade das Gegentheil. Jedes Haar seines dichten Backenbartes blieb von der Berührung des Stahls verschont, und ein buschiger Wald von Haaren zog sich gekräuselt unter das Kinn hinunter, von wo aus er sich wie zwei Hörner oder Hauer über der Cravatte in die Höhe krümmte. Einen Imperial – das heißt einen mißfarbigen Knebelbart, wie ihn die Zierbengel senkrecht von der Unterlippe herunterwachsen lassen – und einen vielversprechenden Schnurrbart hatte der arme Herr Titmouse schon vor einiger Zeit den tyrannischen Grillen seines gemeingesinnten Brodherrn, des Herrn Tag-rag, opfern müssen, da diesem derartige Anhängsel als nicht sehr passend für Ellenritter vorkamen. Man kann sich also denken, daß der Raum, über welchen das Rasiermesser bei dieser Gelegenheit hinwegfuhr, etwas beschränkt war. Nach Vollziehung dieses Geschäftes nahm er aus seinem Koffer einen alten, schmutzig aussehenden Pomadetopf, tippte ein wenig von seinem Inhalt auf die Spitzen seiner zwei Zeigefinger und strich denselben sorgfältig über seine Augenbrauen; dann zertheilte er etwas davon auf seinen Handflächen, rieb es mit Nachdruck wohl eine Viertelstunde lang in die struppigen Haare und den Backenbart, worauf er seine edlen Locken wohl in ein Halbdutzend verschiedener Richtungen kämmte – so wählerisch war Herr Titmouse in derartigen Dingen. Dann tauchte er das Ende eines Handtuchs in etwas Wasser, wickelte dasselbe um seinen rechten Zeigefinger und fuhr damit sachte über sein Gesicht, dabei sorgfältig seine Augenbrauen und die Haare rund um sein Gesicht vermeidend, da dieselben nur mit einem trockenen Zipfel der Twehle abgewischt werden durften. Weiter erachtete es Herr Tittlebat Titmouse nicht für nöthig seine Abwaschungen auszudehnen. Wäre er im Stande gewesen, sich selbst zu sehen, wie ihn Andere sahen, so würde er es vielleicht nicht für überflüssig gehalten haben, die vernachlässigten Gegenden, welche hinter und unter seinen Ohren waren, auch mit etwas Wasser heimzusuchen. Jedenfalls mußte er aber am besten wissen, was er zu thun hatte. Er hätte sich ja erkälten können; und außerdem war sein Haar hinten so dicht und lang, daß es wohl alles Unscheinbare verbergen konnte. Sodann zog Herr Titmouse unter seinem Bette eine Flasche von »Warren's unvergleichlicher Stiefelwichse« und ein Paar Bürsten hervor, womit er gar emsig und gewandt seinen Stiefeln einen wundervollen Glanz beibrachte. Sobald er den Wichsapparat wieder unter dem Bette versorgt und seine Hände gewaschen hatte, weihte er einige Augenblicke dem angenehmen Geschäfte, drei Kaffeelöffel voll Kaffee abzusieden (denn als solcher war er auf dem Papiere, in welchem er denselben gekauft hatte, bezeichnet, obgleich es in Wahrheit nichts Anderes als Cichorie war). Dann holte er aus seinem Koffer ein Shirtinghemd mit linnenem Halskragen und dergleichen Manchetten, welches er seit der letzten Wäsche erst zweimal – das heißt an den zwei vorhergehenden Sonntagen – getragen hatte, zog es an und gab sich dabei große Mühe, die schöngeglättete, mit drei breiten Busenfalten versehene Vorderseite nicht zu zerknittern, deren mittlere mit drei Hemdknöpfchen, die durch zwei goldene Kettchen zusammenhingen, versehen war – alles ausnehmend schön anzuschauen, namentlich in Verbindung mit einer nagelneuen Atlascravatte, die er sich zunächst um den Hals schnallte. Nachdem er seine glänzenden Stiefel über die (mit Bedauern müssen wir es sagen) nackten Füße gezogen hatte, steckte er seine Beine sorgfältig in ein Paar weißer Pantalons – zum ersten Mal, seit sie aus der letzten Wäsche kamen, und paßte sich dieselben mittelst der kurzen Stegriemen und der Lendenschnalle so dicht an, daß man nicht ohne Grund befürchten mußte, sie möchten bersten, sobald der Träger derselben sich hastig niedersetzen würde. Fast besorge ich, daß man mir kaum glauben werde, wenn ich meinen Lesern die Thatsache berichte, daß die zunächst genommene Maßregel in Ansetzung von ein Paar Sporen an die Stiefel bestand – keinesfalls war es ja ganz unmöglich, daß er während des Tags einen Spazierritt zu machen gedachte. Dann warf er eine wunderliche Art Unterweste um, die eigentlich nichts als ein Rollkragen von etwas verschossenem, erbsgrünem Seidenzeug war und einer mit sehr schönen Blumen versehenen, bläulichten Seidenweste zur Folie dienen sollte. Über diese legte er eine schwere, vergoldete Kette (zu deren Erwerbung er eine gute, silberne Uhr verkauft hatte), die er sorgfältig aus einer Baumwollenumhüllung packte. Aus dem gleichen, weichen Ruheplätzchen zog er auch seinen Ring – man mußte scharfe Augen haben, wenn man aus der Entfernung und durch einen flüchtigen Blick entdecken wollte, daß es kein Diamant war –, steckte ihn an den kurzen, kleinen Finger seiner rothen, fleischigen Hand – und betrachtete dessen Funkeln mit ungemeiner Behaglichkeit.

Nachdem seine Toilette so weit fortgeschritten war, setzte er sich zu seinem Frühstück nieder, breitete sein abgelegtes Hemd auf den Schooß, um die weißen Beinkleider vor jeder Befleckung zu bewahren, und theilte seine Gedanken zwischen den erzählten wachen Träumen und seinen Entwürfen für den Tag. Er hatte keine Butter, da er die letzte gestern Morgen verbraucht hatte, weßhalb er sich mit trockenem Brode begnügen mußte: – allerdings einem sehr trockenen und zahnbrechenden – der arme Kerl! – aber seine Augen hafteten nur auf seinem Ring. Sobald er zwei Tassen seines Quasikaffees (pfui über einen solchen Stoff!) verschluckt hatte, nahm er seine Toilette wieder auf, indem er den blauen Überrock mit seidenen Knöpfen, einem Sammtkragen und einer Tasche an der äußeren Seite der linken Brust aus einem andern Koffer holte. Nachdem er einige Falten hinuntergeglättet, zog er ihn an, stellte sich sodann vor das kleine, geringe Spiegelbruchstück, zupfte an dem Kragen, den Ärmeln und der Brust, um alles gut passend zu machen, und schloß mit einem bedächtigen Hervorziehen der Manchetten seines Hemds, um dessen Weiße anmuthig über dem Aufschlag seines Rockärmels zu zeigen, und eine Art blanker Gränzlinie zwischen dem Blau seines Rocks und dem Roth seiner Hand zu ziehen. Er konnte, wie er schon so oft gethan hatte, sich nicht entbrechen, mit einem Seufzer auf dieses nützliche Glied zu blicken – denn es war keine schöne Hand. Sie war breit und roth, und die dicken Finger hatten an jedem Gelenke sehr grobe, tiefe Einschnitte. Auch seine Nägel waren platt und ungestaltet; er pflegte beharrlich daran zu nagen und hatte sie auch wirklich bis an die Wurzeln hinunter abgekaut – denn der Anblick war einladend genug, um die Zähne an ihre Kanten zu setzen. Dann holte er aus dem ersterwähnten Koffer ein weißes Taschentuch – ein Prachtexemplar, mit dem er schon vier Sonntage Staat gemacht hatte (natürlich, ohne es zu benützen), und doch war es in einem Zustande, um noch einmal zur Schau getragen werden zu können. Dann kamen ein paar himmelblaue Glacehandschuhe zum Vorschein, die jedoch so augenfällige Spuren früheren Dienstes zeigten, daß die unerläßliche Nothwendigkeit daraus hervorging, sie zehn Minuten lang mit Brodkrumen zu reiben. Zunächst tauchte ein sorgfältig mit Silberpapier umwickelter Sonntagshut aus der abgenützten Schachtel auf – ach, wie leicht und zart fuhr er mit der glättenden Hand um seine glänzende Oberfläche. Endlich nahm er ein dünnes, schwarzes Rohr mit vergoldetem Knopf und brauner Quaste von dem Rechen hinter der Thüre – und seine Toilette war vollendet.

Er legte nun sein Rohr für einen Augenblick nieder, fuhr mit der Hand abermals durch seine Haare, um sie in einer Weise zu drehen, daß sie an jeder Seite des Hutes nett herunter hingen, und setzte sodann den letzteren, mit einer zierlichen Neigung gegen die linke Seite, auf seinen Kopf. Er sah in der That nicht übel aus, trotz seiner röthlichen Haare. Seine Stirn war allerdings etwas zusammengedrückt, und seine etwas weit vorstehenden Augen hatten eine ziemlich helle Farbe; aber sein Mund war wohl geformt und zeigte, da er sich fast nie schloß, eine sehr schöne Reihe von Zähnen, während seine Nase jene Form hatte, welche man gewöhnlich die römische nennt. Auf seinem Gesichte lag fast immer ein Lächeln, ein Ausdruck von – Selbstgefälligkeit: und gewiß, irgend ein Ausdruck ist doch besser als gar keiner, obwohl der Leser irren würde, wenn er annehmen wollte, daß nur eine Spur von Geist darin zu finden gewesen wäre. In seinen Stiefeln maß er ungefähr fünf Fuß und einen Viertelszoll; seine Figur war etwas gedrungen, mit einer kleinen Neigung zu runden Schultern: im Übrigen waren seine Gliedmaßen geschmeidig und seine Bewegungen behende.

Der Leser hat hier also Herrn Tittlebat Titmouse nach dem Leben – jedenfalls nichts Anderes, als ein Durchschnittsexemplar seiner Gattung; da er aber die Bestimmung hat, einen beträchtlichen Wechsel von Lagen und Umständen durchzulaufen, so wird man es wohl wünschenswerth finden, ihn dem geistigen Auge so deutlich vergegenwärtigt zu sehen, als meine Feder ihn nur zu schildern vermochte. – Gut – er setzte also, wie gesagt, seinen Hut auf, machte die untersten zwei Knöpfe seines Überrocks zu, steckte sein weißes Taschentuch in die bereits besprochene linke Brusttasche, wobei er mit einer Art von gewählter Nachlässigkeit Sorge trug, daß ein Zipfel davon über den Taschenrand hervorsah, um einen anmuthigen Contrast gegen das Blau zu bilden – zog seine Handschuhe an, nahm sein Rohr zur Hand, träufelte den letzten, traurigen Überrest des Cichorienaufgusses in seine Kaffeetasse – und nun (die Sonne schien in vollem Glanze eines Julitages und versprach einen herrlichen Tag) ging der arme Teufel – ein wahrer Adonis der Oxfordstreet – aus, um Eroberungen zu machen und erobert zu werden – außen blank und schmuck, innen ein schlapper und hungernder Magen: ein personificirter Rechtsstreit zwischen Wamms *versus* Bauch, wie die Advokaten sagen würden, welchen die klagende Partie im Galopp gewinnt! Herr Titmouse, sage ich, trat – wie an dem gleichen Tage etliche fünf- oder sechstausend ähnliche Personen – seinen Spaziergang an, stieg die enge krachende Treppe hinunter, und war kaum auf der Straße angelangt, als er von einem entgegengesetzten Fenster aus rufen hörte: »ach Himmel! ist das nicht ein Zierbengel!« Er fühlte die Wahrheit dieser Bemerkung, ebenso daß er zur Zeit noch etwas außer seinem Elemente sey, weßhalb er weiter eilte und bald die große, breite Straße erreichte, welche von dem berühmten Opiumesser mit bitterem Gefühle also angeredet wurde: »Oxfordstreet! steinherzige Stiefmutter, die du horchst auf die Seufzer der Waisen und trinkest die Thränen der Kinder!« Hier athmete unser kleiner, armer Dandy, obgleich noch nicht ganz schwunghaften Geistes, schon freier, als während seines Ganges durch den schmutzigen, überfüllten Hof (Closet Court), den er eben verlassen hatte.

Ulenspiegel und Lamme ritten Gent zu und gelangten beim Morgengrauen nach Lokeren. ... »Ich habe Hunger«, sagte Lamme ... Und Lamme aß fröhlich für fünf.

Holzschnitt von Frans Masereel, © Europa-Verlag A.G., Zürich / F.M. (1926).

Piet Hooksma

»In het spoor van Uilenspiegel«

Eine Flandern-Reise zu Charles de Costers Roman »Ulenspiegel und Lamme Goedzak«

Es lohnt sich, die paar Kilometer zu Fuß zu gehen. Der Weg ist (da hat der Reiseführer völlig recht) »gemakkelig te bewandelen« – wie eigentlich alle Wege in dieser Marschenlandschaft: auf dem Kanaldeich, die Pappelreihe entlang, vorbei an der alten Windmühle, vorbei an dem verwitterten Gutshof, vorbei an den Anglern (und vorbei auch an einem Wirtshaus). Zu beiden Seiten hat man flaches, weites Bauernland. Flandern. Aber natürlich läuft parallel zum Kanal auch eine Straße für Radler und Automobilisten; dreimal täglich verkehrt zudem ein Schiff auf der »Damsevaart« zwischen Brügge und Damme.

Damme ist unser Ziel. Doch diesmal nicht der gerühmten frühgotischen Liebfrauenkirche wegen, von deren 45 Meter hohem Turm (203 Stufen) man eine so hinreißende Aussicht über das Polderland hat; nicht des historischen Rathauses wegen; nicht (oder wenigstens nicht hauptsächlich) wegen der hochkarätigen Restaurants, die den kleinen Ort sogar in dieser Schlampamper-Heimat zu einem gastronomischen Magneten gemacht haben. Eher schon soll uns heute das »Jacob-van-Maerlant«-Standbild auf dem Marktplatz interessieren, doch davon später. Nein, dieses etwas geschichtsmüde Landstädtchen, das im Mittelalter ein betriebsamer Handelsplatz war und Brügges erster Seehafen, bevor – schon im 13. Jahrhundert – der Zwin, der Verbindungsfluss zur Nordsee, versandete: es reizt uns aus einem ganz anderen Anlass. Denn: »Zu Damme in Flandern, da der Maimond des Hagedorns Blüten erschloss, ward Ulenspiegel, des Klas Sohn, geboren.«

So beginnt eines der großen Bücher der belgischen Literatur – Charles de Costers 1867 erstmals erschienene *Geschichte von Ulenspiegel und Lamme Goedzak sowie ihrer heroischen, fröhlichen und gloriosen Abenteuer im Lande Flandern und anderwärts*. Wir sind Eulenspiegels wegen in Damme, dem Erz-Zentrum aller flämischen Eulenspiegelei: der Hauptstation folglich auf jener »touristischen Eulenspiegelroute«, die den Kreuz- und Querzügen »Tijls« fast zweihundert ausgeschilderte Kilometer lang folgt – »in het spoor van Uilenspiegel«, so, wie de Costers Roman-Epos sie vorgab. Von Antwerpen, über Gent und Brügge, ins niederländische Vlissingen und dann bis zum Endpunkt nach Veere in Seeland (wo Eulenspiegel um 1584 starb, doch sogleich wieder auferstand). Haltestellen gibt's an den exemplarischen Schauplätzen des Buches, soweit sie am Wege liegen: Ein entschlossener Autofahrer packt das schälkische Programm in zwei Tagen.

Man kann sich aber auch gut etwas mehr Zeit nehmen für diese impressive Mischung aus Landschaft, Historie, Literatur und Mythos. Überdies besitzt Belgien, trostreich für Anhänger des öffentlichen Verkehrswesens, ein vorbildliches Eisenbahn- und Busnetz. Vor Ort sind ohnehin autofreie Erkundungen und (kleinere) Fußmärsche empfohlen (wie gesagt: »gemakkelig te bewandelen«). Am stilechtesten wäre freilich die Verwendung eines Esels, des von Thyl und seinem Kumpanen Lamme bevorzugten Transportmittels. Doch Esel sind selten geworden, in Flandern.

Aber – Moment erstmal. Till Eulenspiegel? In Damme geboren? In Veere gestorben? 1584? Haben wir nicht gelernt, er sei ein niedersächsischer Schelm? Geboren in Kneitlingen, getauft im Nachbardorf Ampleben, beides gelegen am Elm? Nach einem Leben als Herumtreiber, Streichemacher, Unterwanderer von bürgerlicher wie geistlicher Philisterei gestorben und auf absonderliche Art begraben zu Mölln in Holstein? Und zwar im Jahre 1350? Haben wir uns nicht eher gefragt, ob er überhaupt real existiert hat? Wie kommt er da nach Flandern?

Gemakkelig. Und der Reihe nach. Ganz sicher ist zwar gar nichts, doch festzustehen scheint sein irdischer Tod. Den nämlich notierte der Braunschweiger Amtsvogt und Zollschreiber Hermen Bote (1465-1520) in seiner Weltchronik für das (Pest-)Jahr 1350: »Do sulvest sterff Ulenspeygel to Mollen.« Wer aber gestorben ist, muss zuvor auch gelebt haben; und ohne dringenden Anlass sind die zahllos umlaufenden Anekdoten über die respektswidrigen Auftritte des Ruhestörers gewiss nicht entstanden. Überdies ist der Familienname »Ulenspeghel« zu jener Zeit im Braunschweigischen urkundlich belegt – war also weder Kampf- noch Ökelname. Der Burgherr Till von Utzen könnte außerdem der Vornamens-Patron des bekanntermaßen mehrfach Getauften gewesen sein. Wozu also an seiner irdischen Laufbahn zweifeln?

Unsterblich wurde er ohnehin als literarische (und: als symbolische) Figur. Und daran wiederum hat der besagte Hermen Bote kräftigen Anteil: Ihn nämlich ermittelte die Narrenforschung als Urheber des legendären »Volksbuches«, dessen älteste komplett erhaltene Fassung, betitelt »Ein kurtzweilig lesen von Dyl Ulenspiegel«, 1515 in Straßburg erschien, offenbar als Übersetzung ins Hochdeutsche. Denn mit einiger Wahrscheinlichkeit hat Bote den – leider verlorenen – Original-Text in niederdeutscher Sprache verfasst. In jedem Fall aber hat er dabei auf bereits vorliegende, auch schriftliche, Quellen zurückgegriffen, näherte sich seinem Helden mithin als Historien-Sammler, doch zugleich auch schon mit gestalterischem Ehrgeiz. Als Erzählkünstler.

Das Volksbuch, reich und prall illustriert, wurde umgehend zum frühneuzeitlichen Bestseller, blieb's auch, und bald düpierte Till seine wechselnden, doch stets einfältig bornierten Handwerks-Meister auch auf Hans Sachsens Fastnachtsspiel-Gerüst. Der obrigkeitstreue Doktor Martin Luther hatte somit wohl Anlass, über Ulenspegels witzige Ordnungswidrigeiten warnungsvoll zu schimpfen, und das tat er dann ja auch, dieweil der Schalk Till unbekümmert die deutschen Sprachgrenzen übertrat: Er kam nach Frankreich (»L'Espiègle«), nach England (»Owlglass«) und eben auch – nach Flandern, wo er üblicherweise »Tijl Uilenspiegel« heißt. Bei Charles de Coster lautet sein Name allerdings »Thylbert«; »Ulenspiegel« nennt er sich hier selber: »Ik ben u lieden spiegel – ik ben ulen spiegel«. Der Spiegel der Leute.

Schon 1519 lieferte Jan van Doesborch aus Antwerpen einen Nachdruck der Straßburger Ausgabe, und kurz darauf besorgte ein anderer Antwerpener Drucker, Michiel van Hoochstraten, das erste »Ulenspieghel«-Buch in niederländischer Sprache, das allem Anschein nach auf das plattdeutsche Original zurückgeht, allerdings nur knapp die Hälfte der – ursprünglich 96 – »wonderlijcken avonturen« präsentierte. Insbesondere die spottfreudigen Zusammentreffen des Helden mit der hochwürdigen Geistlichkeit blieben im frommen Land zwischen Maas und Schelde draußen vor. Trotzdem kam das Buch 1570 auf den Index – was an seiner Verbreitung im Volk aber nicht viel änderte. Unsere »toeristische Uilenspiegelroute« beginnt denn auch Ecke Gildekramerstraat und Suikerrui in Antwerpen: dort, wo ehedem Hoochstratens Werkstatt gestanden hat.

Und so wurde Till eben mit der Zeit ein Flame: Von Ausgabe zu Ausgabe fanden sich seine Streiche verändert, erweitert, den Landesbräuchen angepasst. Kommt hinzu, dass der Anteil der Analphabeten im 16. Jahrhundert bei 97% der Bevölkerung lag, weshalb das Buch bestimmt mehr vor- als selbstgelesen wurde. Da ergaben sich fast zwangsläufig mündliche Ausschmückungen, örtliche und zeitliche Konkretisierungen, die dann allmählich in die gedruckten Fassungen eingingen. Und weil Flandern (heute auf drei Staaten verteilt: Frankreich, Belgien und Holland) damals zur spanischen Krone gehörte, so kam es, dass Uilenspiegel schon mal am Hofe von Valladolid auftaucht oder als Matrose auf einem iberischen Kriegsschiff Dienst tut.

In der flämischen Volksbuch-Edition von 1782 ist der Schalk dann endgültig eingemeindet worden: Als Geburtsort steht nun Knesselare da – gewissermaßen eine »Vervlaamsing« des deutschen Kneitlingen. (In Anerkennung dieser Tradition ist Knesselare, das Örtchen zwischen Gent und Brügge, darum auch ein Etappenziel auf der »Tour d'Espiègle«, und die dortigen Ortsbäcker verkaufen, wenn schon keine »Eulen und Meerkatzen«, so doch einen saftigen »Tijl-Kuchen«.)

Wie aber kam Eulenspiegel nach Damme? Nun, das hängt ursächlich mit dem vorerwähnten Jacob van Maerlant zusammen, der als berühmter, übrigens unbedingt seriöser Schriftsteller und Gelehrter in Damme gelebt hatte und dort auch ums Jahr 1300 gestorben war: Unter dem Turm der gleichfalls vorerwähnten Liebfrauenkirche liegt sein Grab. Dass Maerlant auch noch als Zollschreiber wirkte, wie Hermen Bote, ist dagegen nichts als Ironie eines schalkhaften Fatums. Auf seinem Grabrelief jedenfalls, das einen lesenden Mann darstellte, war eine Eule abgebildet, die Eule der Minerva eben, der Vogel der Weisheit – einem so gelehrten Menschen wohl zukömmlich und angemessen. Das aufgeschlagene Stein-Buch des Lesenden wiederum – es bekam durch den Abschliff der Jahrhunderte das Aussehen eines Spiegels. Und 1646 schrieb irgendein Spaßvogel auf die Grabplatte: Hier sei »Uilenspieghel« bestattet.

Prompt setzten die Pilgerzüge ein. Denn Till war längst ein Idol des Volks geworden: Till Eulenspiegel, der – um den Preis des Unbehaustseins freilich – mit den Großen umgesprungen war, wie's der kleine Mann gern täte, wenn er's nur riskieren könnte. Nun hatten seine Bewunderer wenigstens ein greifbares Ziel: sein (vermeintliches) Grab. Scharenweise strömten sie nach Damme. Jahr um Jahr. Jahrhundert um Jahrhundert. Bis es einem örtlichen Pfarrer auf einmal zu bunt wurde: 1830 ließ er den Grabstein entfernen. Doch vergebens, die Legende blieb. Und Damme blieb Eulenspiegelstadt. Mit offensichtlichem Sinn für Wertsetzungen: So hat Jacob van Maerlant in Damme zwar sein verdientes Denkmal, Eulenspiegel jedoch gleich mehrere.

Merkwürdig darum, bei solch nachdrücklicher Popularität des Schalks im Flamenland, dass Charles de Costers »Ulenspiegel«-Buch dort zu Lebzeiten des Autors überhaupt kein Erfolg war. Gewiss, die ersten Auflagen erschienen 1867 und 1868 nur in kostspieliger Nobelausstattung, mit Illustrationen der teuersten Künstler jener Zeit, unter ihnen etwa Félicien Rops, de Costers Freund, der obendrein noch ein hochgradig suspektes Erotik-Genie war. Auch bekamen die öffentlichen Bibliotheken sogleich ein behördliches Anschaffungs- und Ausleihverbot aufdiktiert.

Doch das allein kann's nicht gewesen sein – schließlich hatte ja auch das alte Volksbuch auf der Schwarzen Liste gestanden, ohne dass es ihm groß geschadet hätte. Eher hing der Misserfolg des Romans wohl mit seiner Sprache zusammen, und dies nicht nur wegen de Costers poetischem Rhapsodenton. Denn erstaunlich: die »Légende d'Ulenspiegel«, das Flandern-Fresko schlechthin, ist in französischer Sprache geschrieben – in der Amts- und Kultursprache des 1830 gegründeten Staates Belgien. In einem kunstvoll antikisierenden Französisch überdies, durchsetzt allerdings mit kräftig flämischen Wortbrocken. De Coster liebte die Manier des Rabelais. (Aber die Flamen liebten's nun mal nicht französisch.)

Doch wo immer die Gründe für das Debakel letztlich liegen mögen: Der Autor (1827 in München geboren, 1879 im Brüsseler Vorort Ixelles gestorben, ein Freimaurer und Freidenker) kam lebenslänglich aus den Schulden nicht heraus. Und sein »Ulenspiegel« gelangte erst auf dem Umweg über den weltliterarischen Ruhm in die Köpfe seiner flämischen Landsleute. Dann freilich, nachdem 1896 auch eine Übersetzung ins Niederländische herausgekommen war, wurde das Buch geradezu als Kampfschrift der »Vlaamse Beweging« gelesen – als »Bibel des Flamentums«. Manche Bücher haben schon sonderbare Schicksale.

Diese »Flämische Bewegung« hatte sich ursprünglich zur Rettung der alten Volkssprache formiert (vergleichbar den Bemühungen von Klaus Groths »Quickborn«-Riege um die Erhaltung und Belebung des Niederdeutschen) und für deren offizielle Gleichstellung gestritten – ein Ziel, das schließlich erreicht wurde, wenn auch erst 1932, mehr als ein Jahrhundert nach der Staatsgründung (und dann mit den bekannt wunderlichen, bis auf den heutigen Tag währenden Folgeerscheinungen…). Doch früh schon waren die »Flaminganten« in ein obskur völkisches Fahrwasser gedriftet. Und in den Zirkeln der Männer vom Blut und Boden wurde der Thyl Ulenspiegel des Romans nun zur neuerlichen Symbolgestalt: zum hellköpfig flämischen Patrioten und Freiheitskämpfer wider die romanische Überfremdung. Sprich: gegen die Hegemonie des (damals…) reichen, industrialisierten, kulturell tonangebenden Walloniens. Selbst über den peinlichen Umstand, dass Charles de Coster das Buch nun einmal auf Französisch geschrieben hatte, half man sich jetzt findig hinweg: »De Coster dacht in het Vlaams maar hij schreef in het Frans.«

Nun ist diese aktualisierende Umdeutung des Romans zwar nicht vollends von der Hand zu weisen (de Coster beschwört den Volkstums-Mythos bisweilen schon recht massiv) – der komplexen Aussage des Buches und der politischen Grundhaltung des Verfassers entsprach sie jedoch keineswegs. Dass man die Abenteuer Thyls aber sogar im Flamenlande auch anders zu lesen verstand, zeigt sich allein daran, dass ihre wohl schönsten (und ganz sicher geliebtesten)

»Schau«, sagte Ulenspiegel zu Lamme, »dieses Häuschen ... die rote Laterne ... Es ist dort hell und dunkel, dunkel für die Liebe, hell fürs Bezahlen.«

Holzschnitt von Frans Masereel, a.a.O.

Bebilderungen von Frans Masereel stammen, dem Pazifisten und sozialkritischen Künstler aus dem flämischen Blankenberge. (Als linkeste »Ulenspiegel«-Kronzeugin überhaupt kann dann Rosa Luxemburg angeführt werden, die das Buch noch aus der Gefängnis-Zelle heraus rühmte.)

Die Verwandlung Eulenspiegels in einen Kämpfer für Flanderns Freiheit hatte dabei aber schon Charles de Coster selber besorgt. Freilich ging es um einen anderen Freiheitskampf, einen Kampf, in dem sich Thyl auch einen neuen Ehrentitel verdient: »Der große Geuse«.

Anknüpfend an die belgischen Volksbuch-Konventionen hatte nämlich auch de Coster das Leben Ulenspiegels ins 16. Jahrhundert verlegt – in die Epoche der spanischen Gewaltherrschaft, die Epoche der niederländischen Befreiungskriege, und die zwei Antagonisten des Buches, so will es der dramaturgisch versierte Autor, kommen am gleichen Tag des Jahres 1527 zur Welt: Ulenspiegel in Damme (wodurch der Schalk nun definitiv zum Ortsheiligen wurde und nach dem Grab jetzt auch noch seine Wiege dort erhielt) und in Valladolid Philipp II., der Sohn Karls V.!

Der Tyrann und sein Rebell – aus dieser Spannung lebt das Buch, auch wenn die Schlaglichter auf den Mann im Escorial im Verlauf des Geschehens etwas seltener werden. Auf der einen Seite also König Philipp: ein blutleerer, niemals lachender, sadistischer Schleicher, der Unterdrücker seiner niederländischen Provinzen; früh vergreist, ein Feigling und Werkzeug der Kirche. Und dagegen: Thyl – ein gewitzter, sinnenfroher, dabei sehr wohl nachdenklicher junger Mann, der als Partisan und Spion, hernach als (höchst eigenständig operierender) Soldat für Willem von Oranien kämpft, seit sein Vater – auf eine Denuntiation hin – als Ketzer verbrannt wurde, weil er einen Protestanten beherbergt hatte. Auch als Ulenspiegel längst Kommandant eines Orlogschiffes der Geusenflotte geworden ist, trägt er noch immer den Beutel mit der Asche seines Vaters über dem Herzen.

Bis ins Jahr 1584 reicht die Handlung des Romans, bis zur Ermordung Willem von Oraniens, des Schweigers. Da war das Ziel des Kampfes halb erreicht: Die nördlichen Niederlande waren unabhängig; der Süden indes – Thyls Heimat, wo der Aufstand doch begonnen hatte – war bei Spanien geblieben. So verdingt sich Ulenspiegel als Turmwächter in Veere: im Grenzgürtel zwischen Nord und Süd.

Symbolhaft genug. Wie denn die »Légende d'Ulenspiegel« überhaupt, so genau die geschichtlichen Marksteine auch gesetzt sind, kein eigentlich »historischer« Roman ist. Allein die drei flämischen Hauptgestalten weisen über sich und ihre Buch-Zeit weit hinaus – als Sinnbilder für das Wesen ihres Volkes. Lamme Goedzak, der dicke, dauerhungrige, genussfrohe, doch so zartfühlende und sanftmütige Schlemmer: Er ist der »Magen Flanderns« (und außerdem Thyls lebenspraktischer Sancho Pansa). »Flanderns Herz« dagegen ist Nele, Thyls Freundin, die (anfangs schwer eifersüchtig, später in diesem Punkt etwas gelassener) beständig auf ihn wartet und dann mit ihm gemeinsam durchs Land zieht. Schließlich Thyl selber – »Flanderns Geist«. Und beide, Thyl wie Nele, bleiben in ihrer jugendlichen Gestalt, das ganze Buch hindurch, über all die Jahrzehnte hinweg: »Denn Flanderns Liebe und Flanderns Geist, die altern nimmer.« Flanderns Magen, das sei aus fröhlicher Anschauung hinzugefügt, aber eigentlich auch nicht.

Davon wiederum kann sich jedermann überzeugen, der auf die große Eulenspiegel-Tour geht oder auch bloß – ohne literaturgeographisches System – die eine oder andere Thyl-Stätte in Augenschein nimmt, so, wie ja auch Charles de Costers episodisch erzähltes Buch herzhaft zwischen Orten und Zeiten hin und her springt (das alte Volksbuch tat's desgleichen). Eines jedenfalls steht fest: Was Lamme Goedzaks Gedanken froh stimmte, und was auch Thyl niemals verachtete, eine opulente, wohlzubereitete Mahlzeit nämlich und ein ortsüblich gebrautes Spezialbier, das findet sich nirgends so schön wie in Flandern, und am besten in einem jener Wirtshäuser, die sich programmatisch »Lamme Goedzak« nennen.

Natürlich umfasst die Route aber bei weitem nicht sämtliche Tatorte des gewaltigen Werks. Schließlich war dieser Thyl Ulenspiegel, gewisser antipfäffischer Äußerungen wegen, auch mal jahrelang aus Flandern verbannt und musste zur Buße bis Rom pilgern; zeugte übrigens auf der Rückreise im Lüneburgischen einen Sohn, der dann, so der gerissene Charles de Coster, in einem Ort namens »Knittingen« geboren wurde und allgemein »Ulenspiegelken« hieß…

Aber auch die Straße durch Flandern bietet genügend Eulenspiegeleien. Nicht nur scherzhafte allerdings. In Antwerpen etwa lässt Charles de Coster seinen Helden während des fanatischen Bildersturms von 1566 in der Liebfrauenkirche um Mäßigung predigen: Gewissensfreiheit und Toleranz – sie dürfen nicht nur, wie hier von den aufgebrachten Protestanten, *gefordert*, sie müssen auch gegenüber anderen *praktiziert* werden. Ulenspiegels Rat. Vergeblich allerdings. In Gent dagegen, auf dem »Freitagsmarkt«, bei der »Dullen Griet«, der Großkanone, da spielt Ulenspiegel entschlossen den Narren, um Aufruhr zu säen »wider die Henker seines väterlichen Landes«.

Das Verblüffendste aber an der ganzen flandrischen Till-Tour: Wohin man auch kommt, überall stößt man auf Eulenspiegel-Denkmäler. In Rupelmonde an der Schelde, in Knesselare, in Damme sowieso, in Antwerpen, in Veere. Er lebt hier tatsächlich weiter. Die schönste Plastik besitzt Knokke: Thyl und Nele, in Marmor gehauen. Und wenn man schon einmal in dies mondäne Seebad gekommen ist, dann muss man auch noch den Dünenweg nach Heist inspizieren, wo Ulenspiegel in schauerlicher Nacht einen kindermordenden »Werwolf« stellte – den Denuntianten seines Vaters.

Die Route führt dann weiter – nach Holland. Nach Vlissingen zunächst, zum Geusenhafen am Nordufer der Scheldemündung, wo Lamme Goedzak seine Frau Calleken wiederbekam (aber die Geschichte dieser jahrzehntelangen Suche lesen Sie bitte gleich im Buch nach).

In Veere endet die Reise, endet auch de Costers Erzählwerk. Hier erleben Thyl und Nele ihren letzten, visionären (Drogen-)Traum von der Harmonie zwischen dem Norden und dem Süden der Niederlande (deren politische Einheit, zu de Costers Zeit, ja schon wieder zerbrochen war: 1830; nur fünfzehn Jahre hatte sie gedauert). Hier, in Veere, stirbt Ulenspiegel und wird in den Dünen begraben. Doch zum Entsetzen des Kuraten erhebt sich der große Geuse wieder aus dem Grab – und zieht mit Nele davon. Womit dann wohl einmal mehr der Satz bestätigt wäre: »Hei levet noch!«

Das aber ist der Wahlspruch des *deutschen* »Freundeskreises Till Eulenspiegels«, der seinen Sitz in Schöppenstedt hat, in der Heimat des Schalks. Ja, was war er denn nun? Flame oder Niedersachse? Eine historische Gestalt? Eine literarische? Oder doch mehr eine symbolische? Im Rathausportal zu Damme hängen die Wappen von vier Eulenspiegel-Gemeinden, von Kneitlingen, von Schöppenstedt, von Damme und von Mölln, munter vereint. »Lasst Uilenspiegel sein, was er ist, nicht was er war«, schrieb dazu ein Dammer Eulenspiegelbruder. Und weiter: »Lasst ihn stets aufs Neue geboren werden, in Kneitlingen, in Damme oder wo auch immer - - -«. So sei es!

Holzschnitt von Frans Masereel, a.a.O.

Literatur:

Wolfgang Lindow (Hrsg.): *Ein kurtzweilig lesen von Dyl Ulenspiegel* (nach dem Druck von 1515). Stuttgart : Reclam, 1966 (RUB 1687).

Charles de Coster: *Tyll Ulenspiegel und Lamm Goedzak. Heroische, lustige und ruhmreiche Abenteuer im Lande Flandern und anderswo.* (Übersetzung: Friedrich von Oppeln-Bronikowski). Jena : Eugen Diederichs, 1936.

Charles de Coster: *Die Geschichte von Ulenspiegel und Lamme Goedzak und ihren heldenmäßigen, fröhlichen und glorreichen Abenteuern im Lande Flandern und anderwärts.* (Übersetzung: Karl Wolfskehl). Leipzig : Paul List, 1960.

Guy Segers, Luc Heyneman, Walter de Decker: *Uilenspiegel – wie ben jij?* Damme : Uilenspiegelvereniging, 1978.

Heiko Postma: *Thyl Ulenspiegel – völkisch eingefärbt. Erich Klahns Illustrationen zu Charles de Costers Roman.* In: Hannoversche Allgemeine vom 25. 9. 1986.

Otto Julius Bierbaum (1865-1910)

Müde

Ich schließ die Thüre hinter mir;
Will ohne Gäste sein;
Ich hab mich selbst verlassen,
Drum bin ich so allein.

Ich mache alle Läden zu,
Was soll mir Tag und Licht.
Das Feuer ist verglommen,
Die Sonne brauch ich nicht.

Ich fühle gar kein Leben mehr;
die Liebe ist vorbei.
Ich kann nicht einmal weinen,
Aus mir ringt sich kein Schrei.

Ich habe keinen Gott und Freund
Und bin so sinnenleer,
Daß, wenn das Glück jetzt käme,
Ich fühlte es nicht mehr.

Ich schließ die Thüre hinter mir,
Bin nur für den zu Haus,
Von dem es heißt, er fächelt
Das letzte Flämmchen aus.

1910

Werner Kraft, 1982 in Flims. Foto: © Georg Heusch.

Georg Oswald Cott

Wort aus der Leere

Über den Dichter und Sprachforscher Werner Kraft

Redaktionelle Vorbemerkung*: Am 14. Juni 1991 starb in Jerusalem, 95jährig, der große Essayist, Erzähler, Lyriker und Sprachwissenschaftler Werner Kraft. Im Jahr zuvor hatte ihn Georg Oswald Cott noch in Israel besucht und ein längeres, intensives Gespräch mit ihm und seiner Frau Erna Kraft geführt, aus dessen Tonband-Mitschnitt er zahlreiche Passagen für sein Radio-Feature »Wort aus der Leere« verwandte, das am 29. Oktober 1991 im 3. Programm des NDR ausgestrahlt wurde. Hier nun erstmalig: die *Lese*-Fassung dieses (beeindruckend gegenwärtigen) Werner-Kraft-Porträts. *Die Red.

* * *

Später wohnten wir in der Lavesstraße, nicht weit vom Bahnhof, wo noch immer die Reiterstatue des Königs Ernst August steht, dem die Göttinger Sieben zeigten, was ein Eidbruch bedeutet. Die Hinterfenster der Wohnung gingen auf die Schienenstränge. Dort lag ich stundenlang am Fenster, um das Kommen und Gehen der Züge zu sehen. [...] Ich las auch die elenden Romane der Anni Wothe, die das vergoldete Leben der Offiziere, der Ulanen, den Bürgern vermittelte, auch mir. Der höchste Chef dieses Ulanenregiments war Wilhelm II.. Der Kaiser kam jedes Jahr nach Hannover und zog hoch zu Pferde an der Spitze seines Regiments durch die Stadt. Ich stand stundenlang an der Georgstraße, bis das Ersehnte geschah. [...] Bei uns zuhause wußte man die Familienbeziehungen sämtlicher Hohenzollern am Schnürchen.[1]

Dies schreibt Werner Kraft in seinen Jugenderinnerungen. Seitdem verging ein knappes Jahrhundert. – Heute (am 4. Januar 1990) stehen wir in Jerusalems Stadtteil Rehavia. Der Blick geht zum Schrein des Buches, wo eine weithin sichtbare Kuppel die Schriftrollen von Qumran hütet. Unter Zypressen duckt sich ein Haus, das hinter einem abfallenden Hang verschwindet. Die Fassade aus rohen Steinquadern schimmert zwischen quellendem Immergrün wie ein Schildkrötenpanzer. Achtzehn Stufen führen nach unten zur Tür. Nur ein schmaler Gang bleibt, überall wuchern Efeu und Hecken.

Hier wohnt Werner Kraft – Dichter und Philosoph, Sprachforscher und Essayist. Zeitgenosse von Rilke und Kafka. Während wir die Treppe hinabgehen, steht uns sein Leben vor Augen: Werner Kraft wurde 1896 in Braunschweig geboren. Welch ein Mensch ist er, der als Jude 1933 aus seiner Heimat Hannover verjagt wurde und als Fünfundneunzigjähriger noch immer Gedichte in deutscher Sprache schreibt?

W. K.: Ich habe in Palästina und dann später in Israel die dichterische Existenz, die ich als Dichter der deutschen Sprache entwickelt habe, oder ursprünglich, die mir als Dichter der deutschen Sprache eigen war, fortgesetzt, und fühlte mich außerstande, einen Wechsel der Sprache vorzunehmen. Meine nahen Freunde wie Gerhard Scholem und Ernst Simon und andere haben dies bedauert, aber sie haben es allmählich schweigend hingenommen. Und als sie dann hörten, daß ich 1945 nicht sofort das Weite suchte, um nach Deutschland zurückzukehren, sondern mein Leben hier fortsetzte, da waren selbst sie befriedigt.

In seinem Arbeitszimmer reihen sich Bücher an Bücher. Sie quellen aus den Regalen, bedecken Stühle und Sofa. Langstielige Lupen liegen herum. Werner Krafts Augen lassen nach. Ein Gerät mit Lichttafel hilft ihm beim Lesen. Mit am Tisch sitzt Erna Kraft – 1897 in Allenstein/Ostpreußen geboren.

E. K.: Wir sind seit 1922 verheiratet. Die dichterischen Interessen waren die gleichen und infolgedessen auch die Anteilnahme an den entsprechenden Büchern.

1913. Es ist die Zeit des literarischen Expressionismus. Georg Trakl, Max Brod, René Schickele schreiben ihre radikalen und visionären Strophen. Kurt Hiller gibt die Anthologie »Der Kondor« heraus. – Von Werner Kraft erscheinen die ersten Gedichte in der angesehenen Zeitschrift »Aktion«. Der Siebzehnjährige ist auf der Suche nach literarischen Vorbildern, bleibt aber auf stille Weise unberührt vom Expressionismus.

W. K.: Ja, also das waren besonders zwei Figuren, die nacheinander auf mich entscheidend gewirkt haben. Die eine war der wenig bekannte, aber nach meinem Eindruck und dem von wenigen anderen ganz außerordentliche Dichter Rudolf Borchardt.

Seine politische Stellung war selbst mir von Anfang an problematisch. Er war ein ganz extremer deutscher Nationalist. Dagegen war mir seine dichterische Begabung von Anfang an klar.[2]

Und der zweite prägende Eindruck, vom Beginn des Krieges ab 1914, war Karl Kraus, der Herausgeber der »Fackel«. Eine der selbständigsten, öffentlichen Figuren, die es damals in Deutschland und vielleicht sogar in Europa gegeben hat – der vom ersten Tage des Krieges an »Nein« sagte.

Der junge Werner Kraft gerät zwischen zwei Feuer: Seine beiden literarischen Idole entwickeln gegensätzliche Wertvorstellungen.

W. K.: Kraus hat Borchardt literarisch gering geschätzt, und Borchardt hat Kraus einfach verachtet. Da gibt es aber Zwischentöne, die trotz allem von einem gewissen Respekt wider Willen des einen zu dem anderen und des anderen zu dem einen Zeugnis ablegen.

Werner Kraft notierte über diese Zeit:

Alles zerrte an mir: Borchardt mit seiner Kriegsbegeisterung, Karl Kraus mit seiner radikalen Absage an den Krieg, Stefan George, der in seinem Gedicht ›Der Krieg‹ gleichzeitig dafür und dagegen war, und Theodor Lessing, der mir seine Haßgedichte vorlas gegen die deutschen Intellektuellen, die sich dem Krieg verschrieben hatten, vor allem gegen Thomas Mann.[3]

*

Den Ausbruch des Weltkrieges (1914) erlebt der Achtzehnjährige zunächst als Zuschauer; aber die feldgrauen Truppen, der Troß und die Kanonen, die plötzlich das Stadtbild Hannovers beherrschen, machen ihm Angst. Sein sensibles Gespür und seine Phantasie lassen ihn bereits die Flammenschrift lesen, während die Menschen noch nichtsahnend mit Hurra-Rufen den ausrückenden Soldaten zu jubeln. Der Gymnasiast beginnt eine Lehre bei der Dresdner Bank in Hanover:

Man saß auf hohen Drehstühlen vor ungeheuren Kontobüchern, in die unendliche Zahlen einzutragen waren [...]. Am traurigsten war das Ende des Monats, wenn in den riesigen Zahlenkolonnen Fehler auftauchten, die sich dann Seiten über Seiten fortsetzten, Bandwürmer nannte man sie [...].[4]

Der Jüngling rebelliert, bricht die Lehre ab und geht als Student nach Berlin. Die Stadt erweist sich als Metropole. Anfang 1915 ist von der Not des Steckrübenwinters noch nichts zu spüren. Der Krieg findet in den Zeitungen statt. Werner Kraft saugt das Füllhorn von Universität und Stadt in sich auf: bildungshungrig, lebenslustig. Er sitzt im Rundsaal der Preußischen Staatsbibliothek und gräbt sich ein in die Welt der Bücher: Forscht in den germanistischen Seminaren nach der Interpunktion in Gotthold Ephraim Lessings Dramen und diskutiert mit Studenten, Professoren oder Künstlern.

In diesem Kreis begegnet er Gerhard Scholem – damals noch Student, später Professor für jüdische Mystik an der Hebräischen Universität in Jerusalem. Sie werden Freunde. Es entsteht ein jahrelanger Briefwechsel. Werner Kraft gibt diese Korrespondenz später als Buch heraus, veröffentlicht darin allerdings nur die Briefe Scholems.

W. K.: Weil ich im Vergleich zu Scholem geistig unvergleichlich weniger entwickelt war als er, der sogar jünger war, ein Jahr jünger war als ich; und es hätte nach meiner Meinung keinen Sinn gehabt, diese Briefe, meine Briefe, als Ganzes zu veröffentlichen.

Und noch ein weiterer Mensch tritt in sein Leben: Walter Benjamin, der kritische Denker und Geschichtsphilosoph – der fünfundzwanzig Jahre später, auf der Flucht vor den Nazis, sich selbst das Leben nahm.

Sehr schnell übt er einen großen Einfluss auf den knapp vier Jahre Jüngeren aus, dessen wache Intelligenz die Welt zu durchdringen sucht. Die Bindung der beiden jungen Männer gestaltet sich zunächst sehr eng. Benjamin vertraut Werner Kraft seine gesamten Manuskripte an, die er über den Krieg hin hüten sollte.

In Berlin setzt Kraft zu einem geistigen Höhenflug an, aber jäh stoppt ihn der Krieg, und was als Flügelschlag beginnt, endet in einer orientierungslosen Flatterbewegung. Im September 1915 wird er Soldat:

... das war nun das neue Leben, marschieren, schießen, schrubben, Gewehrreinigen, systematisch müde werden ...[5]

Er findet keinen Zugang zu dieser, seinem Wesen so fremden Welt. Er gilt mit seiner körperlich schwachen Konstitution als militärisch unmöglich. Und zur Repräsentanz ist er schon gar nicht zu gebrauchen – nachdem er mit Säbel und Helm Meldung gemacht hat und dabei vor den versammelten Offizieren ausgerutscht ist. Er wird abgeschoben: als Krankenwärter an ein Lazarett für Kriegshysteriker in der Irrenanstalt Ilten bei Hannover. Dieser Ort wird eine düstere Hölle für ihn: umgeben von menschlichen Wracks und brutalen medizinischen Gewaltanwendungen. Er bedarf aller Energie, um nicht selber verrückt zu werden.

Er überlebt mit Versen von Hölderlin. Und dichtet eigene Strophen:

Sich so durchs Leben lügen
Und so die wahre Welt
Entstellen mit den Zügen,
Die mir das Nichts entstellt –
Ich stehe meinem Heile
Im Wege, den die Not
Nicht weiß in dieser Weile
Des Windhauchs vor dem Tod
[...][6]

W. K.: Das ist aus einem meiner frühesten Gedichte.

Vor allem aber sucht er Kontakt nach draußen: Theodor Lessing besucht ihn in Ilten, und der Rekrut schreibt Briefe an Dichter und an Philosophen. Er will Großes bewirken für die Literatur: Er fühlt sich berufen und entwickelt ein unbändiges Sendungsbewusstsein. An den achtzehn Jahre älteren Martin Buber, der damals die Zeitschrift »Der Jude« herausgibt, schreibt er:

Meine Herzensnot ist so groß, daß ich Ihnen gern mehr von mir sagen möchte [...]. Einen solchen Menschen brauche und suche ich; denn ärmer stand noch nie einer am Weg, der Großes will [...].[7]

Zunächst kommt es zu Irritationen zwischen den beiden, weil Werner Kraft Martin Buber angreift und ihm vorwirft, dass der Lyriker Franz Werfel in Bubers Zeitschrift veröffentliche, Karl Kraus und Rudolf Borchardt dagegen nicht. Bubers Antwort:

Was Sie gegen Werfel auf dem Herzen haben, verstehe ich recht gut, aber alles, was Sie anführen, läßt sich meinem Wissen um ihn nach darauf zurückführen, daß er zuweilen Gedichte schreibt, wie Sie zuweilen Briefe schreiben: aus Verzweiflung [...]. Heute will ich Ihnen nur noch sagen, daß ich stets gern bereit bin, Sie anzuhören. Sie aber sollten sich zunächst befragen, ob das, woran Sie leiden, nicht in Ihnen selbst liegt.[8]

*

Besonders ist es die Freundschaft zu Walter Benjamin und Gerhard Scholem, die Werner Kraft immer wieder Mut gibt – die ihn die Plagen seiner Lebensumstände und seine inneren Zweifel überstehen lässt. Die Freunde schreiben einander, diskutieren, philsophieren über Religion und Dichtung, über Mathematik und Mystik, und sie sind auf der Suche nach dem eigenen Standort in dieser aus den Fugen geratenen Welt.

Die frühen Briefe zwischen Walter Benjamin und Werner Kraft, geschrieben in den Jahren zwischen 1915 und 1921, wollte Benjamin zeitweilig als Grundlage für eine Serie von »Briefen zur neuesten Literatur« verwenden. Durch tragische Umstände jedoch ging die Korrespondenz verloren. Über Benjamins Briefe aus dieser Zeit sagt Werner Kraft:

> *Um meinem Denken eine eigene Richtung zu geben, schlug er mir eine Arbeit über die »Elektra« des Sophokles und Shakespeares »Hamlet« vor. Er empfahl mir zur Lektüre Calderons »Standhaften Prinzen« […], Molières »Don Juan« und die lateinischen Briefe des Petrarca […]. Auch über Robert Walser schrieb er, von dem ich (unter Bleis Einfluß) alles gelesen hatte, aber mehr das Kuriose aufnahm als das Tiefe […].*[9]

Ilten allerdings ist nicht der Ort, um in die Tiefe zu gehen. Ilten, wo ständig eine Szenerie der Gewalt und der menschlichen Tragik den sensiblen Werner Kraft seelisch erschüttert und körperlich erschöpft. Zu allem Unglück erreicht ihn dort die Nachricht vom Tode seines geliebten Bruders Fritz, der als deutscher Kriegsfreiwilliger in Palästina gefallen ist. Gerhard Scholem schreibt dem Freund dazu:

> […] und wenn man den Wahnsinn bedenkt, daß das gerade in Palästina geschehen mußte, so kann man nur verstummen […].[10]

Von Ilten aus besucht Werner Kraft dann auch den Dichter Rudolf Borchardt im Generalstab in Berlin:

> *Mein Eindruck war tief: eine zusammengefaßte mittelgroße Gestalt, schwarze Haare, volltönende Stimme, große, nicht zu beschreibende Augen. Energie und Trotz beherrschten das ganze Gesicht. Wir verließen das große Haus. Im Vorbeigehen zeigte er gelassen auf den Namen an einer Tür: Ludendorff! […] Wir gingen durch den Tiergarten […]. Er sagte mystisch großartige und schreckliche Dinge über den Krieg. Er sagte, er habe die Zwangsidee, Erzberger zu ermorden. Diese Art des Redens fing also damals an, und Erzberger w u r d e ermordet […].*[11]

Werner Krafts Beziehung zu Rudolf Borchardt ist gespalten:

W. K.: Seine frühen Gedichte haben eben umwerfend auf mich gewirkt.

Anders dagegen wirkt Borchardts politische Einstellung auf Werner Kraft:

W. K.: Sie hat mich zwar damals, als ich noch sehr jung war und relativ urteilslos und vielem zugänglich, auch stark beeinflußt; aber ich habe sehr bald erkannt, daß sie nicht haltbar ist.

Werner Kraft übersteht den Krieg. – Nach dem Tod seines Bruders bleibt ihm nur noch sein Vetter Paul Kraft, ein expressionistischer Lyriker.

W. K.: Und nach einigen Jahren brach eine Tuberkulose aus, an der er gestorben ist. Und ich hielt ihn damals – und halte ihn noch – für einen hochbegabten Dichter, der durch die Zeit zerstört wurde. Das zeigt sich auch noch an einem tragikomischen Faktum: Er hat ein kleines Buch gedichtet, in der Sammlung »Der jüngste Tag« herausgegeben, und zwar dank dem damals berühmten Kritiker Franz Blei. Dann hat er ein größeres Gedicht-Manuskript geschrieben, an den Verlag S. Fischer geschickt, und der Verlag S. Fischer, mit Moritz Heimann als entscheidendem Redakteur, hat das Buch angenommen. Und wir waren sehr jung, und waren sehr dumm: Er brauchte nur den Vertrag zu unterschreiben, und in dem Vertrag war eine Klausel, daß er seine nächsten drei Werke dem Verlag zeigen mußte – daß sie das Vorrecht hatten. Und da kam er auf den Gedanken, ob das nicht zu viel sei von dem Verlag, und ob er nicht anfragen sollte, ob das nicht zu mindern wäre. Und ich war der gleiche Idiot wie er, und habe gesagt: ja! Und er hat in diesem Sinne eine Anfrage an Moritz Heimann gerichtet. Und: erhielt das Manuskript prompt zurück!

1919 lernt Werner Kraft Erna Halle kennen, seine spätere Frau.

E. K.: Ja, ich hatte Kraus schon einmal gehört, und er hatte mir großen Eindruck gemacht. Und dann wurde mir gesagt: Es gibt einen Menschen, der ganz in Kraus lebt und alles von Kraus kennt, und daraufhin habe ich versucht, ihn auch kennenzulernen, diesen Menschen.

Beide studieren fortan gemeinsam.

E. K.: In Freiburg. Ich studierte eigentlich alte Sprachen. Ich war auf einem humanistischen Mädchengymnasium gewesen. Dann aber haben wir unter dem großen Eindruck von Husserl hauptsächlich dessen Kolleg gehört, und immer zusammen ausgearbeitet. Und das Buch über Kraus, kann ich sagen – daran habe ich wirklich sehr viel mitgeschrieben.

Das junge Paar lebt karg. Geld und Nahrung sind knapp. Aber Werner Kraft saugt die Philosophie Edmund Husserls in sich auf: Sie wird sein neues Brot, und eine andere Welt als die der Poesie tut sich auf – führt aber, über geläutertes Denken, zu ihr zurück.

In Freiburg beginnt er systematisch zu schreiben und zu dichten. Nur ist alles noch vorläufig, nachahmend, zu stark orientiert an seinen literarischen Vorbildern. Seltsam fremd bleibt ihm dabei der Dadaismus der Zwanziger Jahre.

1922: Heirat. Inflation.

Werner Kraft muß sich nach einem Brotberuf umsehen. Die Familie kann nicht helfen: Sein Vater ist bereits 1916 gestorben. Die Mutter stirbt 1922.

Mein Schwiegervater Caspar Halle war Richter. Als liberaler deutscher Jude hatte er es abgelehnt, sich taufen zu lassen, um einer großen Laufbahn gewiß zu sein. In der Inflation lebte er von seiner Pension, ohne dem Schwarzen Markt die kleinste Konzession zu machen.[12]

Werner Kraft bricht sein Studium ab und besucht die Bibliothekarsschule in Berlin. Die Arbeit dort macht ihm Spaß. Und so findet er nach Abschluss der Schule eine Anstellung als Bibliotheks-Sekretär an der Deutschen Bücherei in Leipzig:

Ich sah den täglichen Bucheingang durch und stieß auf Vieles, was sonst an keiner Stelle zu sehen war. Die Literatur hat nicht nur ein oberes Prachtstockwerk, sondern auch einen Keller, in dem manches wuselt und plötzlich nach oben dringt, auch Dinge, denen der Kellergeruch noch anhaftet.[13]

Krafts forschender Geist gibt keine Ruhe. Zuhause sitzt er, begleitet vom Kindergeschrei seines Sohnes, über seiner Doktorarbeit und promoviert 1925 mit einer motivgeschichtlichen Arbeit über die »Päpstin Johanna in der deutschen Literatur«. Nach Stationen in Halle und Italien kommt er 1927 in seine Heimatstadt Hannover zurück und arbeitet dort als Bibliotheksrat an der Landesbibliothek:

In meinem Amt war man kollegial, dennoch war die Distanz immer fühlbar, besonders am Stammtisch, wo sich Bibliothekare, Archivare, Museumsdirektoren einmal im Monat trafen, zu Bier und Politik und zu Witzen, die eher weinen machten als lachen […]. Es wuchs so lautlos wie schreiend.[14]

1931 stößt Werner Kraft auf Gedichte von Wilhelm Lehmann. Briefe gehen hin und her. Eine Freundschaft entsteht, die, ungebrochen von den schrecklichen Zeiten, über dreißig Jahre hinweg bestehen bleibt, bis zu Lehmanns Tod:

Ich glaubte eine neue, eine unverwechselbare Stimme zu hören.[…] Die keusche Schönheit der Sprache war es, die mich ergriff […]. Vor allem das einzig schöne Gedicht »An meinen Sohn« […]. Der Dichter hat dieses Gedicht wundersam in den »Überläufer« verwoben, diesen erstaunlichen Roman gegen den Krieg […]. Ich ging mit dem Gedanken um, bestimmte Kreise in Hannover für einen Vortragsabend zu interessieren. Er war einverstanden, in seinem Brief stand aber auch der Satz: »Schreiben Sie mir bitte, falls es Ihnen gelingt, mehr Menschen als sich selber für diesen Abend zu interessieren.« – Und so war es! Es wurde nichts aus diesem Plan. […] Wilhelm Lehmann besuchte mich in Hannover […], wir gingen durch die Eilenriede, wir gingen durch die Straßen und Anlagen der Stadt, und diese »fahlste unserer Städte«, wie George mit Unrecht sagt, blühte auf unter seinen Augen.[15]

In Hannover entstehen erste Teile zu einer Monographie über Karl Kraus und Stefan George:

W. K.: Das Verhältnis von Karl Kraus zu Stefan George war variierend. Es gibt Äußerungen von relativer Schätzung, die aber im Laufe der Zeit übergingen in absolute Ablehnung; und das hatte seinen Grund darin, daß er die Übersetzungen von Shakespeares Sonetten von Stefan George kennenlernte und sie total verwarf. Und es gibt nach seinem Tode Fragmente, oder Fetzen sozusagen, einer beabsichtigten Schrift, in der er Stefan George so ähnlich darstellen wollte wie Heine in der berühmten Schrift »Heine und die Folgen«. Aber davon ist nichts ausgeführt.

Karl Kraus war ein vollkommener Fanatiker, was seine Auffassung von Shakespeare und Shakespeares Sonetten anging; wobei man sogar bemerken muß, daß er nicht einmal Englisch konnte und darauf nicht den geringsten Wert legte. Sein Eindruck war vollkommen bestimmt durch das deutsche Erlebnis Shakespeares, und das genügte ihm, um die Sonette von Stefan George abzulehnen.

*

Werner Kraft erhält als Jude Berufsverbot. Schon 1933 verlässt er Deutschland gemeinsam mit Frau und Tochter Richtung Paris. Das Ziel aber ist: Jerusalem. Sein Sohn Paul wurde bereits vorausgeschickt. Gerhard Scholem, der den Jungen in Palästina trifft, schreibt über diese Begegnung an Walter Benjamin:

> Ich sehe mitunter seinen kleinen Sohn, der in einem halben Jahr aus einem Hannoveraner ein sehr netter Hebräer geworden ist. Er spricht mit erstaunlicher Leichtigkeit und Auffassung Hebräisch – ich muß selbst lachen, wenn ich mit dem Sohn eines Rudolf-Borchardt-Anhängers Hebräisch [...] reden muß, da das Kind einen ganz heftigen Widerwillen bekundet, Deutsch zu sprechen! Das muß Kraft passieren![16]

In Paris kommt es zu einem Wiedersehen von Werner Kraft und Walter Benjamin. Die Jugendfreundschaft war in den Zwanziger Jahren abgekühlt, auch, weil Benjamin versucht hatte, ihn von seinen literarischen Vorbildern Borchardt und Karl Kraus abzubringen. Und wieder ist es die deutsche Literatur, die beide aufs Neue zusammenbringt. Werner Kraft trägt im Fluchtgepäck den Entwurf zu einer Monographie über den Sprachkritiker Carl Gustav Jochmann, einen Zeitgenossen Goethes. Benjamin erfährt davon – und seine späteren Schriften zur Stellung Jochmanns zwischen Spätaufklärung und Vormärz beruhen auf diesen Quellen. Doch noch andere literarische Fundgruben erschließt Werner Kraft seinem Freund:

> *Ich zeigte Benjamin mein Kafka-Manuskript in seiner frühesten Fassung. Besonders die Deutungen von »Der neue Advokat« und »Ein Brudermord« machten so starken Eindruck auf ihn, daß er in seinem eigenen Kafka-Aufsatz auf beide eingegangen ist. Auch aus meinem ungedruckten Aufsatz über Kafkas Testament hat einiges bei ihm nachgewirkt.*[17]

In Paris erwägen beide, ob Walter Benjamin ebenfalls nach Palästina gehen sollte:

W. K.: Er spielte mit dem Gedanken. Aber es war ihm niemals ernst. Er war an seine Existenz in Paris als Schriftsteller gebunden, und im Grunde war ja sein – nur in Trümmern erhaltenes – Werk »Paris als Hauptstadt des 19. Jahrhunderts« sein Hauptwerk, das er überhaupt nur in Paris schreiben

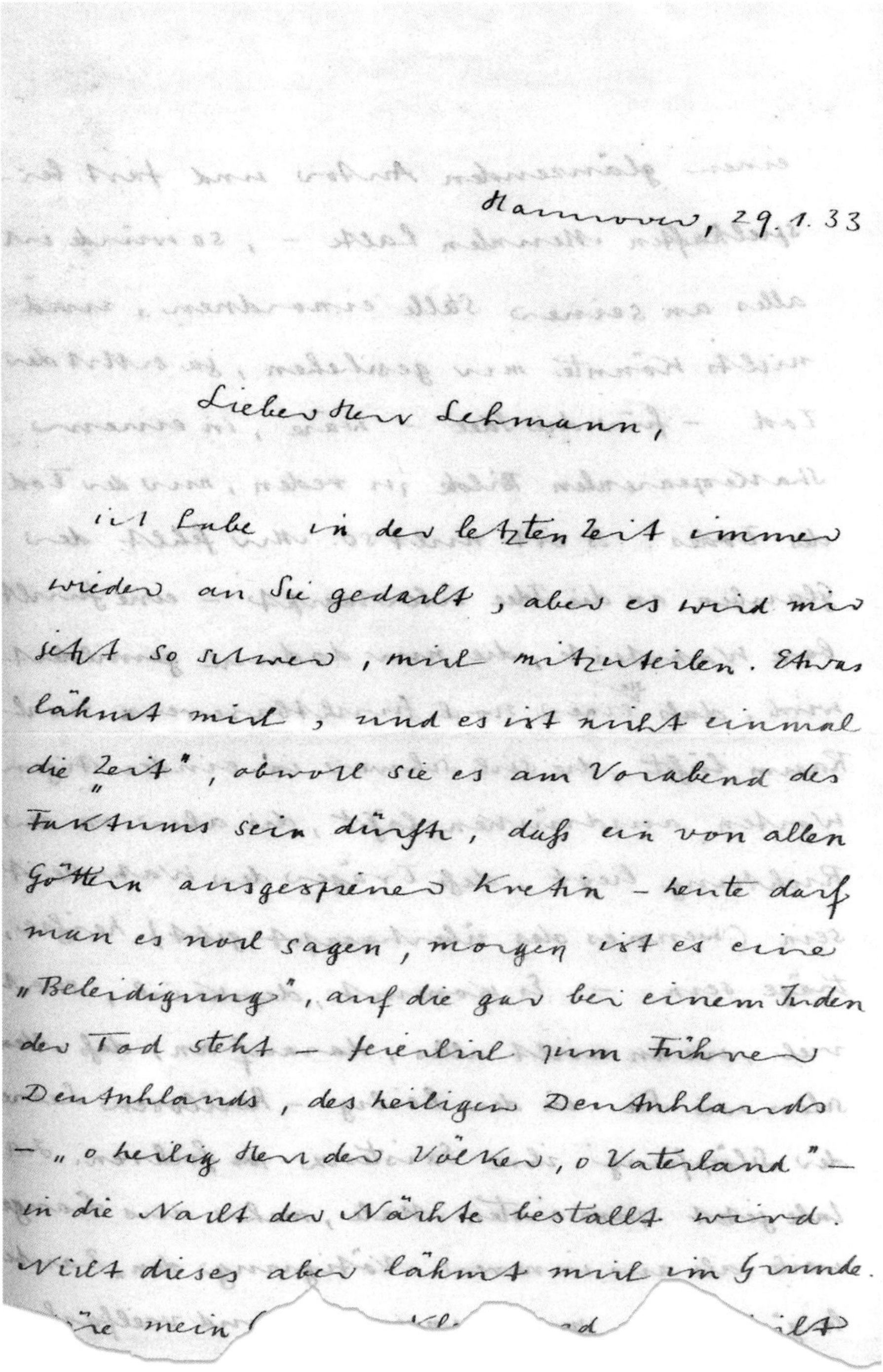

Hannover, 29.1.33

Lieber Herr Lehmann,

ich habe in der letzten Zeit immer wieder an Sie gedacht, aber es wird mir jetzt so schwer, mich mitzuteilen. Etwas lähmt mich, und es ist nicht einmal die „Zeit", obwohl sie es am Vorabend des Faktums sein dürfte, daß ein von allen Göttern ausgespieener Kretin – heute darf man es noch sagen, morgen ist es eine „Beleidigung", auf die gar bei einem Juden der Tod steht – feierlich zum Führer Deutschlands, des heiligen Deutschlands – „o heilig Herz der Völker, o Vaterland" – in die Nacht der Nächte bestallt wird. Nicht dieses aber lähmt mich im Grunde.

Auszug aus einem Brief an Wilhelm Lehmann.

konnte. Und aus diesem Grunde ist er in Paris geblieben, was leider auch zu seinem Verhängnis geführt hat. Wäre er nach Israel gekommen, wozu ihm sein einflußreicher Freund Gerhard Scholem jede Möglichkeit gegeben hat, dann würde er unter Umständen heute noch leben.

Die Freunde sehen sich fast täglich in der Bibliothèque Nationale, wo Werner Kraft seine Arbeit über Hugo von Hofmannsthal vorantreibt. Oder sie diskutieren in Benjamins Wohnung:

Es war wieder im Gespräch zu dreien [...]. Er sprach im Zusammenhang mit Brecht über Ästhetik, als plötzlich dieser Dritte, der überraschend gekommen war, ein Kommunist, ihn schneidend unterbrach: »Finden Sie nicht auch, daß Brecht nur darum ein großer Dichter ist, weil es in unserem Interesse liegt [...]? Er bejahte die Frage. Das befremdete mich so stark, daß ich vorzeitig unter einem Vorwand ging, obwohl Benjamin hinter seinem Unrecht auch Recht hatte, denn es ging um das Problem, ob das ästhetische Urteil über ein Kunstwerk philosophisch stringent zu begründen sei [...].[18]

Kraft spürt hier in Paris, dass Walter Benjamin, der zwar von Marx beeinflusst ist, stark aus einem jüdisch-messianischen Geschichtsbegriff schöpft. Dennoch:

W. K.: Er war kein Gegner des Zionismus, aber ein wirklich überzeugter Zionist war er nie. Dagegen war er weitgehend ein überzeugter, wenn auch nicht absoluter Anhänger des Kommunismus als Idee und auch als Praxis.

Bertolt Brecht dagegen notierte zur gleichen Zeit über Walter Benjamins Baudelaire-Arbeit: »alles mystik, bei einer haltung gegen mystik. in solcher form wird die materialistische geschichtsauffassung adaptiert! es ist ziemlich grauenhaft.«[19]

W. K.: Brecht hatte einen großen Eindruck von Benjamin, aber im Grunde hat er ihn nie verstanden. Er konnte ihn nicht verstehen. Er hat ihn hoch geachtet, aber das war eine andere Welt, die ihm verschlossen war.

Von Jerusalem aus schreibt Werner Kraft an Walter Benjamin:

Ich habe jetzt Ihren Kafka-Aufsatz [...] mit Aufmerksamkeit gelesen [...]. Mein Gesamteindruck ist bedeutend. Dies ist sicherlich ein in sich geschlossene Versuch der Erklärung, der nicht widerlegt wird durch den Nachweis, daß Einzelnes »falsch« sei, oder anders gesehen werden müsse [...], fast möchte ich sagen, daß die leitenden Ideen n o c h klarer entwickelt werden müßten. [...] Gerade Brecht, in dessen Nachbarschaft Sie doch im Augenblick nicht nur zufällig wohnen, müßte Ihnen [...] die Verständlichkeit in einem neuen Licht zeigen. Mir wenigstens würde es als sehr reizvoll erscheinen, den Aufsatz noch einmal als nüchternen Lehrvortrag [...] zu schreiben.[20]

Walter Benjamin antwortet darauf:

> [...] bemerkenswert war mir, wie trefflich Sie die Opposition erraten haben, die von Brechts Seite gegen diese Studie zu erwarten war, wenn Sie auch von deren zeitweiliger Heftigkeit kaum eine Vorstellung haben [...]. In der Tat kann man die Form meiner Arbeit als problematisch empfinden. Aber eine andere gab es für mich in dem Falle nicht [...]. Je mehr freilich meine Arbeit sich dem lehrenden Vortrag nähern würde [...], desto deutlicher werden in ihr Motive zutage treten, mit denen Sie sich wahrscheinlich weit schwerer befreunden werden als mit ihrer derzeitigen Form. Ich denke vor allem an das Motiv des Gescheitertseins von Kafka [...].[21]

Der Briefwechsel und die Begegnung in Paris können die alte Freundschaft auf Dauer nicht neu beleben. Es kommt zum Bruch – vor allem wegen des Streites um die Entdeckung des Sprachkritikers Carl Gustav Jochmann, für die sowohl Werner Kraft als auch Walter Benjamin das Erstlingsrecht beanspruchen.

W. K.: Ich meine, durch Benjamins furchtbares Schicksal sind auch für mich alle diese Spannungen heute vollkommen versunken. Mein positiver Gesamteindruck zu dem außerordentlichen Denker Walter Benjamin wird dadurch nicht mehr verdunkelt.

Erschüttert vom Tod seines Gefährten schreibt Werner Kraft ein Gedicht:

Grab in Spanien

(Walter Benjamin)

Ich sehe dich, den Sorgsamen, den Klugen
Von strengem Werke jäh zu Staub zerfallen.
Um deine Ruhstatt ist ein Wolkenballen,
Und Lenz, wo Herzens Schläge dich erschlugen.
Du rissest Hoffnung aus des Schandbaus Fugen
Kraft junger Satzung, leise und metallen,
In eine Welt von Quälern und von Quallen –
Was bleibt uns nun als noch ein letztes Lugen
Der Seele nach der Wiederkehr des Gleichen? –
Nimm drum den Spruch in deines Staubes Ohren:
Ich weiß es nicht, warum du mußtest weichen.
Hier oder dort im Zug der holdern Horen
Wir finden uns, o glaub es deinem Feinde,
Die Opfer als die Stifter der Gemeinde.[22]

*

Werner Kraft lebt fortan in Palästina, und arbeitet auch dort in seinem Brotberuf. – Erst jetzt geht die literarische Saat auf, deren Boden in Deutschland bereitet wurde. Die großen Monographien über Karl Kraus, Rudolf Borchardt, Carl Gustav Jochmann werden vollendet, dazu Arbeiten über Hölderlin, Seume, Heine, George, Kafka und Hofmannsthal.

Die Stärke der Erzväter lag in ihrer Fähigkeit, in die Wüste zu gehen und nachzudenken. Werner Kraft tut es den Propheten gleich: Abseits von dem Inferno, das Deutschland erschüttert, dringt er ein in die deutsche Geistesgeschichte, und was er an literarischen Schätzen rettet, liest sich, als seien es Mythen einer verlorengegangenen Welt, deren Botschaften aber noch gegenwärtig und gültig sind. Und ihm – als jüdischem Schriftsteller – wird die Paradoxie bewusst, dass seine Dichtung an die deutsche Sprache gebunden ist.

Nach dem Zweiten Weltkrieg forderte Walter von Molo in einem Offenen Brief Thomas Mann auf, nach Deutschland zurückzukehren. Damals stritten viele Emigranten über das Für und Wider einer Heimkehr. Werner Kraft bleibt in Jerusalem, tausende Kilometer entfernt von seinen deutschen Lesern.

W. K.: Ich habe an keiner Diskussion dieser Art teilgenommen. Das war für mich eine völlig natürliche Entscheidung, wenn ich daran dachte, daß meine Kinder hier aufgewachsen sind und auf natürliche Weise eine israelisch-hebräische Existenz geführt haben. Und mein Sohn hat es sogar zum Botschafter gebracht; und meine Tochter hat Zeit ihres Lebens in einem Kibbuz gelebt – und lebt dort noch.

In Jerusalem beginnt Werner Kraft erneut einen Dialog mit Martin Buber, der, ebenfalls aus Deutschland vertrieben, inzwischen als Professor für Sozialphilosophie an der Hebräischen Universität lehrt. Diesmal begegnen sich zwei geistig ebenbürtige Männer. Werner Kraft, der universal gebildete *homme de lettre*, und Buber, dieser der Bibel entstiegene humanistische Visionär:

Ich wollte für mich selbst das Wesentliche meiner Gespräche mit Martin Buber festhalten, seien es einzelne Äußerungen, die mir wichtig waren, sei es ein vollständiges Gespräch. Das Buch der Gespräche Goethes mit Eckermann ist darum einzigartig, weil Eckermann ein ergreifend sich selbst auslöschender Empfänger und Bewahrer des großen Wortes war. Goethe trat nicht in die Gegenseitigkeit des Gesprächs ein, Buber tat es, es war ihm selbstverständlich. Ich spielte in diesen Unterhaltungen mit, ich kann mich nicht aus ihnen zurücknehmen.[23]

Buber sah Werner Krafts Roman »Der Wirrwarr« kritisch, ja, ablehnend. Aber seine Wertschätzung von Krafts literarischer Kompetenz war so groß, dass er ihm sein eigenes Mysterienspiel »Elija« zur Kritik anvertraute. Werner Kraft:

Ich habe Ihr Mysterienspiel zweimal aufmerksam gelesen, und ich muß Ihnen sagen, daß ich weder Ja noch Nein sagen kann. Mein Eindruck ist der, daß Sie Großes sagen – daran habe ich keinen Zweifel – aber nicht groß genug, und ich glaube, es kommt daher, daß, wo Sie sich nicht an die Bibel halten, wie etwa in dem Schluß, Sie Ihre Sprache nicht frei genug strömen lassen. Sie wollen an einem Beispiel zeigen, was das ist, ein Prophet, w e r das ist. Es ist Ihnen gelungen, aber auf Kosten der Sprache […].[24]

Martin Bubers Antwort:

> Sie haben meine Bitte genau erfüllt und sind dabei sogar in die Tiefe gestiegen [...]. Das Urteil, zu dem Sie gelangt sind, entspricht meinem eigenen Grundgefühl, und dieses so bestätigt zu bekommen, ist eben das, was ich brauchte [...]. [25]

Die Begegnungen werden häufiger. Meistens ist es der jüngere Werner Kraft, der Buber aufsucht. Und fast immer kreisen ihre Gespräche um Fragen der Theologie, der Philosophie, vor allem der Literatur. Politische Ereignisse werden, wenn überhaupt, nur am Rande angesprochen:

W. K.: Ja, denn ich wollte nicht zu viel von Politik sprechen, da es mir schon damals deutlich war, daß die Gedanken über Politik, so ernst sie zwar in jedem Augenblick waren, doch an der notwendigen Klarheit zu wünschen übrig ließen und eigentlich in einem tieferen Sinne bei einem solchen Gesprächspartner wie Martin Buber im Grunde unfruchtbar waren. Und ich habe es daher vorgezogen, und auch er hat es natürlich vorgezogen, unsere Gespräche auf literarische Dinge zu beschränken.

Dagegen besinne ich mich auf ein politisches Gespräch, das vielleicht sogar interessant ist zu erwähnen. Es handelt sich darum, daß das Gespräch auf »Demokratie« kam. Und da drückte sich Buber, zu meinem größten Erstaunen, sehr zweifelhaft über den Wahrheitsanspruch der Demokratie aus. Und da sagte ich: Die Demokratie als Staatsform scheint mir so zu sein wie bei einer abgesetzten Regierung, die, weil sie nicht die Mehrheit hat, provisorisch die Arbeit fortsetzt, bis eine neue Regierung gebildet wird. Und diese fortgesetzte Regierung – das kann man eigentlich als das Wesen der Demokratie bezeichnen, solange es nicht etwas Neues im Sinne der neuen Regierung gibt. – Und da hob Buber die Hand, was er manchmal tat; und ich dachte, er wolle mich tadeln; und er sagte: Darf ich Sie zu dieser Idee beglückwünschen? Und das war für mich, sozusagen, ein großer Erfolg!

Auf der Flucht vor Hitler trifft im Jahr 1937 die Lyrikerin Else Lasker-Schüler in Jerusalem ein.

W. K.: Ich habe den dichterischen Nachlaß von Else Lasker-Schüler herausgegeben. – Auf jeden Fall würde ich hier in aller Kürze sagen, daß Else Lasker-Schüler ein vollkommen dichterisch phantastisches Wesen war, und zugleich nicht ohne – überraschende – Zeichen von Vernunft. Sie war nicht so, wie sie im allgemeinen aufgefaßt wird: daß man sie als eine Kuriosität betrachtet; sondern ihr Leben in all ihrer Unbegreiflichkeit war in einem tieferen Sinne sinnvoll. Und sie hat es bis zum letzten Atemzuge in ihrer dichterischen Vollexistenz ausgelebt. Das ist ja schon daran zu erkennen, da sie hier, in ihrem sozusagen hohen Alter, noch einmal in totaler Liebe zu einem Menschen entbrannt ist. Sie sagte einmal zu mir: Wissen Sie, lieber hätte ich mich in *Sie* verliebt! Also, das war, nach bürgerlichen Begriffen, eine Frechtheit; aber nach *ihren* Begriffen ein überzeugender Ausdruck der Unbedingtheit ihrer Liebe.

Werner Kraft wird ihr Schutzengel. Sie weint sich bei ihm aus, holt sich bei ihm Trost. Und er weiß auch, warum ihr Geburtsjahr im Dunkel liegt...

W. K.: Also das hängt damit zusammen, daß sie bewußt über ihr Alter die Unwahrheit gesagt hat. Und darüber kann ich Ihnen eine interessante Geschichte erzählen. Wie Sie wissen, gab sie in Jerusalem Vortragsabende, wo sie nicht nur selbst vorlas, sondern auch andere vorlesen ließ – Dichter in deutscher Sprache. Und also, zum Beispiel, auch mich. Und da ist eines Tages folgendes geschehen: Bei einem solchen Abend kamen wir, meine Frau und ich, sehr früh. Da war noch kein Publikum da, sondern nur sie selbst. Plötzlich tritt eine ältere Dame herein, mit einem Buch unterm Arm, und geht strahlend auf Else Lasker-Schüler zu, um ihr dieses Buch zu zeigen. Und sie sieht das Buch und sagt: Wenn Sie heute abend meine Vorlesung hören, dann werde ich nicht lesen! Darauf zog die Dame tief beleidigt ab. Und was war es? Der Sorge! Der Literaturhistoriker Sorge – mit einem Aufsatz über sie. Und voran stand ihr Bild: mit ihrem Geburtsdatum!

*

Erst nach dem Zweiten Weltkrieg erreicht Werner Krafts literarische Botschaft Deutschland. Er wird eingeladen, unternimmt Vortragsreisen, liest seine Gedichte, stellt seine großen Monographien vor, gibt mit seinen sprachkritischen Schriften der Germanistik neue Impulse. Und nicht zuletzt sichert er durch Herausgaben vergessene und von ihm neu entdeckte Gedichte Heinrich Heines und Ludwig Strauß'.

Werner Krafts Bücher erscheinen in Frankfurt/M, in Salzburg, in München, Heidelberg und Wien. Er ist inzwischen siebzig Jahre alt, als sich die öffentlichen Ehrungen einstellen:

1966: Literaturpreis der Bayerischen Akademie der Schönen Künste
1971: Sigmund-Freud-Preis der Deutschen Akademie für Sprache und Dichtung in Darmstadt
1973: Ehrendoktor der Universität Freiburg
1990: Niedersächsisches Künstlerstipendium für Literatur.

Auf einer seiner ersten Europa-Reisen nach dem Zweiten Weltkrieg besucht er in Paris Julian Green, über den er schreibt und dessen Werk »Christine« er ins Deutsche übersetzt. Und Werner Kraft knüpft neue Verbindungen – vor allem zu Theodor W. Adorno, mit dem er in einen Dialog eintritt:

Adorno spricht heftig gegen Buber und für Beckett. Ich spreche für Buber und von meinem Mißtrauen gegen alle Literatur der Verzweiflung, er gegen alles Affirmative. Auch seien Becketts Schriften nicht Ausdruck der Verzweiflung, sondern Ausdruck von negativer Mystik. Ich sage, der Schmutz sei gigantisch, das beweise aber nichts. Er nennt das reinste Kraus-Orthodoxie, es sei heute nicht mehr haltbar. Vielleicht doch, und in diesem »Vielleicht« steckt der Halt.[26]

Werner Kraft (sitzend) und Tuvia Rübner in den 50er Jahren. Foto: © Werner-Kraft-Archiv/WKA).

In Deutschland trifft Werner Kraft auch alte Freunde wieder: Er besucht Wilhelm Lehmann in Eckernförde und Wilhelm Kütemeyer in Heidelberg. Viele ihm nahestehende Menschen aber sind verschollen. Und er sucht die Orte seiner Jugend – etwa die kleine Wohnung in der Fritschestraße von Charlottenburg:

Was mich da herauftrieb, vermag ich kaum zu sagen. Ich klingelte, und eine Frau öffnete mir. Ich erklärte, wer ich war und woher ich kam und was ich wollte: nur einmal einen Blick in die Wohnung werfen und vom Balkon herabblicken. Das war sinnlos, sie lehnte ängstlich ab [...]. Ich ging.[27]
Oder ich stand auf dem jüdischen Friedhof in Hannover an der Strangriede, wo meine Eltern begraben sind. Er ist eng und häßlich, von Häusern eingefaßt, aber durch Erinnerung geweiht. Die Grabsteine, weg. Die meiner Großeltern standen.[28]

*

Zu spät
Es liegt auf der Zunge
Das Wort mir
Im Sand.

Immer auch war Werner Kraft ein Lyriker, der von den literarischen Zeitströmungen unberührt seine Gedichte schrieb. Das strenge Pathos seiner Strophen beschwört Liebe, Trauer, Angst, Hoffnung. Es erfasst das Existentielle des Menschen. Und die Titel seiner Gedichtbände stehen für die Odyssee seines Lebens:

»Wort aus der Leere«
»Figur der Hoffnung«
»Bewältigte Gegenwart«
An welche Vorbilder knüpft er an?

W. K.: Ja, das ist natürlich eine vom Dichter schwer zu beantwortende Frage. Es gab sicher Vorbilder wie Karl Kraus oder andere. Man könnte eher sagen, welche Traditionen ich fortsetzte, oder ob ich eine Tradition fortsetzte. Das wäre wohl wahrscheinlich doch, wenn auch in völlig veränderter und nicht mehr deutlich erkennbarer Form, die große deutsche Lyrik.

Das große Nichts steht mir bevor,
Aus dem ich kam, in das ich gehe.
Kein Gott erwartet mich am Tor,
Dass ich in ihm mich selber sehe.[29]

Solche Strophen klingen nihilistisch.

W. K.: Nein, das stimmt meiner Überzeugung nach überhaupt nicht. Es stimmt so wenig, daß ich ja ein Manuskript mit »nachgelassenen Gedichten« - -

– daß ich diesem Manuskript den Titel »Nichts« gegeben habe! Das ist, in meinem Sinne, eine allerdings mystische Auffassung, die absolut positiv gemeint ist.

Ähnlich empfindet auch Hermann Broch, der an Werner Kraft schreibt:

[…] möchte ich Ihnen noch sagen, wie tief mich Ihr großes Jerusalem-Gedicht berührt hat. Es ist eines der ganz wenigen echt politischen Gedichte, denn es greift das Politische dort auf, wo es zu beginnen hat, beim Humanen, also nicht bei der »Freiheit« oder der »Arbeit« oder der »Sozialisierung« und dem übrigen Larifari. Ich habe einigemale zu Ähnlichem angesetzt, doch es gelang mir nicht, was Ihnen so großartig gelungen ist, nämlich unmittelbar zum Wesentlichen vorzudringen.[30]

Werner Krafts *frühe* Gedichte kommen balladenhaft daher, bauen sich auf, zielen auf einen Höhepunkt. Die Verse des Neunzigjährigen dagegen verschließen sich hermetisch, beschränken sich auf äußerste Reduktion.

W. K.: Da kann ich nur sagen: Es hat sich im Laufe der letzten fünfzig Jahre etwas Merkwürdiges begeben. Nämlich, diese Reduktion ist nicht neu. Sie ist plötzlich aufgetaucht, an verschiedenen Stellen. Zum Beispiel zuerst in Italien, wo man in der gesamten Tradition Gedichte von riesiger Länge gemacht hat – Kanzonen, Ottaverimen, und so weiter. Und plötzlich taucht da ein Dichter auf, der macht Gedichte mit den zwei Versen.

Gemeint ist Ungaretti.

W. K.: Der erregte eine Sensation und wurde von dem berühmtesten Literaturkritiker Italiens, Benedetto Croce, als etwas Neues gefeiert. Weil die Zeit reif dafür war.

Aber ich kann noch etwas anderes dazu erzählen. Ich habe ein Buch über Goethe veröffentlicht. Und in diesem Buch steht ein Epilog. Und in diesem Epilog spreche ich von Goethes Enkel. Und es gibt von Goethes Enkel einen Gedichtband, den niemand gelesen hat, außer ihm selbst. Und in diesem Gedichtband stehen ganz kurze Gedichte, die fast lächerlich wirken. Und es gibt ein Gedicht aus zwei Zeilen, das nicht in diesem Gedichtband steht, und das ihm zugeschrieben wird, und von dem heute die Leute behaupten, daß es gar nicht von ihm sei, sondern daß es aus Witz ihm zugeschrieben sei. Und dieses Gedicht lautet - - - also von dem Enkel des großen Goethe (der war an der deutschen Botschaft in Rom beschäftigt).

Zwei Verse: »Ich stehe vor dem Kapitol / Und weiß nicht, was ich soll.« Und *ich* behaupte, daß das ein großes Gedicht ist, und ein erschütterndes Gedicht – daß der Enkel des großen Goethe vor dem Kapitol steht und nicht mehr weiß, was er mit dem Leben anfangen soll. Und das ist die Kürze, die man in seiner Zeit nicht verstand, und für die es eben später den Moment gab, wo sie plötzlich literaturfähig wurde.

*

Sprache
Der Genius kommt morgen
in fünfhundert Jahren
Nie.

Trotz aller Ehrungen, die Werner Kraft erfährt, und trotz seiner säkularen literarischen Leistung, erweist sich das Schreiben im Exil immer wieder als besondere Hürde, um seine deutschen Leser zu erreichen. So klagt er über eine Jahresabrechnung seiner Bücher:

> *Von meinem Goethe-Buch sind 451 Exemplare verkauft. Das ist ein bescheidener Erfolg. Mehr Leser für ein solches Buch ohne Bestseller-Tendenzen sind kaum vorhanden. Von dem Karl-Kraus-Buch »Das Ja des Neinsagers« sind 88 Exemplare verkauft. Das sind immerhin 88 ernsthafte Leser [...]. Von dem George-Buch, das ich mit ebenso viel Zustimmung wie Ablehnung geschrieben habe, um dem wahren Bilde des Dichters zu dienen, sind 23 Exemplare verkauft. Das ist eine Katastrophe, die ich nicht für die meinige halte [...].*[31]

Endlich, seit 1983, besteht ein ständiges Bindeglied nach Deutschland – durch das Kraft-Archiv in Rheinbach. Der Kunsthistoriker Volker Kahmen und der Verleger Georg Heusch vertreten Werner Krafts Werk und hüten eine kostbare Sammlung von Manuskripten, Tagebüchern, Erstausgaben und Briefen, dazu hunderte von Krafts Einzelbeiträgen in Zeitungen oder Anthologien. Verlag und Archiv sichern seine Bücher durch Neuauflagen.

Im Jahr 1989 erscheint Werner Krafts Band »Herz und Geist« – gesammelte Aufsätze zur deutschen Literatur. Das literaturkritische Buch erschließt wiederum neue Sichtweisen: von Gotthold Ephraim Lessings Briefen bis zu den Gedichten von Walter Helmut Fritz. Und Werner Kraft nimmt sich in seinem Buch der vergessenen Dichter Friedrich Heinle und Harry Timar an –

W. K.: - - - da ich die Überzeugung habe, daß in diesen unbekannten Dichtern echte Zeugnisse von dichterischen Werten vorhanden sind, die von der Allgemeinheit total ignoriert werden. Das ist, wenn Sie so wollen, eine Geburtshelfer-Tätigkeit.

1990 folgt ein weiteres Buch, mit dem Titel: »Noch einmal Kafka«. Werner Kraft ist inzwischen knapp 95 Jahre alt, und sein Werk umfasst damit weit über vierzig eigenständige Buchtitel. Nur das gesprochene Wort der Bühne verliert sich in der Emigration.

W. K.: Daß das Theater fehlt, hängt mit meinem realen Leben zusammen, das mich von Hannover und Berlin nach Israel verschlagen hat, wo ich nicht mehr am Theaterleben teilgenommen habe. Das Theater ist für mich einfach verlorengegangen. Ich hatte keine andere Möglichkeit, mich dichterisch auszudrücken als im Gedicht und in der dichterischen Prosa.

In jener Prosa, über die Jörg Drews sagt:

Die deutschte Sprache ist ihm nicht etwas so Neumodisches wie ein »Zeichensystem«, sondern ein spiritueller Körper, dessen innerste Gesetze sich in der großen deutschen Literatur offenbaren.

Krafts Schriften zu lesen, bedeutet auch, dessen inne zu werden, was an Nuancen und Entwicklungsmöglichkeiten ab 1930 außerhalb Deutschlands verwirklicht wurde und wovon man nur hoffen kann, daß es nicht ganz ohne Rückwirkung auf die deutsche Sprache in Deutschland bleibt.[32]

Am 14. Juni 1991 stirbt Werner Kraft. Sein schlichtes Grab liegt auf dem Friedhof des Kibbuz Tzora.

Stand
Was fällt dir ein?
Der Tod.
Ich lebe.

Werner Kraft am Schreibtisch. Foto: © WKA.

Anmerkungen:

1 Werner Kraft: *Spiegelungen der Jugend.* Ffm : Suhrkamp, 1973, S. 22f.
2 Hübsch, in diesem Zusammenhang, ist eine Episode, die Werner Kraft in seinen Lebenserinnerungen schildert: *In der Buchhandlung Ey am Steintor war ich jeden zweiten Tag. Einmal stand Theodor Lessing im Laden, er stieß auf »Wannsee« – Borchardts Lebensbeichte. – Er fragte so nebenbei, ob es in Hannover wohl Leser gebe, die sich für Borchardt interessierten, und mußte von einem jungen Menschen hören, der alles kaufe, was von Borchardt erscheine. In diesem Augenblick kommt dieser junge Mensch herein, und es begann ein Gespräch, und er lud mich ein, ihn zu besuchen.* – Werner Kraft, *Spiegelungen...*, a.a.O., S. 28f.
3 Ebda., S. 51.
4 Ebda., S. 41.
5 Ebda., S. 52.
6 Ebda., S. 119f.
7 Martin Buber: *Briefwechsel I.* Heidelberg : Lambert Schneider, 1972, S. 481.
8 Ebda., S. 485ff.
9 Werner Kraft: *Spiegelungen...*, a.a.O., S. 74f.
10 Gershom Scholem: *Briefe an Werner Kraft.* Ffm : Suhrkamp, 1986, S. 87.
11 Werner Kraft: *Spiegelungen...*, a.a.O., S. 67f.
12 Ebda., S. 95.
13 Ebda., S. 106.
14 Ebda., S. 133.
15 Ebda., S. 143.
16 Ulrich Breden: *Werner Kraft – Bibliothekar und Schriftsteller.* Dokumentation der Niedersächsischen Landesbibliothek. Hannover, 1991, S. 43.
17 Werner Kraft: *Spiegelungen...*, a.a.O., S. 80.
18 Ebda., S. 81f.
19 »... und alles ist Kabbala«. *Gershom Scholem im Gespräch mit Jörg Drews.* München : edition text + kritik, 1980, S. 18.
20 Hermann Schweppenhäuser (Hrsg.): *Benjamin über Kafka.* Ffm : Suhrkamp, 1981, S. 93f.
21 Ebda., S. 97f.
22 Werner Kraft: *Figur der Hoffnung.* Heidelberg : Lambert Schneider, 1955, S. 55.
23 Werner Kraft: *Gespräche mit Martin Buber.* München : Kösel, 1966, S. 9.
24 Martin Buber: *Briefwechsel III.* Heidelberg : Lambert Schneider, 1975, S. 393.
25 Ebda., S. 394.
26 Werner Kraft: *Brecht, Adorno und Karl Kraus.* In: Süddeutsche Zeitung vom 27./28. April 1974.
27 Werner Kraft: *Spiegelungen...*, a.a.O., S. 44f.
28 Ebda., S. 8.
29 Werner Kraft: *Figur der Hoffnung*, a.a.O., S. 14.
30 Hermann Broch: *Brief an Werner Kraft.* In: »Profile, Impulse 4«. Niedersächsische Künstlerstipendiaten 1988-1990. Hannover, 1990, S. 176f.
31 Werner Kraft: *Wahrheitsfetzen.* Bonn : Georg Heusch, 1988, S. 60.
32 Jörg Drews: *In die deutsche Sprache verbannt.* In: Süddeutsche Zeitung vom 4./5. Mai 1991.

* * *

»Seine Bilder entstehen *im* Gedanken, nicht hinter ihm.«
Tuvia Rübner über Werner Kraft, den Dichter.

Ekkehard Böhm

Endzeit

Über Ernst Jünger, Julien Gracq und Dino Buzzati

Dies ist die Welt, die keine Zukunft trägt.
Durch ewig selbstverschuldet Elend
Hat sie sich selbst beraubt der Zeit
Und deren Segen.

Dante Alighieri, Die Göttliche Komödie

Dann zog er eine Sonnenuhr hervor,
Und wie er sie besah mit blödem Auge,
Sagt' er sehr weislich: »Zehn ist's an der Uhr.
Da sehen wir nun«, sagt er, »wie die Welt läuft:
'S ist nur 'ne Stunde her, da war es neun,
Und, nach 'ner Stunde noch, wird's elfe sein;
Und so von Stund' zu Stunde reifen wir,
Und so von Stund' zu Stunde faulen wir,
Und daran hängt ein Märlein.«

William Shakespeare, Wie es euch gefällt.

Es kommen härtere Tage.
Die auf Widerruf gestundete Zeit
wird sichtbar am Horizont.

Ingeborg Bachmann, Die gestundete Zeit

Das Alte stürzt, es ändert sich die Zeit,
Und neues Leben blüht aus den Ruinen.

Friedrich Schiller, Wilhelm Tell

Die alten Städte an der Großen Marina stehen in Flammen; jene Welt, in der Kultur und gezähmte Natur eine innige Verbindung eingegangen waren, existiert nicht mehr. Der Oberförster mit seinem Waldgesindel hat die Macht ergriffen, um die Welt in den Zustand der Wildnis zurückzuversetzen. Überlebende ergreifen die Flucht in ein frei gebliebenes Land. Die Katastrophe war absehbar gewesen: Die Werte und Traditionen, die die Marina begründet hatten, waren immer mehr verfallen.

Dennoch: Eines Tages wird es einen Neu-Anfang geben und aus den Reliquien der Vergangenheit eine neue Zukunft erstehen. – *Ernst Jünger*, Auf den Marmorklippen.

Orsenna, die alte Stadt, ist in Lethargie und Erstarrung verfallen. Mit dem Nachbarstaat Farghestan liegt sie seit Jahrhunderten im Krieg; aber genauso lange ist kein Schuss mehr gefallen. Ein Eiserner Vorhang ist niedergegangen, den im gegenseitigen stillschweigenden Einverständnis keine Seite in Frage stellt. Bis der junge Patriziersohn Aldo, abkommandiert auf die »Admiralität«, einen Flottenstützpunkt an der öden abgelegenen Küste, die Regel missachtet und mit einem Kriegsschiff vor die Küste Farghestans fährt, was den Krieg wieder in Gang setzt. Orsenna wird ihn verlieren und vernichtet werden. Orsenna weiß dies. Orsenna könnte die Katastrophe mit einer symbolischen Geste leicht aufhalten. Aber Orsenna will nicht, die Machthaber haben Aldo sogar auf seinen Weg gestoßen. Orsenna will untergehen, weil es bereits untergegangen ist. Das Leben ist aus der Stadt gewichen. Die Armeen Farghestans kommen.

Dennoch: »Es war, als erwachten die schlafenden Sandweiten plötzlich im Jubel von Tausenden rauschender Quellen, als höbe unter den Millionen Schritten der rätselhaften Armee die Wüste zu blühen an.« – *Julien Gracq*, Das Ufer der Syrten.

Der junge Offizier Giovanni Drogo hat seinen ersten Dienstposten erhalten – auf der entlegenen Grenzfestung Bastiani, von der aus einem befürchteten Angriff der Tataren begegnet werden soll. Doch wirklich glauben mag an diesen Angriff keiner, und Drogo will so schnell wie möglich wieder weg, zurück in die Stadt, aus der er gekommen ist. Aber er verpasst den rechten Augenblick, und die Leere des Lebens auf der Festung wird ihm zum Leben selbst. Die Stadt und die Menschen dort werden ihm fremd, er geht auf in der Erwartung des Angriffs, der seinem Leben Sinn verleihen soll. Doch als dieser Angriff viele Jahre später tatsächlich kommt, muss Drogo, alt und krank geworden, die Festung vorher verlassen.

Dennoch: Er findet seinen Frieden mit sich selbst. Und eine Realität: den Tod. »Giovanni nimmt alle seine Kraft zusammen. Er richtet sich in seinem Sitz empor. Die Hand rückt noch einmal den Uniformkragen zurecht. Ein letzter Blick nach dem Fenster, und nach der Handvoll Sterne dort oben. Dann lächelt er, obwohl ihn niemand sieht.« – *Dino Buzzati*, Die Tatarenwüste.

* * *

Stillstand, Leerlauf, Endzeit – alle drei Romane erzählen davon. Die Bücher Jüngers und Gracqs (Buzattis Buch ebenfalls, wenn auch auf einer anderen Ebene) sind aber noch mehr: Sie sind Apokalypsen im Sinne der »Offenbarung« des Johannes. Die gegenwärtige Welt ist dem Untergang geweiht, aber nach entsetzlichen Kämpfen und Krämpfen ersteht ein Goldenes Zeitalter: »Und ich sah einen neuen Himmel und eine neue Erde; denn der erste Himmel und die erste Erde vergingen, und das Meer ist nicht mehr. Und ich sah die heilige Stadt, das neue Jerusalem, von Gott aus dem Himmel herabfahren, bereitet wie eine geschmückte Braut ihrem Mann.« So wie in der »Offenbarung« steht es, sinngemäß, auch in vielen späteren Prophezeiungen; und so werden auch die dunklen Sprüche des Nostradamus von seinen Exegeten ausgedeutet.

Apokalypsen sprechen von einer schauervollen Lust an der Zukunft, aber sie entstehen in ihrer jeweiligen Gegenwart. So sind auch in der »Offenbarung« des Johannes die Bezüge zur Christenverfolgung durch den römischen Kaiser Domitian nicht zu übersehen. Ernst Jüngers Buch »Auf den Marmorklippen« entstand 1939. Der Publizist und Politologe Dolf Sternberger hat die Novelle als Manifest des inneren Widerstandes und als Chiffre für die Machthaber des Dritten Reiches gelesen: der »Oberförster« wäre dann eine Entsprechung zu Hermann Göring. Zwar war auch der – für die Literaturkontrolle zuständige – Reichsleiter Philipp Bouhler zu dieser Ansicht gelangt, hatte sich mit seinem Verbotsantrag für das Buch aber nicht durchsetzen können. Die Deutung, dass es sich bei den »Marmorklippen« um »Widerstandsliteratur« handle, ist zudem umstritten: Ernst Jünger selber hat dies, nach Kriegsende, nie behauptet. Doch dass das schmale Buch durch die Zeitumstände im Dritten Reich geprägt worden ist, kann nicht bezweifelt werden.

Auch die autobiographischen Bezüge sind mit Händen zu greifen: Der Krieg um »Alta Plana«, in dem der Erzähler mitgekämpft hat, entspricht dem Ersten Weltkrieg; die »Rautenklause«, wo er zusammen mit seinem Bruder »Otho« (alias: Friedrich Georg) die Pflanzenwelt katalogisiert (bei Ernst Jünger selber waren es die Insekten), entspricht der Weinberghütte bei Überlingen, und auch die »Marina« ist in der Bodensee-Region zu suchen.

Aber mag man »Auf den Marmorklippen« nun als Allegorie auf den Nationalsozialismus verstehen oder auch nicht – mit den Mitteln der Ästhetik ließ sich diesem Regime ohnehin nicht beikommen. Denn ästhetisch ist diese Novelle ganz ungemein: geschrieben in einer erlesenen Sprache, die weniger individuelle Charaktere zeichnet, als vielmehr Archetypen vorführt. Jünger verharrt in einer für ihn typischen Distanzhaltung: Er beschreibt den Verfall und den Untergang der Marina, doch er erleidet ihn nicht mit. Die Brillanz der Sprache korrespondiert nicht mit den geschilderten Ereignissen: »Von allen Schrecken der Vernichtung stieg zu den Marmorklippen einzig der goldene Schimmer empor. So flammen ferne Welten zur Lust der Augen in der Schönheit des Unterganges auf.« In der Welt liegt immer auch der Keim ihres Endes begründet, und selbst der Brand der »Rautenklause« erscheint nicht als ein erschütterndes Geschehnis: »Es wird kein Haus gebaut, kein Plan geschaffen, in welchem nicht der Untergang als Grundstein steht, und nicht in unseren Werken ruht, was unvergänglich in uns lebt. Dies leuchtete uns in der Flamme ein, doch lag in ihrem Glanze auch Heiterkeit.«

Das ist nun auch wieder apokalyptisch gedacht. 1945 hat Ernst Jünger eine Apokalypse miterlebt. Das Goldene Zeitalter ist danach zwar nicht angebrochen, aber in Abkehr von seiner Nähe zur »Konservativen Revolution« in der letzten Phase der Weimarer Republik machte Jünger seinen Frieden mit der neuen Demokratie, die ihm schließlich ja auch Absolution erteilte: In seinen späten Lebensjahren war er in Deutschland kaum noch umstritten und in Frankreich, wo er viele Bewunderer hatte, schon gar nicht. *Einer* dieser Bewunderer war Julien Gracq, der gestand, dass er »Auf den Marmorklippen« gern selber geschrieben hätte.

So gibt es denn auch merkbare innere Bezüge zwischen Jüngers Novelle und Gracqs 1951 erschienenem Roman »Das Ufer der Syrten«, mit dem der Autor schon während des Krieges begonnen hatte. In beiden Fällen geht es um den Untergang eines Kulturstaates, der sich innerlich bereits aufgegeben hat. Genau wie Jünger verwendet Gracq eine durchgefeilte Sprache, die sich von den Schrecken distanziert. Er lässt seinen Protagonisten Aldo zwar aus der Rückschau erzählen, aber die Kriegskatastrophe ist, bis zum Schluss des Romans, noch gar nicht eingetreten. Wohl jedoch wird sie antizipiert: Aldo ist von der Küste Farghestans zurückgekehrt, wo er mit drei Kanonenschüssen empfangen wurde. Eine seltsame Euphorie hat sich der Schiffsmannschaft bemächtigt – so, als habe sie eine unerhörte Heldentat an ihre Fahnen geheftet. Später wird Aldo an jene Nacht denken. Später – »wenn ich für einen Augenblick den Alptraumschleier aufhebe, der heute über den Brandstätten meines vernichteten Vaterlandes liegt.« Und ganz am Schluss blickt Aldo in die Zukunft – im Gespräch mit dem Machthaber in Orsenna, der sich in der Lobpreisung der Apokalypse ergeht. Aldo: »Ja, aber einen Augenblick danach blühen die Köpfe auf den Lanzenspitzen. Das alles sind Dinge, die man nur mit einigem Abstand betrachten möchte…«

Aus dem Roman »Das Ufer der Syrten« spricht die Apokalypse noch stärker als aus Jüngers Novelle: Erleidet die »Marina« den Untergang passiv, betreibt ihn »Orsenna« aktiv. Die Zeitbezüge aber lassen sich bei Gracq weit schwerer herstellen als bei Jünger. Julien Gracq, der eigentlich Louis Poirier hieß, war ein Einzelgänger. In seinem Werk flossen unterschiedlichste Elemente zusammen: Surrealismus und Symbolismus, zudem die Faszination durch Richard Wagner und die deutsche Romantik. Es war die Liebe zu dieser Romantik, die ihn zutiefst bewegte, die Liebe zu einer Zeit, in der, wie er schrieb, »der Mensch mit den Kräften der Erde auf magische Weise in Einklang war«. Eben diesen »Einklang« vermisste Gracq in seiner eigenen Zeit – auch und vor allem in der Literatur und im Kulturbetrieb. Den Prix Goncourt, der ihm für »Das Ufer der Syrten« zugesprochen worden war, hat er deshalb auch nicht angenommen.

Orsennas apokalpytischer Trieb scheint in der Verdrängung irrationaler Werte zu liegen: in seinem Unvermögen, auf die Bedrohung anders zu reagieren als durch eine Flucht aus der Mattigkeit nach vorn. Auch geographisch und zeitlich bleibt Gracq vager als Jünger. Bei der Schilderung Orsennas denkt man wiederholt an das Venedig der Verfallszeit, an eine zum Denkmal ihrer selbst gewordene Stadt, wo kleinlicher Polizeigeist den alten Tatendrang erstickt hat: Es gibt auch hier eine regierende »Signoria«. Ebenso schimmert Florenz durch: Von einer römischen Vergangenheit ist die Rede, und die Stadt bei der »Admiralität«, wo Aldo Dienst tut, heißt »Maremma« – wie der Landstrich zwischen La Spezia und Salerno; überdies hat sie einen »Podesta«.

Diese Gegend mit ihrer einstmals teils versumpften, teils trockenen Uferzone spiegelt sich in der von Gracq beschriebenen Landschaft wider. Und »Farghestan« mag dann eine Anspielung auf das Osmanische Reich sein, das Venedig aus dem östlichen Mittelmeerraum verdrängt hatte. Indes: die Geographie bleibt imaginär. Die »Syrten« könnten zwar der Küstenstrich in Nordafrika sein, aber dieser lässt sich auf dem Landweg nicht erreichen. Ähnlich unbestimmt sind auch die Abfolge der Jahreszeiten und die Dauer der Zeit, die Aldo in der »Admiralität« verbringt. »Orsenna« wiederum ist irgendwo zwischen früher Moderne und einer diffusen Vergangenheit angesiedelt. Diese Unbestimmtheiten aber sind Stilprinzip: Zeitlosigkeit beginnt sich zur Endzeit zu verdichten.

In der Grundkonstellation sind beide Bücher, »Auf den Marmorklippen« und »Das Ufer der Syrten«, also miteinander vergleichbar: Die »Marina« hat Krieg gegen die Völker von »Alta Plana« geführt, »Orsenna« gegen »Farghestan«. Die vom »Oberförster« ausgehende Gewalt und Roheit findet bei Gracq ihre Entsprechung in der Brutalität der Polizei. Und es gibt auch ein Umkehrverhältnis: In den »Marmorklippen« haben der Erzähler und sein Bruder Otho die Niederlage gegen die Völker von »Alta Plana« akzeptiert und stehen ihnen nun in freundlichem Respekt gegenüber. Der geheimnisvolle »Fremde« aus Farghestan wiederum, der Aldo begegnet, ist Orsenna auch durchaus freundlich gesinnt und trachtet danach, die Katastrophe zu verhindern.

Wenn die Brüder in Jüngers Buch bei »Köppelsbleek« auf die Schinderhütte des »Oberförsters« stoßen und von dort wieder entkommen können, darf dies als Parallele zu Aldos Fahrt an die farghestanische Küste gesehen werden. Bei Jünger stirbt der Hirten-Anführer »Belovar« als Verteidiger der alten Ordnung, bei Gracq der »Kapitän Marino«. Und auf Stangen gespießte Menschenhäupter kommen in beiden Romanen vor.

Es gibt aber noch ein weiteres Motiv, das Ernst Jünger und Julien Gracq miteinander verbindet: das der Festung. Eine Festung ist eine militärische Einrichtung, mit der es einem Feind verwehrt werden soll, durch erfolgreiche Kriegsführung die Verhältnisse im Land zu verändern. Festungen sind Ausdruck der Defensive: sie dienen der Aufrechterhaltung des Status quo, dem Aufhalten des Zeitstroms. Im übertragenen Sinne wird der Begriff ebenfalls so gebraucht – etwa wenn von der »Festung Europa« die Rede ist, von der unerwünschte Einwanderer ferngehalten werden sollen.

Nun ist die »Rautenklause« in den »Marmorklippen« zwar keine »Festung« im eigentlichen Sinn, aber Züge einer solchen trägt sie doch. Schon ihr Ort auf den Marmorklippen signalisiert eine Ferne vom Alltagsleben, und die Tätigkeit des Erzählers, Pflanzen zu katalogisieren, verweist auf das Bestreben, Dinge für die Ewigkeit festzuhalten. Und wenn zum Schluss hin die Hundemeute des »Oberförsters« die »Rautenklause« angreift, dann wird sie tatsächlich zur verteidigten Festung: Die »Lanzenottern« schaffen zeitlich Luft, um das Herbarium so verbrennen zu lassen, dass es in die Zeitlosigkeit gerettet werden kann.

Auch »Orsenna« ist im übertragenen Sinne eine »Festung«: »Aber hat ein Staat zu viele Jahrhunderte gekannt, dann wird die verdickte erhärtete Haut zu einer Mauer, zu einer ›Großen Mauer‹. Dann ist die Zeit gekommen, dann ist es Zeit, dass die Posaunen ertönen, damit die Mauern einstürzen und die Jahrhunderte sich vollenden…« Die reale Abbildung einer »Festung« ist dann die »Admiralität« bei Maremma. Sie ist ein Ort, über den die Zeit hinweggegangen ist: verfallen, mit versandeten Gräben, verschlammten Wehrgängen ohne Wachtposten, mit grasüberwucherten Breschen in der Brustwehr, geborstenen Mauern.

Die »Admiralität« steht für Orsennas vergangene Größe. Und innen sieht es nicht besser aus: Kalter Moder durchzieht die Räume. Bis einer der dort stationierten Offiziere beschließt, die »Admiralität« wieder instandzusetzen. Den »Kapitän Marino« bringt dies aus der Fassung, denn er weiß, was das bedeutet: einen Schritt hin zur Wiederaufnahme des Krieges gegen Farghestan – einen Schritt zum Untergang, denn Festungsmauern werden so wenig nützen wie die (am Ende vorgenommene) Verstärkung der winzigen Kriegsmarine Orsennas.

Zu einer »Festung« unterwegs ist auch der Leutnant Giovanni Drogo in Dino Buzzatis Roman »Die Tatarenwüste« (1940), der auf Deutsch auch unter den Titeln »Im vergessenen Fort« und »Die Festung« erschienen ist. Es ist eine seltsame Dienstreise, die Drogo da antritt, denn er weiß nicht einmal genau, wo diese Festung eigentlich liegt und wie lange der Ritt dorthin dauern würde. Unterwegs erhält er auf Fragen immer wieder die Antwort, dass es in dieser Gegend keine Festung gäbe. Aber dann taucht sie doch am Horizont auf und nimmt reale Gestalt an.

Drogo und Aldo weisen verwandte Züge auf (so wie auch ihre Autoren Buzzati und Gracq gleichermaßen vom Surrealismus beeinflusst waren): Beide sind sie jung, beide kommen sie aus der Hauptstadt, beide verfallen sie ihrer jeweiligen Festung – Drogo anfangs widerwillig, Aldo mit wachsender Faszination. Drogo glaubt an großen Ruhm, der ihm hier in einer sich noch – wie er meint – unendlich erstreckenden Lebensspanne zukommen werde. Doch in Wahrheit wird er in das Korsett der Routine gepresst. Die Routine ist das Reglement, das so bedingunslos eingehalten wird, dass ein eigener Soldat erschossen wird, nur weil er das Losungswort nicht kannte. Insofern ist Aldo, der mit seiner Fahrt nach Farghestan die Routine durchbricht, sein Gegenpart.

Von der Sinnlosigkeit der Taten oder Nicht-Taten handeln auch andere Erzählungen Buzzatis: In den »Sieben Boten« wird ein Königssohn losgeschickt, um die Grenzen des väterlichen Reiches zu erkunden. Jahr um Jahr vergeht, aber die Grenze erreicht er nie, und sein Leben verrinnt – wie das Drogos. Sieben Boten, die er regelmäßig mit Berichten in die Hauptstadt schickt, begleiten ihn. Je weiter er sich vom Zentrum entfernt, desto länger dauert die Zeit bis zu deren Rückkehr. Die Briefe, die sie mitbringen, werden immer unverständlicher, und der Prinz rechnet sich aus, dass er (der im Alter von etwas mehr als dreißig Jahren aufgebrochen war) zweiundsiebzig sein wird, wenn sich der letzte Bote wieder bei ihm meldet.

Vermutlich gibt es die »Grenze« gar nicht – aber der Königssohn bedauert es nicht, dass er seinen Auftrag nicht wird erfüllen können. Wie für Drogo wird der Tod für ihn zu einer Realität, der er sich stellt. Die Erzählung »Schnellzug« wiederum handelt von einer Bahnfahrt, deren Sinn nicht das Erreichen eines Ziels ist, sondern die Reise selbst. Die Verspätungen summieren sich schließlich zu Jahren, und das Ende der Fahrt wird immer ungewisser.

Ernst Jünger war freier Schriftsteller; Julien Gracq (keineswegs ungewöhnlich für einen französischen Literaten) Gymnasiallehrer; Dino Buzzati Journalist (dass er während des Zweiten Weltkriegs über die zweite Schlacht in der Großen Syrte berichtet hat, stellt einen merkwürdigen Querverweis zu Gracq her…), und ihre unterschiedlichen Milieus spiegeln sich in der Sprache und im Erzählgestus wider: Bei Jünger und Gracq tritt jeweils ein Ich-Erzähler auf, der, aus dem Nachhinein, in erlesenen Sprachbildern Geschehnisse und Seelenzustände ausmalt. Bei Buzzati dagegen gibt es einen auktorialen Erzähler, der Drogo narrativ begleitet und ihm gelegentlich sein unausweichliches Schicksal prophezeit.

Buzzatis Sprache wirkt beim ersten Lesen nüchterner – was wohl eben an seinem Hauptberuf gelegen haben mag (die Idee zur »Tatarenwüste« ist ihm während der endlosen Routinestunden in der Redaktion gekommen…). Doch verfolgt man die Begegnung, die Drogo während eines Stadt-Urlaubs mit jener Frau erlebt, die er einst geliebt hat – dann drängt sich fast peinlich die Sprach-Losigkeit auf, die jetzt zwischen den beiden einander fremd gewordenen Menschen herrscht. Nein, auch Buzzati ist ein Meister der Sprache. Nur handhabt er sie anders als Jünger und Gracq.

Im Jahr 1976 hat der italienische Regisseur Valerio Zurlini die »Tatarenwüste« verfilmt. Trotz Starbesetzung (Vittorio Gassman, Philippe Noiret, Fernando Rey, Jean-Louis Trintignant, Max von Sydow, sowie als Drogo Jacques Perrin) und trotz der Musik von Ennio Morricone war dies ein Wagnis. Denn sicher: Wenn in einem Roman – wie's in der »Tatarenwüste« der Fall ist – nicht viel geschieht, kann das, durch Sprache vermittelt, durchaus sein Thema sein. Der Film aber hat ganze andere Gesetze, und entsprechend ist bei Zurlini auch etwas ziemlich anderes herausgekommen als beim Buch: ein halber Abenteuerfilm mit viel »Action«. Aber – Zurlini ist auch auf einen treffenden Einfall gekommen, der den apokalytischen Aspekt des Romans aufgreift und ihn von der privaten Sphäre Drogos in eine gesellschaftliche überträgt: Er steckte seine Protagonisten in die Uniform der k.u.k.-Armee und gab Buzzatis imaginärer Welt damit eine historische Dimension.

Dieses Österreich-Ungarn der Zeit vor 1914 war ja gleichfalls immer stärker in eine apokalyptische Stimmung hineingeglitten. Jeder wusste, dass es mit der unregierbar gewordenen Donaumonarchie, die (fast wie »Orsenna«…) hilflos steckengeblieben war zwischen Vergangenheit und Moderne, national zerrissen und vom Kulturpessimismus befallen, so nicht weitergehen konnte: aber einen Ausweg wusste keiner. Bis die Führungsschicht aus der Mattigkeit die Flucht nach vorn antrat, nicht auf einen Angriff der »Tataren« wartete, sondern den Ersten Weltkrieg auslöste – wodurch ein Zustand der Sinnlosigkeit durch einen anderen abgelöst wurde.

Die »Rautenklause« geht in Flammen auf. Auch die »Admiralität« dürfte zu den Brandstätten »Orsennas« gehören. Zur Festung »Bastiani« werden angesichts des drohenden feindlichen Angriffs zwar Verstärkungen gesandt (genau wie zur »Admiralität«), aber wird sie sich halten können – angesichts der Tatsache, dass sie anhaltend vernachlässigt und ihre Besatzung ausgedünnt worden ist? Mehr noch: Schon lange Jahre vor diesem Angriff hat man auf der Festung erkannt, dass Vorbereitungen dazu getroffen wurden. Doch man hatte nachdrücklich die Augen davor geschlossen: ein tiefer Widersinn – lag die Legitimation des Lebens auf der Festung doch in der Erwartung gerade dieses Angriffs. Aber auch hier hatte die Routine gesiegt.

*

Eine Nachbemerkung: Die Außenaufnahmen zu Valerio Zurlinis Film »Die Tatarenwüste« sind in der Festung Bam entstanden, in einer iranischen Wüstengegend (während der Roman im Hochgebirge spielt). Die Bilder vermitteln eine Düsternis am grauen Ende der Welt. Seit dem Erdbeben von 2003 liegt Bam in Trümmern.

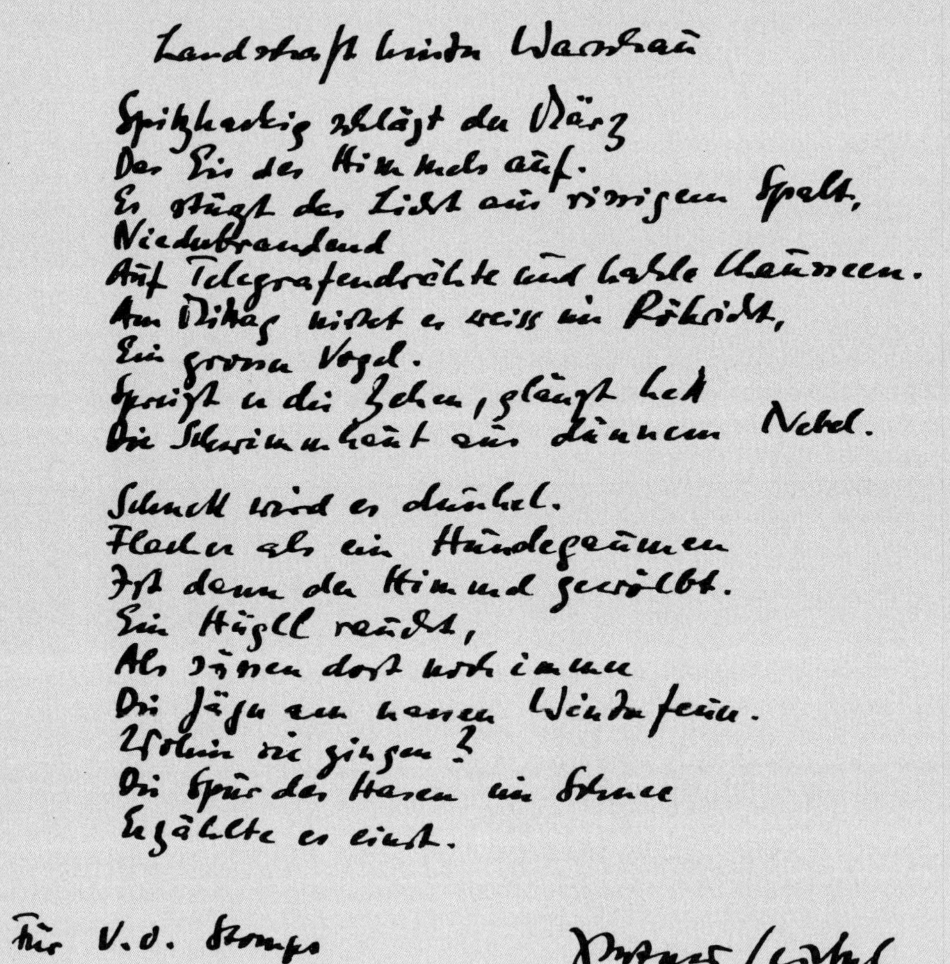

Landschaft hinter Warschau

Spitzhackig schlägt der März
Das Eis des Himmels auf.
Es stürzt das Licht aus rissigem Spalt,
Niederbrennend
Auf Telegrafendrähte und kahle Chausseen.
Am Mittag nistet es weiss im Röhricht,
Ein grosser Vogel.
Spreizt er die Zehen, glänzt hell
Die Schwimmhaut aus dünnem Nebel.

Schnell wird es dunkel.
Flacher als ein Hundegaumen
Ist dann der Himmel gewölbt.
Ein Hügel raucht,
Als sässen dort noch immer
Die Jäger am nassen Windfeuer.
Wohin sie gingen?
Die Spur der Hasen im Schnee
Erzählte es einst.

Für V. O. Stomps

Peter Huchel

Peter Huchel: Landschaft hinter Warschau / Für V. O. Stomps.

Saloppes S – Schiller und Stomps

Über den Verleger, Autor & »alphabetischen Fährtensucher« Victor Otto Stomps – Ein Memorial als Spiegel der Zeit

V. O. Stomps

Saloppes S, St, Sceha,
Schiller und Stomps
und Seneca.

Stupider Salat.
Sackgasse Schildburg,
Satelliten-Staat.

Springprozession und Schalmei
Staub und Sandale,
Sabbat und Sakristei.

Aus: »Artistisches ABC«,
Verlag Hansen & Hansen, 1964.

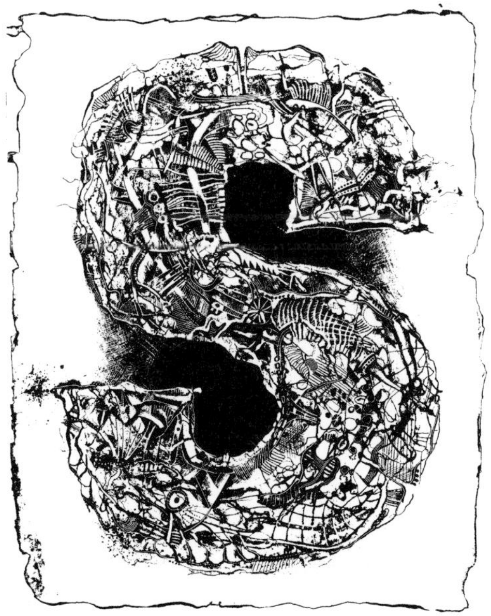

Bernhard Jäger: Lithografie aus »Artistisches ABC, 1964.

Günter Bruno Fuchs:
Holzschnitt aus »Fisimatenten«,
Eremiten-Presse 1959.

Christa Reinig

Der Rächer

ich habe nie den mund verzogen
vor nackten spiegeln nie gezuckt
ich habe haß wie gift gesogen
und kalt enttäuschung ausgespuckt

mich ekeln nicht mehr eure fressen
mich trifft kein wort mehr wie ein stein
was ich euch wünschte sei vergessen
ich könnte beinah glücklich sein

ich habe alles aufgegeben
was mir geschieht – ich weiß es nicht
es reißt mich fort aus meinem leben
das langsam auseinander bricht

Aus: »Die Steine von Finisterre«,
Eremiten-Presse 1960.

Lied

Was mach ich mit meinem Raum?
Ich setze in ihn Strauch und Baum
und füll ihn mit Wolke und Meer
doch bleibt er zur Hälfte mir leer
ich treibe in ihn Rauch und Schnee,
das schwindet, bevor ich es seh,
ich hole mir Donner und Wind,
Donner verrollt und verrinnt
und such ihm Himmel und Licht
und Schatten, sie füllen ihn nicht,
ich trage ihm Steine zu, kaum
erkennbar nur füllt sich mein Raum –
so geb ich der Mühe genug,
den Rest einer Schwalbe zum Flug.

Christoph Meckel: »Lied«. Aus: »Gedichtbilderbuch«, Eremiten-Presse 1964.

Otto Jägersberg

* * *

Ich bin kein flugbereiter Europäer
im Freiraum lufthistorischer Güte
Ich bin ein Roter Radler
unterwegs zur Planetarischen Revolution
Mein Daumenschlag schnellt den Klöppel
zur Glockenwand: Schluß
mit dem lächerlichen Flugverkehr

Ich konzertiere die Überlegenheit
unserer Fahrten von der Lenkstange
Unsere Zeit trägt einen roten Stern
im Haar, Valentina, Walja, Kleines
brat uns einen Mond zum Liebesmahl
der neuen Raumordnung

Ich habe in die Schalen meiner Glocke
unsere Namen graviert, Walja
jeder Daumenschlag vereinigt uns
zu zartem Klang

Was ist dagegen das Krachen des Eises an den Polen
Was der Lärm der Gebetsmühlen
Was sind schon die Geräusche Amerikas
Was ist denn Amerika, Valentina
Schlaf über Amerika

Ängstlich pfeifen die russischen Lokomotiven
Dampfkartoffeln aus den Rohren
Schlaf über Russland, Walja
Schlaf über Japan
Schlaf über den Ozeanen
Hör die Signale des Roten Radlers
Hör die starken Doppelschläge
Hör den Alarm unserer Liebe

Aus: »Fahrradklingeln für Valentina Tereschkowa«,
Eremiten-Presse 1963.

Albert Schindehütte: Prospekt Eremiten-Presse 1963.

Guntram Vesper

rückkehrer

fünf jahre im versteck
vor den junigerüchten.
am drahtzaun gepflückt
roßhaar der kalkmühle.
sie weisen das kind wieder
von kellerstufen und oberböden
reden vom siebentöter
nur im schrankbett.
die marktplatzlinden
fürs schußfeld geopfert.
nach den druckfahnen
steinwürfe auf die rathaustüren.
mit nagelschuhen
über verratene straßenschilder
von zuträgern übersehen
das tarnmuster der regenjacke

Aus: »Kleines Lyrik-Alphabet«,
Eremiten-Presse, 1963.

Aldona Gustas

mutwillig ging ich barfuß durch den Schnee
die Peitsche auf einer Seite
im Nacken Sterne heruntergebrannt
hinter mir ließ ich den Ballast des Gebets

der meinen Atem füllt
ist ein Sturmvogel über der Erdkruste
ein verwitterter Gigant

der meine ernsten Spiele stört
ist der meine Angst nährt

in prachtvoller Erregung
Bagatelle Vers Vers du meine Schwester
seltenes Blatt von Genießbarem

*

gebärde mich toll
in verschlossenem Wagen
schlüpfe heraus

ängstlich bin ich auf Nachtstraßen
ohne Verbündete

stoße kleine Halme unbegrenzt
nicht zu zählen in Neuschnee

stehe mit meiner unbezähmbaren Kraft
vor dunklen Hügeln
wärmend

der Mond fror auf meinem Gesicht
nachtüber
auf dünnem Porzellan

Aus: „Nachtstraßen", Eremiten-Presse 1962.

Sigurd Kuschnerus: Linolschnitt aus »Friedhöfe des Mondes«, Eremiten-Presse 1960.

Günter Bruno Fuchs

Nationalhymne der deutschen Autobahn

Und wenn ich heil!
mal müde bin
und soll für immer
ruhn,
dann fährt
mein Heil, mein
Führer
auf und ab
und sucht
den ersten
Spatenstich von
einst
und schaufelt euch
per Autobahn geheilt
ins süße
Grab.

Nationalhymne des deutschen Försters

Löns
mir die Lieder
singen. Löns
mir die grünen
Lieder singen. Löns
mir am Denkmal
dort
die Heimat
stecken
ans Gewehr. Löns
mir ein
1914
gutgezielt
auf diesen
Hirsch
anlegen, den ich
jetzt
Franzose
nenn –

dieweil ich eben löns.

Aus: »Kalender 1967«, Eremiten-Presse.

Uve Schmidt

Guten Morgen

Guten Morgen
so sagt man doch unter
dem Dach da das Bier steht
und die Sprüche gemacht sind
Guten Morgen
packen wir weiser aus als wirs sind
Guten Morgen ist die Parole
für jedweden gut Freund.

Gut Freund
heißt leichter Einlaß
leichtes Brot und Rede für
gesellige Hüte die gemeinhin
bedecken Sperling und Locke
und gezinkte Erfindung
Gut Freund
Beschwört man den Feind.

Feind an gutem Morgen
ist gut Freund
Träger büttener Referenzen
Geograph auf schwarzem Fleck
unterwiesen in Klopfzeichen
Handgriffen und großen Sprüngen
Feinde
sind freundlich wie schön.

Guten Morgen
lieb deine Freunde!

Aus: »Schöne Gegend mit Figuren«,
Luchterhand 1965.

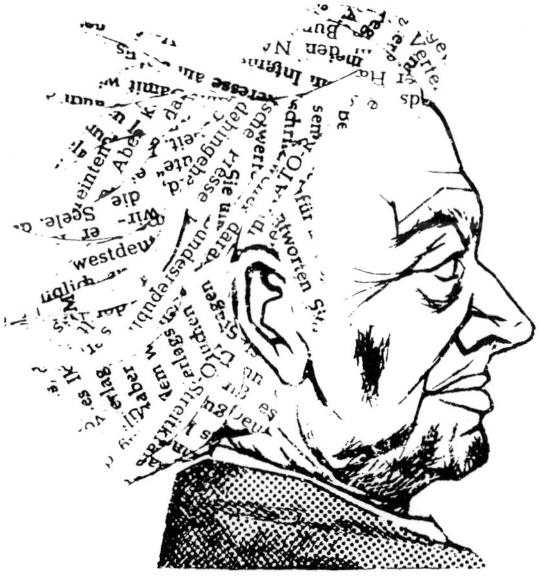

Uve Schmidt: Porträt
V. O. Stomps, 1962.

Pit Morell: Linolschnitt (Andruck). Aus: »Tschikeung«. Eremiten-Presse 1963.

Pit Morell

Signal 002755

In meinem langen Fischgratmantel
stehe ich am Büffet
von bittren Kohlgerüchen bedeckt
während ihr aus den Arbeiterzügen steigt

Da ruft einer meinem Bartgesicht
meinem Grindkopf und Sandgehäuse
Ziegenschrei entgegen
Määää

Ziehe am Strohhalm meiner
Halblitermilchflasche
und belle
ein mächtiges Ur-Wau Wau
durch die Hallen morgens um halb Sechs
Den Bremer Stadträubermusikanten
ganz nahe
stoße ich euch Rothändle-Dunst entgegen

Aus: »Tschikeung«, Eremiten-Presse 1963.

Arno Waldschmidt: Porträt V. O. Stomps. Holzschnitt, Corvinus-Presse 2008.

Guntram Vesper

Stomps in Gießen

Eine Erzählung

Es kommt mir vor wie gestern, es ist Jahrzehnte her. Im Frühsommer dreiundsechzig machte ich den Versuch, in Gießen zu studieren. Wer die Stadt von damals kennt, weiß, daß der einzige erträgliche Ort das bis spät in die Nacht geöffnete Café Deibel hinter dem Theater war. Die ramponierten Möbel, die fleckigen braunen Tapeten, die löchrigen Lampenschirme stammten aus einer anderen Zeit und gehörten ihr weiter an, während das alte enge Gießen mit der Wohnung Büchners und dem Laboratorium Liebigs im Bombenkrieg beinahe restlos in Schutt und Asche gesunken war, nur der scheußliche Bahnhof blieb stehen.

Draußen wurde eine Stadt der späten fünfziger Jahre aus dem zitternden Boden gestampft, und das Deibel bot seinen Gästen alle Zeitungen der Welt, den Gießener Anzeiger gab es in fünf Exemplaren. Durch die dämmrigen Höhlen tappte ein betagter Ober in Schwarz und servierte das Leitungswasser umsonst. Ich glaube an den Menschen, wenn er allein ist. Mehr hörte man selten von ihm. Die passende Geschichte hatte er immer am Vortag erlebt.

Das Café war die Zufluchtsstätte von alternden Schauspielern, von ausgedienten alleingelassenen Kommunisten in der Wüste des Verbots, von Studenten ohne Stipendium und Wechsel und von vier, fünf Zeichenlehrern und Redakteuren, die an mehr gedacht hatten und dachten; Refugium, über dessen Schwelle das monotone Rasseln des Landes, der trostlose Anhauch der öden Provinz nicht kamen.

Nachmittags ruhten sich an den Tischen gleich neben dem Eingang Frauen aus den Dörfern des Umlandes vor dem langen Weg zum Bahnhof aus. Die schweren Taschen und Netze mit den Kleidern und Schuhen für ein Jahr verstellten den Durchgang. Kopftücher, schrille Stimmen, dicke Kinder mit großen Augen. Manchmal saß auch ein Buchhändler da. Sein Laden lag gleich um die Ecke. Gehörte zu den Leuten, von denen man wenig weiß. Aber ein Namensvetter, Buchhändler wie er, war Teilnehmer an Weidigs und Büchners verschworenem Treffen auf der Badenburg über der Lahn gewesen. Das gab ihm Bedeutung.

Hin und wieder lud er Schriftsteller ein. Nach Gießen. Was das heißt, ahnt man erst, wenn man dort gelebt hat. Die Leseabende fanden im Café Deibel statt. Einmal wurde Victor Otto Stomps angekündigt.

Ich kam, um Stomps zuzuhören, am Abend mit dem Schienenbus vom Land, wo meine Eltern wohnten. Bis auf den Fahrer war der Wagen leer. Niemand wollte nach Gießen. Das Zittern des halbdunklen Fahrzeugs, das an jeder Haltestelle mit laufendem Motor stehenblieb.

Als ich die Halle des Bahnhofs durchquerte, fiel mir die Nacht vor sechs Jahren ein. Wir waren aus Westberlin gekommen und mußten ins Lager am Stadtrand. Es war bis zum Morgen geschlossen. Von elf bis sieben saßen wir im Wartesaal, der große Koffer lag unter der Bank. Bleiche Gesichter von Vater, Mutter und Bruder. Fremder Boden. Zugluft. Schmutz.

Im ersten Stock des Cafés wartete der Buchhändler schon neben der Tür. Schnell, schnell. Im Raum Stille. An den kleinen runden Tischen ältere Frauen, fünf Studenten, ein Studienrat der besseren unsicheren Sorte und die drei alten Schauspieler, die frei hatten wie meist und mit ihren Kaffeetassen nach oben gekommen waren. Ganz hinten sah ich Stomps, auf dem Sofa. Gläser, Bücher, Hefte vor sich. Er schrieb auf ein Blatt. Dann stand er auf und guckte zum Eingang. Ein großer leicht vornübergebeugter Mann. Längeres Haar als am Ort üblich. Machte auf mich einen alltäglichen Eindruck. Man konnte nicht erkennen, was für eine Art Leben er führte.

Ich meine, wir sollten jetzt anfangen, sagte der Buchhändler und schloß die Tür. Stomps las vor, aus Büchern, von Zetteln. Das war so oder so, ich sah den Zuhörern nichts an. Ihr Kommen, ihre Anwesenheit drückten schon das ganze Einverständnis, alle Zustimmung aus.

Nachdem er das letzte Stück Papier weggelegt hatte, ging das Kaffeehausleben seinen nächtlichen Gang. Unter den schweren Schritten des Obers knarrten die Dielen, Gläser klirrten, man hörte das Klimpern von Münzen. Die Frauen brachen auf, Hüte wurden gerückt. Jemand blätterte in der Zeitung.

Ich dachte mir eine Frage aus. So kamen wir ins Gespräch. Er redete langsam, mit Pausen, mit Blicken in den Raum. Über die *Eremiten-Presse*, das kleine Haus in Stierstadt. Die neuen Autoren, die niemand kannte, interessierten ihn am meisten, sie verlegte er am liebsten. Jede Seite wurde mit der Hand gesetzt. Wenn das Material ausgegangen und kein Geld da war, suchten seine Helfer und er Reste und Abfälle zusammen.

Dann erzählte er von einem Steuerberater oder Wirtschaftsprüfer aus dem Rheinland, der morgens um halb fünf, als man sich gerade hingelegt hatte, vor der Baracke in Stierstadt aufgetreten war, ein dickes Bündel Verse unter dem Arm, und alle halben Stunden an den zugeklappten Fensterladen getrommelt hatte. Das war noch ein Beleg für die Macht der Poesie.

Ich mußte zum letzten Zug. Der Buchhändler führte seinen Gast in Richtung Laden. Vielleicht stand im Hinterzimmer ein Bett.

Am nächsten Tag schickte ich Gedichte nach Stierstadt. Ein Zettel mit vier handschriftlichen Zeilen kam zurück, sein Vorschlag, ein Buch zu machen. Im folgenden Herbst oder Winter hat er die Auswahl besorgt, es gibt einen Brief, in dem er die einzelnen Gedichte aufzählt und sie schon angeordnet hat.

Monate später borgte ich mir ein Auto. Das war im Frühjahr. Ein Sonntagvormittag, und die Straßen leer. Nur an der Auffahrt Gießen standen drei Studenten aus Norwegen mit großem Gepäck. Ich lud sie ein. Sie wollten in den Süden. Und du, fragten sie, wohin fährst du. Zu meinem Verleger.

Ich saß an seinem Matratzenlager. Er kroch immer tiefer unter die Decken. Das Raucherbein. Er sprach vom Krieg, von den ersten Jahren der *Rabenpresse* in Berlin, den Zugriffen der Nazis, von den Anfängen in Stierstadt. Die Gedichte hatte er viele Male gelesen. Notizen gab es nicht. Wir arbeiteten den ganzen Band durch. Alles, was er vorschlug, endete mit einem Fragezeichen. Der Zweiundzwanzigjährige, der neben ihm auf einer Kiste hockte, hörte das genau.

Als ich ging, nahm ich das Bild eines alten kranken Mannes, die Erinnerung an seine Freundlichkeit und die Last der versteckten Begeisterung mit. »Fahrplan« erschien im Herbst vierundsechzig als vierter Band der Reihe *Paßgänge*, wurde nicht besprochen und brachte Stomps nichts ein. Er hatte hundertfünfzig Exemplare gedruckt, irgendwo sind sie geblieben.

Das Café Deibel ist längst abgerissen. Der Buchhändler, vor Zeiten schon Pleite gegangen, hat in Gießen die Frau und im Solling sich selber erschossen, seine Leiche zerfiel, bevor man die Reste im Unterholz fand.

Stomps war seit zehn Jahren tot.

V. O. Stomps in der Stierstädter Schreibkammer: Schreiben »gegen die Moden der Zeit« (Hans Bender). Foto: Gustav Hildebrand.

Sigurd Kuschnerus: Erinnerung an den Weißen Raben, Eremit auf Schloss Sanssouris. Holzschnitt, 1987.

Otto Jägersberg

Armlang gearbeitet und handbreit gehandelt

Zur Stierstädter Bleizeit

(…) Der Mann, dessen Handwerk Wörter machen war, ging geizig damit um. Buchstabe für Buchstabe. In Stierstadt wurde nur von Hand gesetzt und auf einer Heidelberger Schnellpresse gedruckt. Bei den Arbeiten für *In die Maschine gemalt* sprengte der überforderte Druckzylinder die Zahnkränze. Eine neue, alte Heidelberger war leicht gefunden. Die Druckereien stellten damals auf Offset um und waren froh, wenn man ihnen die alten Pressen aus der Halle schleppte. Wieder nichts zum Abschreiben.

Ich verstand nichts vom Büchermachen. Stomps hat mich setzen, drucken und binden gelehrt. Schon nach drei Tagen gab er mir das Gefühl, ein brauchbarer Arbeiter zu sein.

Mögen was man tut. Leben und Arbeit gehörten zusammen. Wir bestimmten die Produktionsweise und hatten die Produktionsmittel in der Hand und in Besitz. Ohne Verklärung und Sentimentalität lebte man von armlanger Arbeit. Freilich bescheiden. Alle Tätigkeiten, von der Herstellung bis zum Versand, waren im Zeitpunkt wählbar, wie auch die Haushaltsarbeit und die Genußstunden. Stomps' *Eremiten-Presse* war ein Musterbeispiel revolutionärer Infrastruktur. Er hat nie ein Wort darüber verloren. Er nahm für seine Lebensform keine Theorie in Anspruch.

Berichtsjahr 63. Ein Geschäft wurde *Das neue Bestiarium der deutschen Literatur*. Das war genau die Art von schönem Buch, die Bibliophile leider schätzen. Machart, Inhalt und Auflage für die *Eremiten-Presse* untypisch. Die Klischees kamen aus der Fabrik, das Papier war auch sehr weiß, und es ging nur um bekannte Namen.

Den Kalender machten wir noch mit schlechterem Gewissen. Auflage über 3000. Der Handel war wild hinter dem Ding her. Nicht glücklich war Stomps' Einfall, bei den Lyrikbänden vom alten Hochformat abzuweichen und noch das Klein-Oktav zu unterbieten (16 cm hoch, 8 cm breit). Die Bändchen verschwanden leicht in der hohlen Hand und machten im Regal wenig her. Außerdem vermurksten wir halbe Auflagen an der Schneidemaschine, die bei diesen Formaten nicht für Präzisionsschnitt taugte. Von Paulus Böhmers *Liederbuch der Quantität* haben wir keine dreißig vernünftig geschnittene Exemplare hingekriegt. Viel Abfall auch bei Morell, *Tschikeung* und *Kleines Lyrik Alphabet*. Für gut gemachte Bücher halte ich auch heute noch das *Prosa Alphabet* mit dem zum Innenrand flatternden Satz, Meier, *Sehen Hören*, Schreib, *Ach Gottchen* und das bis dahin aufwendigste Buch des Verlages, *In die Maschine gemalt*. Stomps liebte unbeirrt weiter sein Format und besonders das *Kleine Lyrik Alphabet*.

Natürlich wurden die neuen Autoren auch dieses Produktionsjahres von der literarischen Kritik nicht beachtet.

Soll und Haben. Der nationalökonomische Grundsatz, daß nur die sittliche Auffassung von Arbeit, Arbeitskraft und Arbeitsmethode (war gegeben) im letzten Sinne dauernde Rentabilität verbürgt, haute auch nicht annähernd hin. Dazu war die Zahlungsmoral der Kunden schlecht. Mit leichtem Gewissen trugen Schuldner – dem leidigen Ruf folgend – lieber alkoholische Mitbringsel in die Stierstädter Buchhandlung.

Besucher. Häufig. Alles Freunde. Gute und falsche. Dichter, Sammler, Kriegsteilnehmer.

Ungeheuerlich zum Teil die Formen der Einschmeichelung. Wer gesehen hat, wozu Autoren fähig sind, um ihre Sachen gedruckt zu bekommen, gewinnt ein mildes Urteil über Prostitution. Dabei brachte eine Veröffentlichung bei Stomps mitnichten so etwas wie literarische Anerkennung. Den Stierstädter Produkten und ihren Urhebern haftete irgendwie Unseriöses an. (Es dauert, bis Legenden gesellschaftsfähig sind.)

Die kleine Auflage war gleichbedeutend mit kleiner Bedeutung, wo sich alles nach der großen Auflage streckte. Das handgemachte Buch war anrüchig, wo man das Wegwerfbuch propagierte. Als ernsthafte und dauerhafte Interessenten der *Eremiten-Presse* konnte man nur Kenner aus der Kulturindustrie (drei), Sammler (etwa sechs) und Buchhändler (neun) bezeichnen.

Stomps selbst wurde eigentlich auch nur als eine Art Urviech irgendwo in einer Feuilletonecke gehalten. Nicht, daß er sich darüber beklagt hätte. Er machte weiter. Las er über seine Produktion gar zu absurdes, fiel ihm ein, zu sagen, daß man nicht einen Haufen Scheiße auf die Straße pflanzen und erwarten kann, auf dem Rückweg keine Fliegen vorzufinden.

Die Diebstahlsquote am Stand der *Eremiten-Presse* auf der Frankfurter Buchmesse lag jedoch beständig über dem branchenüblichen Maß. (...)

Bernhard Jäger: Portrait Vauo, Lithographie, 1985.

V. O. Stomps in Stierstadt. Fotos (4): Gustav Hildebrand.

Christoph Meckel: Kalendergrafik 1964.

Peter K. Kirchhof

»Bücher verkauft man doch nicht, sonst hat man sie ja nicht mehr.«

Unterwegs zum Büchermacher, Verleger, Drucker, Lektor, Herausgeber und Autor V. O. Stomps

Wir waren zu sechst. Willi, halbseitig gelähmt, schon sieben Jahre hier, ans Bett gefesselt. Der vorbestrafte Ex-Legionär Hugo, ohne festen Wohnsitz aufgegriffen. Der greise Kreuzmann mit dem Halsband seines toten Lieblingshundes um den Hals, will Tanzlehrer am Zarenhof gewesen sein. Die Revolution, na klar, die Revolution war Schuld an seiner Vertreibung. Im Schlafanzug, mit Lackschuhen an den Füßen demonstrierte er den Steptanz auf dem Terrazzoboden des Flures. Opa Müller, zwei Jahre hier, schnitt uns bei Bedarf für einen Heiermann mit der mechanischen Handschere die Haare im sogenannten Badezimmer der Station. Ansonsten Treffpunkt der Raucher, Herberge für Skatrunden, Reinigungsort für Urinflaschen, Spucknäpfe und befleckte Laken. Hammerzeh wurde in die geschlossene, mit Fenstergittern versehene Abteilung verlegt, als ruchbar wurde, dass er sich vor Jahr und Tag – von Bethel aus – mit einer Geldtasche aus dem Staub gemacht hatte.

Pit kam etwas später. Mein unmittelbarer Bettnachbar. Ich lag am Fenster. Herausgefallen aus der Gemeinschaft des Vorortes. Mit den drei unheiligen Buchstaben stigmatisiert. Ich hatte mich aus dem Blumenthal verabschiedet. Für Jahre zuhaus in diesem unwirtlichen Zimmer. Die Wände bis in Kopfhöhe gestrichen mit hellgrüner Öllackfarbe, darüber Binder, elfenbeinfarben mit etwas Ocker getönt. An der Decke braune Wasserflecken. Zwei alte Wehrmachtsspinde für unsere Zivilkleidung, ein Waschbecken, Ort der morgendlichen verschämten Waschungen, ein blanker Tisch inmitten.

Wir teilten die Träume, den Martini, den Erna sonntags mit in die Besuchszeit brachte. Und *Das*

Schönste. Monatliches Periodikum des Kindler und Schiermeyer Verlages, wichtigstes und informativstes Kulturmagazin der fünfziger und sechziger Jahre. Großformatige farbige Titel mit Klee, Kokoschka, Kandinsky, Marc, Macke und anderen. Eine Wundertüte für Bettlägrige, prall gefüllt mit inspirierenden Beiträgen über Kunst, Architektur, Theater, Literatur und Musik.

Nach ein paar Monaten in der Klinik setzte mir Frau Dr. Pauli einen Pneumothorax unter das Zwerchfell. Alle vierzehn Tage wurde mir die stricknadeldicke Kanüle in den Bauch gerammt, wurde die linke Lunge mit siebenhundert Kubikzentimeter Luft ruhig gestellt. Ansonsten Spritzen und Tabletten. Die Unruhe im Kopf stillten Pit und ich mit Büchern, als eifrigste Entleiher aus der Krankenhaus-Bibliothek. Das brachte uns den Auftrag der Oberschwester ein, den Bestand zu sichten, zu reinigen und notfalls auch zu restaurieren.

Courths-Mahler, Ganghofer, Karl May, alles bekamen wir zwangsläufig in die Finger. Aber auch Ute Erb mit ihrem aufmüpfigen Buch »Die Kette an deinem Hals«, in dem sie die Ablösung vom Elternhaus, den Weggang aus der DDR beschreibt. Ernest Hemingway, Radiguet, Prévert. Hans Christian Kirsch: Unter dem Titel »Mit Haut und Haar« bot er die deutsche Tramper-Variante zu Kerouacs »On the Road«.

Herrliche Funde, immer neue Entdeckungen – und der Hunger wuchs. Schwester Karin versorgte uns von draußen, aus der angesagten Bremer Buchhandlung: Allen Ginsberg, Lawrence Ferlinghetti, Jack Kerouac, Sartre, Camus. Hans Platschecks 1956 bei Limes herausgegebenen Band «Dichtung moderner Maler«. Daneben auch Sigmund Freud und Lexikas zur Philosophie und zum Jazz. Meine Fensterbank war belegt mit Zeitschriften, aufgeschlagenen Büchern, gleichzeitig gelesen. Alle Papierschnipsel nahmen wir auf in der großen Schnitzeljagd – und fügten ihnen schamhaft eigene, von uns mit ersten lyrischen Versuchen beschriebene hinzu.

Das Schönste erschloß uns eine neue Sicht auf die zeitgenössische Literatur. Im Frühjahr ein Porträt des Dichters Günter Eich. Es folgte Ilse Aichinger, mit Fotos und Textbeispielen. Im Juli 1962 stellte Peter Hamm auf einer Doppelseite Günter Bruno Fuchs vor, den Schriftsteller und Holzschneider aus Berlin: »Immer auf der Flucht vor jenem Todernst, der so leicht zum tödlichen Ernst wird, und immer ›auf der Suche

Johannes Vennekamp: Kalendergrafik 1964.

Günter Bruno Fuchs: Kalendergrafik 1966.

nach einem Regen, der das Gift aus den Augen spülte‹, so treibt Günter Bruno Fuchs durch die Straßen, Hinterhöfe und Kneipen von Berlin; und so wohnt er: ›meine Behausung / am Platz für öffentliche Unordnung / ist der brennende Zirkus‹.«

»Nach der Haussuchung«, »Ratten werden verschenkt« und »Fisimatenten«, das waren die Titel der Bücher, die V. O. Stomps in den Jahren zuvor in der *Eremiten-Presse* verlegt hatte. 1962 folgten im Luchterhand Verlag die mit frechen Collagen von Arno Waldschmidt und Ali Schindehütte illustrierten »Trinkermeditationen«.

Pit erinnerte sich an Waldschmidt und Schindehütte, die er 1958 während seines Kunststudiums in Kassel kennenlernte.

Oktober 62 erschien von Peter Hamm eine mehrseitige bebilderte Auseinandersetzung mit elf jungen deutschen Lyrikerinnen: »Bitte, wo ist dies Engelswies…« – Vier von ihnen (Gabriele Wohmann, Kristiane Schäffer, Aldona Gustas und Hannelies Taschau) hatten ihre ersten Bücher bei V. O. Stomps in Stierstadt herausgebracht. Den stellte Hamm dann in der Novembernummer vor.

Stomps, »Der gute Mensch von Sanssouris«, feierte Ende September seinen 65. Geburtstag und hatte während der Buchmesse in Frankfurt zu sich nach Stierstadt am Taunus eingeladen. Über dreihundert Personen folgten seinem Ruf, feierten und zechten bis zum nächsten Mittag. Uve Schmidt hielt eine Geburtstagsrede vom Dachbalken herab.

Am nächsten Tag waren mit den Gästen auch ein Großteil der in Rama-Kartons gelagerten Bücher der *Eremiten-Presse* verschwunden. – Vauos Credo, »Bücher verkauft man doch nicht, sonst hat man sie ja nicht mehr«, schien von einigen Gästen krass mißverstanden worden zu sein.

In der Europäischen Verlagsanstalt erschien zeitgleich unter dem Titel »Guten Morgen Vauo« eine Anthologie zu Ehren V. O. Stomps. Herausgegeben von Harry Pross und Günter Bruno Fuchs, gestaltet von Fuchs und Vennekamp, vereinte sie über fünfzig Autoren und Künstler, die in der Vorkriegszeit in der *Rabenpresse* oder nun in der *Eremiten-Presse* publizierten. Literarisch anspruchsvolle, zeitkritische, Sinn verhöhnende, Nonsens auftürmende, verspielte oder schrullig die Welt verlachende Beiträge der Außenseiter und Unangepassten, die bei Stomps ihre Heimstatt fanden.

Großstadttrunken in Berlin

Das waren Geschichten nach unserem Geschmack, all dies motivierte uns. Aus dem Gartenhaus des Klinikparks besorgten wir abgelegte Linoleumstücke, Bretter und alte Bettlaken: alles wurde zu Druckstöcken und Malgründen. Wir bepflasterten die Wände hinter den Betten mit unseren Bildern. Figurative Himmelsstürmereien. Zu jeder Visite aufs Neue beschworen wir den Protest des Chefarztes herauf, der eine Attacke auf die Krankenhausordnung befürchtete. Schon unsere Bärte, die Pit und ich uns hatten wachsen lassen, missfielen ihm. Jemand hatte die Bremsen der Räder an den Stahlrohrbetten gelöst, wir waren nicht mehr aufzuhalten.

V. O. Stomps nach einer Lesung in der Wohnung von WP Eberhard Eggers, 1963. Foto: Archiv.

Im Sommer 63 wurde ich entlassen. Zum Abschied holte ich die deutsche Flagge am Verwaltungsgebäude ein, verließ den Ort schwanger mit ihr unter dem Pullover. Wochen später folgte Pit. Noch liefen unsere Wege parallel. Wir suchten Kontakte zu Künstlern, wollten uns ein neues, stabiles, muntermachendes Beziehungsnetz aufbauen, stürmten die Bremer Jazz-

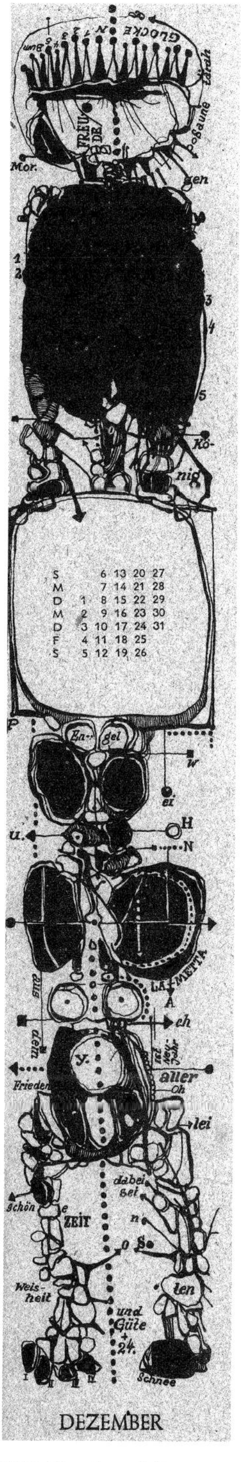

WP Eberhard Eggers: Kalendergrafik 1964.

kneipen. Gelegentlich spielte Fritz Meckseper am Piano. Nach Konzertschluss gings in seinem Wagen nach Worpswede. Dufte Schnufte, wie wärs mit einem Whisky Friskie? Meckseper bot mir seinen Flachmann aus der Brusttasche an. Bei Poppe wurde es lärmendlustig.

Wir hörten von einer Ausstellungsreihe im Kunstkabinett in Hannover. Nächste Eröffnung August 63 mit Lithographien von Thomas Bayrle und Bernhard Jäger. Wir erkundeten die günstigste Autobahnauffahrt. Ein Pappschild mit Zielangabe, den Daumen nach oben. Ohne lange Wartezeit ergab sich eine Mitfahrgelegenheit nach Hannover. Man traf sich vor der Ausstellungs-Eröffnung bei WP Eberhard Eggers in der Fischerstraße. Seit einem Jahr betrieb er dort das *Fischersträss'ner Presschen*. Mit Schriftstellern und Künstlern zusammen entstanden Mappenwerke, Flugblätter und Kunstbücher in der Spur von V. O. Stomps.

Im Keller wurde gedruckt, in der mit alten Möbeln vollgeräumten Wohnung veranstaltete Eggers kleine Ausstellungen und Lesungen mit den Buchkünstlern und Autoren. Stomps kam Wochen später zu einer Lesung in die Fischerstraße.

Eggers zeichnete in dem Jahr Illustrationen für die *Eremiten-Presse*. Statt einer Einführung für die Künstler Bayrle und Jäger, versteigerte Kurt P. G. Brandt im Kunstkabinett einen Weißkohlkopf. Aldona Gustas las ihre erotisch aufgeladenen Gedichte. Hinterher ging es wieder in die Fischerstraße, ein Fest in allen Räumen der Wohnung. Ich erwachte mit einem geschwollenen Auge in einem hinteren Raum mit Fenster zur Leine.

Wir wollten weiter. Pit hatte uns in Berlin bei Schindehütte und Waldschmidt angemeldet. In Hannover-Buchholz kriegten wir eine Fuhre bis Helmstedt. Dort sollte es leichter sein, während der Wartezeiten wegen der Grenzformalitäten eine Mitfahrt zu verabreden. Passkontrolle in Marienborn. Dem Brummi-Kapitän war es angenehm auf der ungeliebten Transitstrecke nach Westberlin zwei Gesprächspartner zu haben. Aber schon bald, in Berlin-Nikolassee, standen wir wieder auf der Straße. In der abendlichen Dunkelheit klingelten wir eine Weile später in der Pariser Straße bei den Rixdorfern.

Mit Vorliebe pflegten die *Rixdorfer* den unbekümmerten Umgang mit alten Holzlettern, den traditionellen Bleisatz und Illustrationen in allen Techniken. 1959 hatte Günter Bruno Fuchs mit G. Anlauf, R. W. Schnell und S. Kuschnerus in der Oranienstraße die

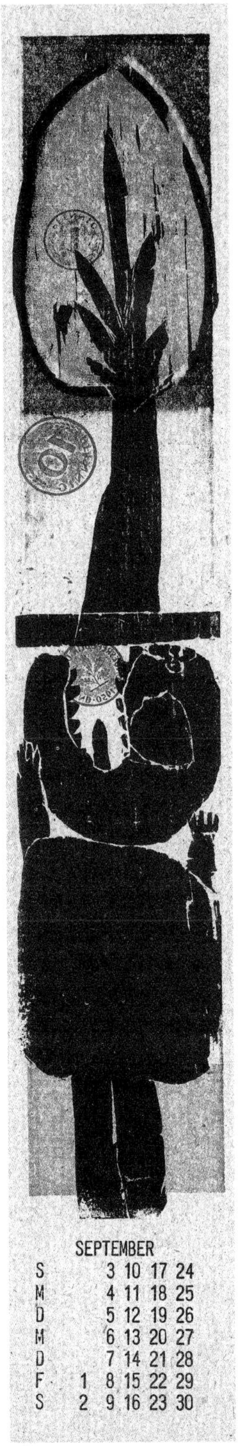

Arno Waldschmidt: Kalendergrafik 1966.

Galerie Zinke gegründet, der aber kein langes Leben beschieden war. So hatte sich Fuchs 1961 mit Vennekamp, Schindehütte und Waldschmidt in einem alten Fabrikgebäude in Kreuzberg zusammengefunden, um in Berlin die Handpressen-Fertigung weiter zu entwickeln. Im Jahr unseres Besuches kam Uwe Bremer dazu, womit die *Rixdorfer* komplett waren.

Großstadttrunken stöberten wir durch Berlin. Die Metropole köderte und narrte mich. Nichts Angesagtes ließen wir aus. Kennedys Schimpf auf die Mauer: Wir standen vor ihr, mundverlegen. Verirrten uns auf der Brache des Potsdamer Platzes. Standen vor Mühlenhaupts Trödelhandlung an der Blücherstraße, entzifferten Grabsteine auf dem Kirchhof Jerusalem. Abends kippten wir Schnäpse im Leierkasten und suchten nachts die Schuhe von Fuchs, die er während der Zechtour in Kreuzberg verloren hatte.

Aber meine Zeit war reglementiert. Noch vier Jahre nach der Entlassung musste ich mir vierzehntägig in ambulanter Behandlung beim Facharzt in Bremen den »Goldenen Schuss« holen.

Wie beim großen, bösen Wolf tobte in meinem Bauch nur die kalte Luft, kein einziges Geißlein. So, *fit for life*, konnte es weiter gehen. Und Stomps wurde immer präsenter.

Im Glück der Stunde

Pit hatte sich mit einem selbst illustrierten Gedicht-Manuskript der *Eremiten-Presse* vorgestellt – und Stomps sagte die Veröffentlichung noch für 1963 zu. Wir machten uns auf den Weg. Frühmorgens ab Neustadt über die Bundesstraßen Richtung Wildeshausen. Mit zwei-, dreimaligem Umsteigen kamen wir in Stierstadt an. Standen im wilden Garten vor dem langgestreckten Quergebäude, dem »Schloß Sanssouris«.

Guten Morgen, kommt herein, bittet der freundliche ältere Herr. Gekleidet in ausgebeulter Hose, Hemd und Pullover. Langes, graues Haar. In seinem Wohnzimmer befanden sich Sofa, Sessel, Tisch, kleine Bücherregale, die schon bessere Zeiten gesehen hatten, und mehrere Bilder an den Wänden. Eine leicht gewundene, mit Papierstapeln belegte Holztreppe führte unters Dach.

Nach rechts wurde der Blick frei in einen Raum mit Druckpresse und Setzmaschine. Dort hantierte jemand, der uns als Paul Christoph Böhmer (= Paulus Böhmer) vorgestellt wurde. Sein von Bernhard Jäger

Pit Morell: Kalendergrafik 1964.

illustrierter Band »Liederbuch der Quantität« sollte zum Herbst fertiggestellt sein.

V.O. Stomps referierte, während er die Teller füllte, über das optimale Linsengericht. Zu dem in jedem Fall auch ein ordentlicher Klarer gehöre. Die Auswahl der Texte, Zuordnung der Linolschnitte und Produktion von Pits »Tschikeung« war anhängig. Meine ersten lyrischen Versuche kamen ins Gespräch. Stomps versprach, eine Auswahl meiner Gedichte ins »Kleine Lyrik-Alphabet« aufzunehmen. Ich verbuchte es im Glück der Stunde als Vertrauensvorschuss für den jungen, neunzehnjährigen Mann, der ich war, der bisher doch nur wusste, was er *nicht mehr* wollte.

Neben den Wohn- und Arbeitsräumen des Schloß Sanssouris befand sich ein Raum mit zementiertem Fußboden. In einer Vertiefung waren Matratzen und Militärmäntel zum Schlafen ausgelegt. Zum Abschied beschenkte mich Stomps mit einzelnen älteren Exemplaren aus dem Füllhorn der *Eremiten-Presse*: »Das Bathos« von Alexander Pope, auf Packpapier gedruckt. Von Lothar Kamps »Epizykel« sowie aus der neuesten Lyrik-Produktion, die in farbiges Tonpapier eingeschlagenen Bände von Uwe Reisner, Aldona Gustas, James Lamont Johnson. Handsatz. Im Leporelloverfahren gedruckt, um die Bücher voluminöser erscheinen zu lassen. Jeweils mit Originaldrucken von Sigurd Kuschnerus oder Hans Sünderhauf geschmückt.

»Wir müssen uns Sisyphos als einen glücklichen Menschen vorstellen« heißt es bei Albert Camus. Er könnte V. O. Stomps gemeint haben. Sein Mut zeichnete ihn aus, mit dem er sich gegen alle Widrigkeiten stemmte, sich immer treu bleibend. Auch in schwierigen Zeiten auf Menschen zugehend, Idealist und Menschenfänger, der er war. Mit literarischem Spürsinn junge Talente zu finden im ewigen Aufstand gegen bürgerliche Verbohrtheit und Humorlosigkeit. Nicht das Trachten nach wirtschaftlichem Erfolg trieb ihn an, sondern die Lust und der Spieltrieb, mit den in kleinen Auflagen und viel Herzblut geschaffenen Büchern einen Wall gegen Langeweile und modischen Schnickschnack aufzurichten.

Finanzielle Engpässe weckten eher Vauos Kreativität. Es gelang ihm und seinen Künstlern, sogar mit minderwertigen Materialien durch Experimentierlust und Improvisationsgabe der Buchkunst neue Möglichkeiten zu erschließen. Sichtbar zum Beispiel in der Reihe *Bilder-Bücher*. So die von Horst Antes gefertigten vielfarbigen Pflanzendrucke als Hintergrund für die Gedichte Dieter Hoffmanns. Das von Günter Bruno

Uwe Bremer: Kalendergrafik 1966.

Fuchs auf Wellpappe gedruckte »Spiel- und Polterbuch«. Die monochromen Prägedrucke von Arno Waldschmidt, die Original-Lithografien von Bayrle und Jäger für das Buch »Gesichter«. Dietrich Kirschs Materialdrucke für den Band »Fischeimer« oder Christoph Meckels »Gedichtbilderbuch«, mit Schablonen und anderen Materialien direkt in die Maschine gemalt und geschrieben. Und schließlich auch die jährlichen Kalender, schlanke Hochformate, schwarz oder auch mal mehrfarbig auf Packpapier gedruckt. Immer waren es phantasievolle und überraschende bibliophile Ergebnisse, die nur schwer ihren Weg in die Buchhandlungen und Bibliotheken fanden.

Leuchtende Abende mit großem Auditorium

Für Eingeweihte und Literaturfreaks war V. O. Stomps wohl nie ein Unbekannter. Tatsächlich gehört er aber, was sein eigenes literarisches Schaffen betrifft, zu den vergessenen Autoren. Leider auch zu den vergessenen Literaturförderern und -entdeckern: Viktor Otto Stomps, von Freunden Vauo genannt, wurde 1897 in eine wohlhabende Krefelder Juristenfamilie hineingeboren. 1899 zogen die Eltern aus beruflichen Gründen nach Berlin. Das Ende des Ersten Weltkriegs erlebte er als junger Oberleutnant, was ihn nicht vor einer kurzfristigen Gefangenschaft bewahrte. Im damaligen Berlin startete V. O. Stomps seine Lehrjahre mit unentschlossenem Jura-Studium, wechselte dann aber zur Germanistik und Psychologie.

Eigentlich erhoffte er sich ein Leben als Schriftsteller. Landete jedoch, um seinen Lebensunterhalt verdienen zu können, bei der UFA als Dramaturg. War in einzelnen Filmen in Nebenrollen zu erleben, doch die Entwicklung der Filmindustrie in jenen Jahren ließ ihn die Verbindung bald wieder lösen.

1923 gab V. O. Stomps ein Gastspiel als Effekten-Buchhalter bei der Deutschen Bank. Zu der Zeit war er keineswegs der einzige Literaturversessene in der Bankfilliale. Hans Gebser (der sich später Jean nennen sollte) und Heinz O. Wuttig waren gleich ihm dort beschäftigt – und teilten seine Leidenschaft. Man traf sich regelmäßig im Antiquariat in der Lindenpassage.

Stomps hatte sich schon eine kleine Handpresse samt Setzkasten in den Keller seines Wohnhauses in Lichterfelde gestellt. 1926 machten Hans Gebser und er sich unter dem Namen *Stomps & Gebser, Buch- und Kunstdruckerei, Verlagsanstalt* in der Stallschreiberstraße selbstständig. In den Druckauftragsbüchern

Albert Schindehütte: Kalendergrafik 1966.

Johannes Vennekamp: Kalendergrafik 1964.

konnte neben anderen «Der Sturm« von Herwarth Walden verzeichnet werden, zahlreiche Dissertationen, Drucke für die Hamburger und Bremer Handelskammern wurden ausgeführt.

Walther G. Oschilewski stieg als Redakteur bei den Monatsblättern »Der Fischzug« ein. In der Zeitschrift erschienen Wuttigs erste Gedichte, ein Romanfragment, auch Gebser und Stomps veröffentlichten öfter darin. Jüngere Autoren wie Karl Albrecht, Horst Lange, Kurt Liebmann, Carl Werckshagen, aber auch Julius Maria Bekker, Gottfried Benn, Alfons Paquet, Paul Zech und Bertolt Brecht wurden Mitarbeiter.

»Der Fischzug« war nach fünf Nummern Ende 1926 schon wieder eingestellt worden. Der Verlag firmierte nun unter dem Namen *Die Rabenpresse*. Die wirtschaftlich schlechten Zeiten erzwangen für die Druckerei gelegentliche Arbeitspausen. Schreibmaschinenarbeiten, Lohnarbeiten jeglicher Art wurden überlebenswichtig. Häufiger mussten die ererbte goldene Uhr von Stomps im Pfandhaus ein- und ausgelöst, Gerichtsvollzieher abgewehrt werden.

Der »Schwarze Freitag« im November 1929 an der New Yorker Börse löste eine Weltwirtschaftskrise aus. Das hatte auch Auswirkungen auf die junge deutsche Republik. Die Tage der Weimarer Republik waren gezählt, doch Stomps versuchte sich noch einmal mit einer neuen Zeitschriftengründung.

Von 1932 bis 34 erschien »Der weiße Rabe«. Einige Anthologien, auch mit ausländischer Literatur, wurden zusammengestellt. Kleine Reihen mit Lyrik- und Prosabüchern erschienen. V. O. Stomps druckte in der *Rabenpresse* u.a. Werner Bergengruen, Günter Eich, Peter Huchel, Max Hermann-Neiße, Gertrud Kolmar, Hermann Kasack, Rolf Bongs, Oda Schaefer, Werner Helwig, Oskar Loerke, Paul Zech. Bilder der Künstler Alfred Kubin, Ludwig Meidner, Renée Sintenis, Paul Klee, Hannah Höch wurden reproduziert.

1934 setzten die Nazis die *Rabenpresse* auf die Liste der unerwünschten Verlage. Stomps und die Autoren hatten sich seit einer Weile darauf verständigt, mit Vortrags- und Leseabenden in der Fasanenstraße (dem heutigen Literaturhaus) ihr Publikum zu suchen: »Interessant waren die von Stomps veranstalteten Dichterlesungen in der Humboldtvilla in der Fasanenstraße, leuchtende Abende mit dem Auditorium vieler prominenter und ehedem prominenter Autoren, die dem Regime nicht genehm waren«, schrieb Oda Schaefer dazu in ihren Lebenserinnerungen.

Mit der Zunahme der Repressionen durch die Nazis, der Diffamierungen im *Völkischen Beobachter*, verringerte sich die Anzahl der Druckerzeugnisse. 1937 musste Stomps schließlich den Verlag auf Druck der Nationalsozialisten verkaufen. In der neubezogenen Wohnung am Märkischen Ufer entstanden jedoch noch einzelne Privatdrucke, zum Beispiel von Oskar Loerke, Horst Lange, Lesungen im privaten Kreis wurden abgehalten.

Stomps erstes eigenes Buch erschien bereits 1920 unter dem Titel »Ein Festtag«. 1929 kam als Privatdruck »Die neuen Dinge« heraus, 1932 folgte »Der geheime Leierkasten«. Viel beachtete Theaterstücke und einzelne weitere Prosarbeiten entstanden: »Die Fabel vom Peter Lech« 1934, «Die Fabel von Paul und Maria« 1936.

1937 schreibt Dr. V. E. van Vriesland im Querido-Verlag über den Autor V. O. Stomps: »... Der Wechsel zwischen Traum, Tagtraum und Halluzinationen erinnert an das beeindruckende Buch von Alfred Kubin: ›Die andere Seite‹. Der essentielle Unterschied aber ist, daß hier die Handlung aus einem Wirklichkeitsentwurf heraus entwickelt wird. Die Grenze zwischen Traum und Leben kann sehr wohl entwirrt werden, der Traum ist bei Stomps eine Art sinnreichen Kommentars zum Leben: eine Art prophetisches Gewissen... Es sind scharfsinnige Lebenswahrheiten, die Stomps uns in reichem Übermaß vorträgt, er äußert sie ohne Schwerfälligkeit, ganz arglos, das Ergebnis seines raffinierten Sprachtalents ist ein schönes wichtiges Buch.«

Tagträume, Späße und Stierstädter Gelechter

1939 wurde Stomps eingezogen, kam in Kriegsgefangenschaft und bezog später als erste Bleibe im Nachkriegsdeutschland eine einsturzgefährdete Ruine in Frankfurt am Main. Er besorgte sich wieder eine schrottreife Druckpresse, einzelne Setzkästen und brachte es ab 1949 mit seiner neu gegründeten *Eremiten-Presse*, trotz einer Zwangsräumung, zu ersten neuerlichen Veröffentlichungen.

In dem kleinen Ort Stierstadt am Taunus, dreißig Kilometer vor Frankfurt, fand Stomps in der darauf folgenden Zeit in den Nebengebäuden eines Hofes für die *Eremiten-Presse* und für sich ein neues pitoreskes Domizil. Dass Stomps immer noch eine Größe der Literatenszene war, lässt sich daran ablesen, das sein »Schloß Sanssouris«, das Schloß Ohnemaus, in den

Albert Schindehütte: Kalendergrafik 1964.

nächsten Jahrzehnten Anlaufstelle für Autoren und Möchtegern-Autoren, Maler, Zeichner, Tagträumer und viele schräge Vögeln werden sollte.

Schon unmittelbar nach Kriegsende erschienen bei Stomps in Frankfurt in der von Hans Bender redigierten Zeitschrift »Konturen« Texte von Autoren wie Paul Celan, Walter Höllerer, Arno Schmidt, Martin Walser. In Stierstadt entstand mit der »Streitzeitschrift« wieder eine Zeitschrift im frechen, auffälligen Langformat. Ab 1957 wurde sie von Horst Bingel redigiert, ab 1964 von ihm auch als Herausgeber ediert.

Wolfgang Bächler, Günter Bruno Fuchs, Günter Grass, Ernst Meister, Kristiane Schäffer, Paul Schallück, Gabriele Wohmann, kaum Autorinnen und Autoren, die nach Kriegsende nicht in den Zeitschriften oder Anthologien von V. O. Stomps vertreten waren. Stomps druckte alles, was *er* für richtig und wichtig hielt. Mit der 1957 von Ludwig Kunz herausgegebenen Anthologie »Junge niederländische Lyrik«, die u.a. Texte von Lucebert und Zeichnungen von Karel Appel enthielt, bewies Stomps sein grenzüberschreitendes Interesse an zeitgenössischer Literatur und Kunst.

Elisabeth Borchers und Peter Hamm übertrugen und edierten tschechische Poesie in der *Eremiten-Presse*. Naturgemäß bestanden auch Verbindungen zu den Sendern: Der damalige Rundfunkredakteur Horst Bienek ließ die von ihm herausgegebene Buchreihe »studio 58« bei Stomps in Stierstadt drucken.

Viele der in den Fünfzigern und Sechzigern Öffentlichkeit suchenden Autoren fanden bei ihm Unterstützung und in der *Eremiten-Presse* ihr Forum: Aldona Gustas, Uve Schmidt, Otto Jägersberg, Christoph Meckel, Christa Reinig, Rolf Haufs, Uwe Reisner, Karlheinz Herwig, Wolfgang Bovelet, Rainer K. G. Ott, Klaus Stiller, Guntram Vesper und viele andere mehr.

Stomps entwickelte bereits 1958 die Idee zu einer Messe für alternative Handpressen und experimentelle Zeitschriften als Gegengewicht zur kommerzialisierten Verlagslandschaft. 1963 wird sie mit der ersten literarischen Pfingstmesse in der Frankfurter *Galerie Kyklos* Wirklichkeit. Emphatisch begrüßte Horst Bingel dies mit einem Flugblatt: »Wir können nicht genug Handpressen haben! Hätten wir sie, in jeder Straße, in jedem Haus, wir wären für alle Zeiten gegen jede Diktatur gefeit.« Seit 1970 gibt es die *Mainzer Minipressen Messe,* mit der Stomps' Idee gepflegt wird. Dazu, zweijährig verliehen, den *V. O. Stomps-Preis*. Eine Reihe von Handpressen und Druckwerkstätten berufen sich ausdrücklich auf ihn als geistigen Vater.

Stomps selbst veröffentlicht 1964 im Verlag *Hansen & Hansen* ein von Bayrle und Jäger illustriertes Spaßbuch mit 26 Knittlern und 1965 in der Europäischen Verlagsanstalt die poetische Biographie »Gelechter«. In jenem Jahr durfte er für seine schriftstellerische Tätigkeit den *Fontane-Preis* entgegen nehmen.

1967 aber zog es V. O. Stomps wieder nach Berlin. Über 240 Buchtitel sind bis dahin von ihm in der *Eremiten-Presse* in Stierstadt produziert worden. In einem Hinterhof in der Kreuzberger Oranienstraße gründete er noch im selben Jahr die *Neue Rabenpresse*, die Verbindungen zu Günter Bruno Fuchs und den Rixdorfern wurden intensiviert. Aber ihm verblieb nicht mehr viel Zeit.

Im Krankenhaus Am Urban in Kreuzberg verstarb V. O. Stomps 1970. Auf dem Friedhof Zehlendorf fand er im Ehrengrab, unter einer von seiner Schwester Luise geschaffenen Skulptur, die letzte Ruhe.

»Vauo, wie seine Freunde ihn nannten, oder Victor Otto Stomps, wie sein Name im Pass lautete, bleibt unvergessen für alle, die ihn gekannt haben. Auch deshalb, weil ihn kein anderer bisher ersetzt hat«, schrieb Hans Bender im Nachwort zu Stomps »Fabel vom Bahndamm« (*Eremiten-Presse*, Düsseldorf 1977): »Er bleibt der großartige eigenwillige Mann, in dem – Oskar Loerke hat ihm so gehuldigt – ›viel dienende Güte‹ war.«

V. O. Stomps, der »Einmannverleger«. Foto: Gustav Hildebrand.

Müßiggänger

Holzschnitt
Günter Bruno
Fuchs
4 XIII / XXX

Thomas Schaefer

Platz für öffentliche Unordnung

Eine Erinnerung an Günter Bruno Fuchs (3.7.1928 – 19.4.1977)

Sollte die Quantität und Qualität von Dichternachrufen aus der Feder von Kollegen ein Indikator für die literarische Bedeutung eines Verstorbenen sein, Günter Bruno Fuchs wäre – allein mit dieser Elle gemessen – einer unserer Größten. Schon die *Totenrede für Günter Bruno Fuchs*, die Christoph Meckel am Grab des am 19. April 1977 verstorbenen Fuchs auf dem Berliner Friedhof Columbiadamm gehalten hat, ist ihrerseits Poesie und steht repräsentativ für die Mischung aus Betroffenheit, Bewunderung und tiefer Zuneigung, mit der die Zunft auf den frühen, viel zu frühen Tod des GBF reagierte.

Sie beginnt mit den Worten: »Ein genialer Mensch ist gestorben, das ist leicht gesagt / die Freunde kommen und sind mit ihm einig.« Und dann lässt er sie aufflanieren, all die »Freunde«: Peter Hille und Don Quichote, Andreas Gryphius und Ringelnatz, Buster Keaton und Dick und Doof, Carl Michael Bellman und Günter Eich, Johannes Bobrowski und das Pferdchen Krause aus der Admiralstraße, Herrn Sandboppel aus Berlin-Britz und die »Vertreter der Verlage« und und und. Eine umfassende Parade von Fuchs-Figuren, Fuchs-Vorbildern, Fuchs-Vertrauten und Fuchs-Verächtern, und in einer solchen Gesellschaft bestattet zu werden, wünschte man sich auch. – Ganz ähnlich verfuhr etwa Christoph Derschau, der in seinem Gedicht *Ein dicker Mann geht einfach weg. Zum Tod des Poeten Günter Bruno Fuchs* nicht umhin konnte, den einfach weg Gegangenen zu würdigen, indem er dessen poetischen Ton adaptierte:

> Er ließ Sperlinge brüten
> in der Mütze eines Straßenfegers.
>
> Nun ist er tot der Meisengeiger
> aus dem versoffenen Kreuzberg –
> zusammengeklappt auf seiner Spielwiese.
>
> (…)
>
> Und so geh ich einfach in die Kneipe
> und begieße meine Trauer
> mit viel ehrbarem Schnaps.

Über die mehr oder minder private Würdigung eines Verstorbenen hinaus sind solche Nachrufe freilich auch späte, nur zu oft viel zu späte Korrekturen dessen, was ihm zu Lebzeiten verwehrt war, Wieder-»gut«-machungen. Dabei ist es natürlich unbefriedigend, wenn man auf die Existenz eines Dichters erst anlässlich seines Todes aufmerksam wird. Meine erste Begegnung mit Fuchs zum Beispiel verdankte sich einem Nachruf Harald Hartungs in der *Frankfurter Allgemeinen Zeitung* vom 22. 4. 1977, in dessen Kontext mich vor allem ein Auszug aus dem Fuchs-Gedicht *Tageslauf eines dicken Mannes* geradezu magisch anzog. Er entflammte eine leidenschaftliche Leserliebe, die nie mehr nachlassen sollte:

Abends
wird er immer sehr traurig.
Er setzt sich unter die Sterne
und trinkt zehn Liter Himmelsbier.
Manche Leute haben ihn singen gehört –
er singt dann ganz einfältig, so einfältig
wie es ihm niemand zugetraut hätte:
Mutter, ach Mutter, mich hungert!

In diesem Gedicht hat man bereits den ganzen Fuchs in nuce: Es strahlt etwas Kindliches aus, abgrundtiefe Traurigkeit, aber auch eine Einsamkeit, deren Trotz- und Trostgehalt sich im Akt konzentrierten Trinkens manifestiert (wobei freilich kein »ehrbarer Schnaps« oder profanes Bier, sondern poetisch geadeltes »Himmelsbier« getrunken wird). In diesem Gedicht liegt der Glanz des Fuchsschen Werkes ebenso enthalten wie dessen letzten Endes verhängnisvolles Dilemma. Denn mit Fuchs assoziiert und assoziierte die Öffentlichkeit primär – wenn nicht ausschließlich – das laubenpieperhaft Kauzige eines in seinem Kreuzberger Kiez herumflanierenden Originals, das zwischen zwei Kneipenaufenthalten wunderliche Textchen zu verfertigen pflegte. Die von Fuchs ernst gemeinte Gesellschaft »machte ihn zum Hinterhofpoeten, zum skurrilen Kauz, zum Berliner Lokaldichter« (Michael Krüger) und verpasste ihm den fatalen Ruf eines »Kneipenhallodri, (...) so daß er, der vom Außergewöhnlichen im Gewöhnlichen, von unterprivilegierten Menschen und Sachen erzählt, allzu oft als gewohnheitsmäßiger Polterer missverstanden wurde« (Klaus Wagenbach).

Wie immer bei Klischees ist auch in diesem Fall von Armer-Poeten-Folklore viel Wahres enthalten, und natürlich ist dessen Gegenstand an seinem Image nicht unschuldig. Den ausgiebigen Alkoholkonsum (der beispielsweise dazu führen konnte, dass Fuchs Lesungen oder wichtige Verabredungen ausfallen ließ) stilisierte er zum Akt der Geselligkeit, Kreativität und Befreiung, und er tat es auf eine überzeugende Weise, die selbst die smarte Drogenbeauftragte der Bundesregierung in ihrer sauberen Haltung ins Wanken zu bringen vermöchte, so im wohl bekanntesten seiner legendären *Berliner Haikus*, dem *Kneipentraum*:

Langsam erhebt sich die Theke
und schwimmt mit dem großen Säufer davon.
Ach, wer da mitreisen könnte...!

Allein der Umstand, dass Fuchs Kollegen wie Paul Scheerbart und Peter Hille, die ähnlichen Stigmatisierungen unterlagen und zum Opfer fielen, zu seinen Hausgöttern erkor, prädestinierte ihn für deren Nachfolge – nicht nur das Werk, sondern auch den Lebenslauf betreffend. Der erzählt – wie ein Fuchs-Text programmatisch überschrieben ist – eine *Geschichte von der Ankunft des Großen Unordentlichen in einer ordentlichen Zeit.* Bunt wirkt er, wild und vorbildlich für einen Klappentext, mit dem ein Verlag das Werk eines prototypischen Poète maudit zu bewerben gedächte.

Günter Bruno Fuchs wird am 3. Juli 1928 in Berlin als uneheliches Kind einer Stenotypistin und eines Kellners geboren. Die entscheidende Prägung ist – wie für so viele seiner Generation – der Faschismus und Zweite Weltkrieg, den Fuchs als junger Luftwaffenhelfer erlebt. Nach kurzer Kriegsgefangenschaft in Belgien kehrt Fuchs in etwas zurück, das man Normalität oder ziviles Leben nennt. Aber vielleicht sollte man sagen: an dessen Ränder, denn nach seinen Lektionen im Nazi-Deutschland war Fuchs für jedwede gesellschaftliche Ordnung verdorben. Diktatur und Krieg hatten aus ihm einen überzeugten Gegner dieser angeblichen Ordnung gemacht, die nicht nur zu allergrößter Unordnung, sondern auch zur Barbarei führte.

Sein Leben lang wird Fuchs zwangsläufig dem Obrigkeitsstaat mit kategorischer Opposition, aber auch mit panischer Furcht begegnen. Jeder Text, jedes Bild, aber auch seine Lebensweise ist davon bestimmt – nicht zuletzt der Alkoholismus, der zu Fuchs' Tod führte. Wie viele andere, etwa Heino Jaeger, ist Günter Bruno Fuchs ein Toter des Zweiten Weltkriegs, ein spätes Opfer des Nationalsozialismus.

Zunächst unternimmt Fuchs Versuche, so etwas wie eine bürgerliche Existenz aufzubauen, etwa zwischen 1948 und 1950 als sogenannter Hilfslehrer in Ost-Berlin, der freilich an den Normen eines geordneten Schulwesens scheiterte. Wir begegnen ihm 1951/52 als Zechenarbeiter im Ruhrgebiet, aber auch als Clown in einem kleinen Zirkus (und würden etwas darum geben, ihn dort erlebt haben zu dürfen). Kurzfristige berufliche Stationen, haltlos, perspektivlos. Fuchs zieht 1952 nach Reutlingen und beginnt das zu tun, was allein ihm möglich ist: Er zeichnet (denn dass der bildende Künstler GBF dem Dichter ganz ebenbürtig, er mithin eine jener ominösen Doppelbegabungen war, kann in unserem Kontext lediglich vermerkt werden ...) und schreibt – zunächst Abenteuerliteratur für Kinder *(Chap, der Enkel des Waldläufers* heißt sein erstes Buch ...), bevor 1956 sein erstes »eigenes« Buch erscheint: *Zigeunertrommel. Gedichte und Holzschnitte.*

Ein Jahr nach dieser Veröffentlichung kehrt er schließlich nach Berlin zurück und wird dort als freier Künstler sein Leben verbringen, rastlos und entgegen allen Vorurteilen höchst diszipliniert, mit dem Fleiß eines geradezu calvinistischen Arbeitsethos.

In einem scheinbaren Widerspruch zu Fuchsens Hass auf die Ordnung ist die Welt, wie er sie sah und schilderte, außerordentlich übersichtlich strukturiert und fein säuberlich in Gut und Böse aufgeteilt. Auf der schwarzen Seite der Bühne paradieren die Repräsentanten jenes alles Lebendige, Freie, Ursprüngliche strangulierenden Systems: Alles, was Uniformen trägt, marschiert vorneweg, natürlich das Militär und die Polizei, aber auch Park- und sonstige Wächter; dazu Beamte jedweder Couleur, Lehrer und Lehrerinnen, Haus- und Bürgermeister. Ihnen bieten trotzig-schelmenhaft und in der Regel deutlich schlauer, raffinierter und mithin überlegen die Stirn: Kinder und Tiere, Clowns, Akrobaten und Gaukler, Dichter und Maler, aber auch Penner, Zigeuner und Landstreicher.

Da erscheinen Menschen, die Martha Kieselbratsche oder Paul Klotzbeff heissen und sonderbare Berufe ausüben wie Landesblockflötenwart, regierender Bademeister, Stimmenimitator oder – was immer das sein mag: – »Kontrollassistent«. Damit nicht genug: Sogar sprechende, denkende und selbstbewusst agierende Gegenstände wie Öfen, Stühle oder Schränke beteiligen sich, der Fuchs-Devise »jedermann sein eigener Zauberer« folgend, in vordergründig schlichter Naivität an der spielerischen Unterwanderung der herrschenden Zustände, beispielhaft im schulmeisterliche Frage-Usancen parodierenden Text *Unterricht*.

> »Was ist«, fragte ich, »und wie verhält sich ein Müßiggänger?« Der Schüler, der sich meldete, sagte: »Ein Müßiggänger ist der Mensch der Zukunft. Betreibt der Müßiggänger künftig den Müßiggang, wird es zu einer Revolution kommen, die auf wunderbare Weise Errungenschaften hervorbringt, von denen heute niemand zu träumen wagt.«

Dass es zu dieser solidarischen Revolte gegen die von Fuchs verachtete »kriminelle Nützlichkeit« niemals kommen würde, hielt Fuchs nicht davon ab, von ihr zu träumen, und ebenso wenig von dem Wagnis, auf seine Art dafür zu werben, am liebsten – hier das Thema »Schule als verbildende Instanz« variierend – in der Sprache, die es ihm erlaubte, sich am unmittelbarsten auszudrücken, der Berliner Mundart:

Schularbeiten

Der Fortschritt
hat keene Lust, sich
zu kümmern um
mir. Und wat mir anjeht, habick
keene Lust, mir um den Fortschritt zu kümmern. Denn
unsereins
war ja
als Mensch wohl zuerst da.

So, mein Kind, das
schreibste
in dein Schulheft
rein.

Leider, leider: solcherlei Erziehungsberechtigte gibt es in der Realität nicht. Fuchs' Welt ist denn auch ein archaischer Fibel- und Fabel-Kosmos, für den er zwangsläufig das Genre des Märchens nutzte, das er auf seine ganz eigene Weise verfremdete, verrätselte, verzauberte:

Als Pappa aus dem Wald kam, hatte er sich
einen Wolf und zwölf Rotkäppchen
gelaufen. Neuerdings reißt er
das Maul auf
und steigt allen Großmüttern nach.

So rollennonkonform geht es nur im Märchen zu. Dort darf das Gute und Lustvolle siegen, dort kann vereinfacht, will sagen: verdeutlicht werden, dort ist die Welt erträglicher als die Realität, mit deren deutscher Spielart Fuchs beharrlich auf Kriegsfuß stand und deren tieferer Bedeutung er immer wieder auf erstaunlich findige Weise scherzend und ironisch den sicheren Boden entzog: »Wichtig – in diesem Wort steckt ein Zwerg, ein Wicht.« Diesen Krieg zu führen, ist nur im Reservat der Kunst möglich – und an der Seite von Freunden und Gefährten. Die hat Günter Bruno Fuchs zeitlebens gesucht – und ist in der Regel von ihnen enttäuscht worden.

Das beginnt in seiner Zeit im Ruhrgebiet, als er sich kurzfristig der DKP anschloss und sich alsbald wieder von ihr abwandte, traf er doch dort auf dieselben Mechanismen von Hierarchie, Herrschaftsdenken und Dogmatismus, denen sein Kampf galt. Für die Politik war Fuchs seitdem verloren. Das setzt sich fort, als er in Berlin mit Künstlerkollegen wie Günter Anlauf und Robert Wolfgang Schnell in der Kreuzberger Oranienstraße 27 die Galerie *Die Zinke* gründete, ein Unternehmen, dessen Darstellung eine ganz eigene Geschichte verdiente, das eine Weile Furore machte, bald unterging und heute als Mythos fortlebt.

Das hält an bis zum Tod, mit den Versuchen, Freunde zu finden und zu halten, weil sie Flügel verleihen können:

Freundesgruß

Ich bin der kleinste Mann mit leeren Händen.
Ich bin der ärmste Mann mit kleinen Händen.
Doch mit dir
kann der kleine arme Mann
auch den größten Baum mit langen Ästen
auch das hohe Haus mit vollen Tischen
in den kleinen leeren Händen
über große Berge tragen.

Einige bewahrten ihm die Gefolgschaft und sind bis heute nicht müde geworden, für Fuchs und sein Werk zu werben, vor allem die Verleger Klaus Wagenbach (der 1989, anlässlich der Neuausgabe von Fuchs' Prosaband *Zwischen Kopf und Kragen* bekannte, »immer noch, unbelehrt, an der literarischen Bedeutung« seines kommerziell erfolglosen Autoren festzuhalten) und Michael

Krüger (in dessen Hanser Verlag in den neunziger Jahren eine höchst verdienstvolle aber vermutlich ökonomisch tiefst ertragsarme dreibändige Werkausgabe erschien). Viele aber hielten den hohen Ansprüchen des Freundschaftssüchtigen nicht stand und entzogen sich seinem als klammernd erlebten Insistieren auf Solidarität, Nähe und Liebe.

Offensichtlich war die Verletzbarkeit dieses vordergründig heiteren Mannes, dessen »Lebens- und Arbeitsweise (…) stets zwischen ausschweifendem Übermut, Sprachspiel, Witz, Eulenspiegelei und schwärzester Melancholie pendelte« (Michael Krüger), schwer auszuhalten, natürlich auch seine Trunksucht und deren Folgen – Unberechenbarkeit, jähe Ausbrüche und Abstürze –, und offensichtlich hielt Fuchs sich selbst auch nur schwer aus. Denn all das ostentativ Lustige, Schelmische, Freche, es war wohl Firnis und Fassade, mittels derer sich einer schützen wollte, der seine Angst und Verletzlichkeit hinter der Maske des Clownesken verbarg – und sie allenfalls in seinen frühen Texten offenbarte, so in dem Gedicht *Für ein Kind:*

Ich habe gebetet. So nimm von der Sonne und geh.
Die Bäume werden belaubt sein.
Ich habe den Blüten gesagt, sie mögen dich schmücken.

Kommst du zum Strom, da wartet ein Fährmann.
Zur Nacht läutet sein Herz übers Wasser.
Sein Boot hat goldene Planken, das trägt dich.

Die Ufer werden bewohnt sein.
Ich habe den Menschen gesagt, sie mögen dich lieben.
Es wird dir einer begegnen, der hat mich gehört.

Was für eine anrührende Bündelung utopischer Perspektiven: die einer bewohnbaren Welt, und vor allem die einer gewissen Macht des Dichters, der heilend, schützend Einfluss nehmen kann. Und der sich selbst doch am wenigsten helfen konnte, dem in diesem Leben nicht zu helfen war, und in diesem Literaturbetrieb schon gar nicht. Schöne, verständnisvolle, leidenschaftlich werbende Rezensionen namhafter und erfolgreicherer Kollegen, von Erich Fried und Hilde Domin über F. C. Delius, Urs Widmer und Walter Höllerer zu Karl Krolow und Klaus Stiller, vermochten das ebenso wenig zu ändern wie die beharrliche Treue seiner Verleger, die nicht von ihrer Überzeugung lassen wollten, dass sie ein Werk verlegten, das zum Kostbarsten unserer Sprache gehört.

Weil es diese Überzeugungstäter immer noch gibt, die alten und erfreulicherweise immer wieder junge, nachwachsende, hat das Werk des Günter Bruno Fuchs, an dem jede Literaturpreisjury vorbeisah (mit zwei bescheidenen Ausnahmen: 1957 wurde Fuchs der »Kunstpreis der Jugend von der Kunsthalle Baden-Baden« zugesprochen und 1974 ein »Literaturstipendium des Berliner Kunstpreises«), nicht aufgehört zu existieren. In Nischen natürlich, in Antiquariaten statt barsortimentstauglichen Ausgaben, in kleinen aber treuen Fangemeinden, in jeder halbwegs kompetent edierten Lyrikanthologie.

Fuchs drei Jahrzehnte nach seinem Tod, achtzig Jahre nach seiner Geburt wiederzulesen und zu fragen, was von diesem angesichts einer so kurzen Schaffensfrist erstaunlich umfangreichen Werk Bestand hat und haben sollte, was jenseits von Verklärung und Missachtung, unabhängig von biografischer Stilisierung und Zeitgenossen-Anekdoten trägt: Es sind wohl nicht die Romane und Erzählungen, die – wenn sie auch so zauberhafte Titel tragen wie *Herrn Eules Kreuzberger Kneipentraum, Der Bahnwärter Sandomir, Bericht eines Bremer Stadtmusikanten* oder *Krümelnehmer oder 34 Kapitel aus dem Leben des Tierstimmen-Imitators Ewald K.* – etwas Manisches, mitunter quälend Didaktisches aufweisen. Es sind die unvergleichlichen Miniaturen, magisch, rätselhaft, unlogisch, verquer, und doch begreift man sie als absolut naheliegend, einleuchtend und notwendig, wie zum Beispiel *Zwischen Kopf und Kragen:*

> Nachts geht der Hund über die Straße.
> Spaziert. Beide Augen sehen.
> Weißt du, sagt ein Fenster zum Hund, mal hast du
> die Geschichte *Wau* erzählt.
> In der Nacht eine gute Geschichte.
> Und du hast, das weiß ich,
> etwas für dich behalten.

Und es sind natürlich die Gedichte – und aus deren kaum überschaubarer Vielzahl erstaunlich viele. Sie heißen *Betrunkner Wald, Abendgebet eines Zauberers, Ein Landstreicher hat Besuch, Lied der Kanalpenner, Ein alter König schaut ins Familienalbum, Erlernter Beruf eines Vogels, Brief des Vaters an den klugen Briefkasten* – und am schönsten wäre es, man könnte sie alle hier abdrucken. In ihnen hat Fuchs seine unverwechselbare Sprache gefunden:

Legitimation

> Ich wohne hinter den Schritten
> des Polizisten, der meinen Paß kontrolliert.
> Ich wohne im Keller einer mittelgroßen
> Ruine, im Altersheim
> für den pensionierten Wind.
>
> Ich wohne im pendelnden Käfig
> eines Papageis, der alle Gesetzbücher
> auswendig lernt.
>
> Meine Behausung
> am Platz für öffentliche Unordnung
> ist der brennende Zirkus –
> meine Grüße
> gehen auf Händen zu dir hinüber,
> meine Grüße
> sind die letzten Akrobaten
> unter der brennenden Kuppel.

In diesen Texten liegt alles: die Zärtlichkeit und Melancholie, die Sehnsucht und Wut, das Kämpferische und Listige, das Verzweifelte und Bockige, die Hoffnung und das Wissen, das Singende und Überraschende, das Kalauernde des so typischen, hintergründigen Fuchs-Humors. Hier erleben wir in aphoristischer Verknappung die Resultate dessen, was Fuchs erkannt hat. Denn das vordergründig Schablonenhafte, Weltanschauliche der Fuchsschen Märchenwelt ist ja nichts anderes als ein Kondensat von Erfahrung und Beobachtung.

Schließlich: Wie jeder ernsthafte Märchenerzähler war Fuchs ein großer Realist, der sich genau ansah, »wies sich so lebt«:

Gestern

Jestern
kam eena klingeln
von Tür zu
Tür. Hat nuscht
jesagt. Kein
Ton. Hat so schräg
sein Kopf
jehalten. Hat nuscht
jesagt,

als wenn der
von jestern
war
und nur mal
rinnkieken wollte,
wies sich so
lebt.

Dass die Reflektion, das intellektuelle Durchdringen der gesellschaftlichen Realität ihm fremd gewesen sein soll, ist das gravierendste Missverständnis, mit dem der Literaturbetrieb sich legitimiert fühlen durfte, Fuchs zu unterschätzen und zu ignorieren:

»Dabei sind die Gedichte, Lieder und kurzen Geschichten ideale Lesestücke, in denen Genuß- und Nährwert eine schöne Verbindung eingehen. Und sie ergeben, zusammengenommen, so etwas wie einen Katalog der Verluste, die sich die ›schöne Gesellschaft‹ leisten konnte auf ihrem unaufhaltsamen Weg in die ersehnte Neue Medienkultur, in deren Programmen dann kein Platz mehr sein wird für melancholische Poeten vom Schlage eines Günter Bruno Fuchs«, beklagte Michael Krüger 1984.

Wir Heutigen haben die Chance, diesen Platz zu schaffen: Fuchs wieder und neu zu lesen und anzuhören (denn es gibt noch ein paar Aufnahmen, die seine unnachahmliche Vortragskunst konservieren, das bedächtig-konzentrierte Betonen und das Berliner Lispeln …). Und können einen Fall tragischer Ignoranz zumindest verspätet zur Revision vorlegen, indem wir lesend und empfehlend ein Werk weitertragen, das in Vergessenheit geraten zu lassen einer der fatalsten Akte von Ungerechtigkeit wäre.

Dieser Günter Bruno Fuchs braucht ja keine Lesermassen, es genügt ja schon, wenn jede Generation eine Schar von Getreuen hervorbringt, die der Magie der Fuchs-Literatur erliegen und nicht umhin können, deren Zauber-Stab weiterzureichen. Dann wäre zumindest die Welt der Literatur halbwegs in Ordnung.

Darauf ein Liter Himmelsbier.

Porträt Günter Bruno Fuchs. Aus: GBF – Zinke Berlin 1959-1962. © Künstlerhaus Bethanien, Berlin 1979. dto. S. 200: Müßiggänger / Holzschnitt von GBF.

Porträt Jürg Federspiel. Foto: Isolde Ohlbaum.

Sibille Tröml

Der Mensch als Rätsel und als Geheimnis

Jürg Federspiel (1931-2007)

> *»Nichts ist giftig. Alles ist giftig. Es käme auf die Dosierung an, sagt Paracelsus, der Meister.« (Jürg Federspiel)*

I Was bleibt?

> *»Mit Trauer kann man die Zeit beliebig verlängern; nur das Bewußtsein des Glücks läßt sich nicht verändern; es hat seine eigene unbarmherzige Kürze.« (Jürg Federspiel)*

Jeder Mensch, der freiwillig aus dem Leben scheidet, läßt diejenigen, die bleiben, mit mehr Fragen zurück, als es sein natürlicher Tod oftmals ohnehin schon getan hätte. Doch was ist heutzutage und hierzulande noch ein natürlicher Tod? Und wie freiwillig scheidet ein Mensch aus seinem Leben? Ganz zu schweigen von der Frage, warum? – Der Schriftsteller Jürg Federspiel, der am 11. Januar 2007 in Basel das letzte Mal gesehen und dessen Leiche Wochen später, am 25. Februar, in einem Stauwehr unterhalb von Weil am Rhein gefunden wurde, nahm sich gerichtsmedizinischen Ergebnissen zufolge am 12. Januar 2007 das Leben. Als die Nachricht durch Schweizer Zeitungen ging, dass der Fünfundsiebzigjährige vermisst werde, und später auch in regionalen deutschen Blättern sein Tod gemeldet wurde, erinnerte sich das schnelllebige, kurzatmige Feuilleton eines Mannes, über den es sich schon seit längerem nicht mehr bemüßigt sah zu schreiben. Der Grund dafür ist so inakzeptabel wie bezeichnend für unsere Zeit: Jürg Federspiel, der zu den großen Autoren der deutschschweizerischen *und* der deutschsprachigen Literatur gehört, hatte seit 2001 kein neues Buch veröffentlicht.

Er selbst, der lebenshungrige, leidenschaftlich-lebendige und auch deshalb dem Leben wie dem Tod stets Nahestehende, litt darunter. Dies umso mehr, da trotz allem Wollen und Arbeiten keine Aussicht auf Änderung bestand, denn neben Diabetes zwangen dem Rastlosen seit Jahren eine schmerzhafte Polyneuropathie und Parkinson immer mächtiger eine andere Gangart auf. »Tod ist etwas Lebensbejahendes, Leben ist auch etwas Lebensverneinendes« schrieb er 1980 in seiner Betrachtung »Joseph Beuys oder der Weg zu sich selbst«.

Es ist gerade dieses Lebensverneinende unserer heutigen Lebensform, das Jürg Federspiel aufspürte, wo immer es sich in den oftmals kleinen Alltäglichkeiten zeigt, und das er unerbittlich, aber auch augenzwinkernd in seinen Texten einfing. Das Lebensverneinende und die Suche nach dem Lebendigen, Lebensbejahenden, ein – fast möchte man sagen – ›Urthema‹ der deutschsprachigen Schweizer Literatur, trieben ihn um. In seinem Leben, durch die Welt und, wie es Sätze aus seinen Werken erahnen lassen, in den Tod.

II Orangen und Tode

> *»Ich bin ein sinnlicher Mensch. Wenn es keine Orangen mehr gibt, bin ich für den Tod. Meinen.« (Jürg Federspiel)*

Lebensgier«, »pralle Lebenslust«, »Lebenshunger« und »Todessehnsucht« – mit diesen beiden Existenzpolen versuchte die Presse immer wieder, dem Besonderen Jürg Federspiels beizukommen. Nicht ganz zu Unrecht, denn seine Texte (Prosa, Reportagen, Lyrik, Theaterstücke, Hörspiele) leben von der Spannung zwischen Wärme und Kälte, Achtsamkeit und Gedankenlosigkeit, Leben und Tod. Dabei aber ging es dem Schriftsteller wie dem Menschen »J. F.« nicht um einen Gegensatz. Tod und Leben, das waren ihm nicht Antagonismen, hier Schwarz dort Weiß, »als würde das eine das andere negieren, als wäre das eine Dreck und Jenseits, und das andere Schönheit und Diesseits«. Nein, für ihn war das eine ohne das andere undenkbar, beide galten, fortwährend. Ambivalenz also, und Jürg Federspiel war einer ihrer Meister. Das Leben selbst hatte ihn früh dazu werden lassen.

Geboren wurde der Mann, dessen Name manche für ein Pseudonym hielten, am 28. Juni 1931 nahe Winterthur. Biographische Notizen nennen Kemptthal, er selbst sprach 1971 von Grafstal, beide Dörfer gehören zur Gemeinde Lindau. Seine Kindheit verbrachte er in Domat-Ems und vor allem in Davos, von dem er später gern sprach. Davos-Dorf, das waren zum einen Steine, Bäume, die Wiesen, der Garten, die Matta und die Freunde. Zum anderen waren es die Kinder, von denen manche »nach Stall und Heu rochen, andere, die ›armeleutelten‹, Mief und Demut«, sowie die Lehrer, die während des Sommers den Unterhalt für ihre Familien beim Bauern verdienen mussten, und die ihm aufgrund ihrer Menschlichkeit »in starker Erinnerung« blieben, obschon sie »natürlich« autoritär waren.

Davos war zudem der Ort hoch droben, in dem der Hauch des Todes im Großen wie im Kleinen seine allgegenwärtige Präsenz zeigte. Er lag ganz allgemein in der Luft des Kurortes, dem »Zauberberg«, auf dem die reichen Tuberkulose-Kranken jener Zeit oftmals vergeblich auf Heilung hofften. Und er schwebte wie ein Damoklesschwert über der vierköpfigen Familie, denn auch Jürg Federspiels Vater litt an der im Volksmund ›Schwindsucht‹ oder ›weiße Pest‹ genannten Krankheit. Vielleicht war Georg Martin Federspiel, der als freier Journalist u.a. für die einst sehr bekannte Zeitung »Die Nation« arbeitete, auch deshalb ein impulsiver Mann. Überliefert ist zumindest, dass er inmitten der zwar kampf-, aber nicht meinungslosen Eidgenossenschaft das Radio mit der bloßen Faust zertrümmerte, als Hitler eine seiner Reden hielt. Er starb, als Jürg Federspiel zwölf war.

Für den Sohn bedeutete dies eine Art Befreiung. Vielleicht, weil die Krankheit des Vaters ihn jahrelang zu einem hilflosen Beobachter des Sterbens gemacht und selbstbeschränkende Rücksichtnahme gefordert hatte. Vielleicht, weil seine Angst vor Brutalität und sein daraus entwickelter Hass gegen Brutalität, der »zuweilen so stark wurde, dass der Hass selber in Brutalität umschlug«, hier teilweise verwurzelt waren. Vielleicht, weil bis dahin nur sehr wenig erlaubt war. Zugleich brachte der Tod des Vaters den schweren Abschied von Davos. Die Mutter, eine Baselerin, zog mit dem Jungen und seiner älteren Schwester ins Tiefland, zuerst nach Zürich, später nach Basel.

Aus dem Rudolf-Steiner-Gymnasium in Zürich wurde der Pubertierende hinausgeworfen, denn die Nachmittage verbrachte er im Kino, was damals eine »Todsünde« war, wie er später gern mit einem Lächeln hinzufügte. Auch im sich daran anschließenden Privat-Gymnasium in Basel gab es für den weiterhin unbeugsam seiner inneren Stimme Folgenden Bedeutsameres als den Schulstoff. So heißt es in einer autobiographischen Passage seines »Museum des Hasses«: »Wie eine Boa Constrictor verschlang ich und verdaute wochenlang, heiß und hungrig; jeden Morgen schleppte ich eine Ledermappe voller Bücher – die nichts mit dem Unterricht zu tun hatten – in die Klasse, und alle dreißig Minuten wurde ein Band konfisziert; immerhin, ich vermochte in drei Wochen, während andere lernten und hörten, Ibsen zu lesen, die Romane Strindbergs und die ersten Bücher und Stücke Frischs und Dürrenmatts; Sartre, Camus, Theodor Haecker [...].«

Ob die Lehrer tatsächlich im Halbstundentakt ihre eigene Bibliothek, die der Schule oder möglicherweise den Papierkorb bereicherten, um einen Begierigen auf den ihrer Meinung nach ›rechten Weg‹ zu bringen, oder ob sie dem jungen Mann die Bücher später zurückgaben, wissen wir nicht. Doch ist dies auch nicht von Bedeutung.

Wir erfahren, was des begeisterten Kinogängers zweite Leidenschaft wurde. Und wir erfahren, was und wer sie entfachte und unbändig lodern ließ. (In einem Fernsehinterview 2002 nannte Federspiel desweiteren die Bücher von Hermann Hesse, Thomas Mann, Francis Scott Fitzgerald, Thomas Wolfe und Ernest Hemingway als wesentliche Lektüreerlebnisse der Jahre 1945/46.) Wen wundert es angesichts einer solchen, erneut nicht zu zähmenden Besessenheit, dass es mit dem Maturitätsexamen nichts wurde. Dafür stand für den Verfasser von pubertären Gedichten fest: Er werde schreiben.

Vorerst arbeitete er ein Jahr lang in einer Eisenfabrik, um Geld zu verdienen. Die Tatsache, dass seine probeweise bei Zeitungen eingereichten Filmkritiken angenommen wurden, erscheint wie eine Anerkennung jenes schulischen Ungehorsams, in dem sich schon früh ein unbeirrbarer Drang zum Ich-Sein artikulierte. Nun also durfte er ins Kino gehen und wurde dafür auch noch bezahlt! Bis 1957 war der somit doppelt Belohnte ausschließlich als Journalist tätig. Neben Hunderten von Filmkritiken für Zeitungen in Basel und Zürich (u.a. »Die Weltwoche«) verfasste er Besprechungen zu Theateraufführungen und Reportagen. Außerdem entstanden die ersten seiner kenntnisreichen, einfühlsamen und zeitlosen Autorenporträts (Henry Miller, William Faulkner u.a.), von denen einige 1994 unter dem sinnreichen Titel »Melancolia Americana« im Limmat Verlag in Zürich erschienen.

Schon zu dieser Zeit arbeitete er meist nachts und beim Rotwein – das erste entsprach seinem Naturell, das zweite nahm ihm »die Unruhe, die Nervosität«. Nebenbei schrieb der innerlich Ruhelose Prosa sowie ab und an Gedichte, gelegentlich wurde eine kurze Erzählung veröffentlicht. Für den jungen Mann nur ein Anfang, denn das Ziel lag anderswo – Bücher sollten entstehen (und erscheinen) oder Theaterstücke.

Als er während jener Zeit (das erste Mal) heiratete, entdeckte er das Leben als seine neue große Leidenschaft. Infolgedessen verdammte er die ihm nichtsdestotrotz wichtigen, verehrten Bücher um sich herum, »wissend, dass ich im Grunde nichts vom Leben wußte«. Überdies ereilte ihn genau jetzt die Krankheit seines Vaters. Strafe für das Gefühl der Befreiung seinerzeit? Hilferuf des Körpers, an dem er, der Große, Robuste, kräftig Raubbau betrieb? Oder ein Fingerzeig der Seele, dass etwas nicht stimmte in seinem Leben?

Die schwere Lungenkrankheit jedenfalls darf als ein tiefer Einschnitt im Leben Jürg Federspiels gesehen werden. Sie warf den Ende Zwanzigjährigen ins Koma, nahm ihm mehr »als eine halbe Lunge«, brachte ihn zur Kur zurück nach Davos – »in die Landschaft der Kindheit« und auf den Zauberberg. Und sie untermauerte ein für allemal den Entschluss, fortan »das Krepieren allen denen zu überlassen, die mir – wie ich zumindest vermutete – das Leben sauer gemacht hatten, und zu diesen Personen zählte ich sogar mich selbst«. (Auf lange Sicht führten die eingenommenen Medikamente allerdings auch zu schweren Schädigungen mit bleibenden Folgen.)

Der atemlos Getriebene, sich selbst Treibende gab daraufhin wenig später seine Journalistenstelle auf. Er nahm ein sich 1958 unverhofft bietendes Stipendium an und ging mit dem Geld in das vom Krieg noch gezeichnete Berlin. Dort tat er, was er schon immer tun wollte: Er schrieb – an einem Roman, einem Stück und an Erzählungen. Letztere sandte er auf Empfehlung von Max Frisch und Ingeborg Bachmann nach München an Reinhard Piper, bei dem die fünf Jahre Ältere bereits veröffentlichte. 1961 brachte der Piper Verlag die Geschichten unter dem ungewöhnlichen, nur mit Hilfe des damaligen Cheflektors Reinhard Baumgart durchzusetzenden Titel »Orangen und Tode« heraus. Die Presse feierte sie als »Proben eines vielversprechenden Talents« und lobte die Kunstfertigkeit der Verkürzung. Von »[s]chöpferische[r] Abbreviatur«, »Wahrheit in äußerster Verdichtung« und der Darbietung eines »Lebensdrama[s] in der Verkürzung eines Augenblicks« war die Rede und auch davon, dass dieses Buch dem Leser »keine Ruhe« lasse, der Erzähler ein »Feder-Spiel mit dem Tode« betreibe.

Alle diese Einschätzungen umrissen indes nicht allein prägnant die acht Erzählungen in »Orangen und Tode«. So wie das radikale, Ambivalenz statt Unvereinbarkeit betonende Gegensatzpaar des Titels programmatisch für das weitere Schaffen des Schweizers wurde, so sollten auch die bereits den Bucherstling auszeichnenden Eigenheiten fortan zum Markenzeichen der Federspielschen Texte werden. Zudem sollte das Motto dieses Erzählungsbandes, »Es ist nicht wichtig, der Stärkere zu sein, sondern der Lebendige« (ein angeblich von Brecht stammendes Zitat), für die nach 1961 entstandenen Texte weiterhin Gültigkeit behalten.

In den darauffolgenden Jahren erschienen nun Schlag auf Schlag neue Arbeiten. 1963 veröffentlichte Piper Federspiels zweites Buch: »Massaker im Mond«. Erneut ein Titel, der aufhorchen ließ, wenngleich die Bezeichnung »Roman« nicht vom Autor stammte und er sie als einen Fehler erachtete. Dafür war er vom Titel »einfach besessen; nicht zuletzt, weil mir meine Landsleute als Mondbewohner vorkamen, damals jedenfalls, Menschen, die unter der Geschichte nicht mehr gelitten hatten und die Leiden für einen psychischen Luxus oder ein Ausländer-Problem hielten«.

Vor allem in der Schweiz wurde »Massaker im Mond« heftig verrissen. Fühlte man sich angegriffen vom ersten Satz, »Es gibt Länder stiller Mörder«? Blieb die »Zeitkritik, die der Erzähler vielleicht anstrebt, [...] ohne Biß«, die Handlung ein bloßes Konstrukt, wie ein Schweizer Kritiker schrieb? Oder war diese »höchst unliebenswürdige Schilderung der Schweiz in den fünfziger Jahren«, wie Jürg Federspiel meinte, »zu realistisch, [...] häßlich und böse«?

Es kann nicht geleugnet werden, dass dieser in sechzehn kurze Kapitel geteilte Prosatext schonungslos und daher unbequem ist. Verlogen, selbstgerecht, rücksichtslos, egoistisch, zynisch sowie bereits tot zu Lebzeiten lautet das Fazit des Ich-Erzählers über die einstigen Freunde, Bekannten und Weggefährten in der ihm vertrauten, prosperierenden Gesellschaft, die er am Schluss des ›Romans‹ verlässt. Nicht zu Unrecht ist dieser Text unter Hinweis auf unterschiedliche nationale Erfahrungswelten in die Nähe von Martin Walsers frühen Prosaarbeiten gerückt worden.

Als 1966 sieben neue Erzählungen unter dem Titel »Der Mann, der Glück brachte« erschienen, zeigten sich die Rezensenten versöhnt. Man sah ihren Urheber auf ›der Höhe‹ seines Erstlingsbandes, wenn nicht gar in seiner Kunstfertigkeit gesteigert. Der »neue Federspiel« war in vieler Augen wieder der ›alte‹. Präzise, knapp, stilbewusst, kraft- und phantasievoll variierte er sein Thema, Leben und Tode, aufs neue. Wiederum bestachen die kurzen Geschichten durch ihre gnaden- und erfolglose Suche nach Menschlichkeit, nach dem Lebendigen, und strotzten dabei überzeugend vor grotesken Einfällen. So beispielsweise jene, in der ein Mann, der wegen eines Seitensprungs seine Reise mit der »Titanic« und daher deren Untergang verpasst hatte, sich aus moralischen Gründen aber zum Überlebenden stilisierte, letztendlich zu Hause in der eigenen Badewanne ertrinkt (»Der Überlebende«).

Kennzeichnend für einige der Erzählungen war darüber hinaus eine eigenwillige Verknüpfung von Fakten (bekannten Ereignissen oder Personen, einer Zeitungsmeldung) mit Fiktivem – eine Darstellungsweise, die Jürg Federspiel fortan beibehalten sollte und die seinen Prosaarbeiten zusätzliche Unverwechselbarkeit verlieh. Die bemerkenswerte Erzählung »Das gelobte Dorf«, in welcher der Autor die Geschichte des Bodenseereiters mit der eines Flüchtlingsschicksals aus dem Zweiten Weltkrieg verknüpft und damit kritisch an ein Stück Schweizer Vergangenheit erinnert, ist eines der leisen Beispiele seiner Erzählkunst. Auch sie verliert nach mehrmaligem Lesen nichts an ihrer Intensität.

Auffallend wenig Resonanz fanden die zusammen mit Rainer Brambach verfassten Gelegenheitsgedichte, die zwei Jahre später, 1968, unter dem Titel »Marco Polos Koffer« in Brambachs Hausverlag Diogenes erschienen. Mit ihnen trat Jürg Federspiel erstmals als Lyriker an die Öffentlichkeit und machte auf eine weitere, in Deutschland kaum beachtete Facette seines Schaffens aufmerksam. Die auf dem Prinzip des freien Assoziierens entstandenen Gedichte waren 1967 kurz vor seiner Abreise nach New York entstanden.

Dass ausgerechnet dieser Aufenthalt viel länger dauern würde als ursprünglich geplant, hatte wohl nicht einmal er selbst zu diesem Zeitpunkt geahnt. Ebenso wenig war vorauszusehen, dass die erste Begegnung mit der amerikanischen Ostküstenmetropole der Beginn einer neuen, das Schreiben und Leben dieses Mannes fortan prägenden Leidenschaft werden sollte.

*

Jürg Federspiel, 1990 in Zürich. Foto: Yvonne Böhler.

III Weggehen und Wiederkommen

> *»Alles verlassen, um zurückzukehren. Man kehrt immer wieder zurück. Nur für Romantiker ist diese Wahrheit traurig.« (Jürg Federspiel)*

Paris, Berlin, New York und dazwischen hier und da unterwegs in der Welt – Jürg Federspiel zog es immer wieder fort aus der Eidgenossenschaft. Nicht, weil er jene seit Paul Nizon sprichwörtlich gewordene Schweizer Enge nicht ertragen konnte; der »Diskurs in der Enge« langweilte ihn. Und schon gar nicht ging es ihm um eine touristische Erkundung der Welt.

Als ein wahrscheinlich seit seiner Kindheit existierender Grund kann das pure Verlangen nach einem »abenteuerlichen Leben« angesehen werden, denn sein Großvater Erwin Federspiel war Militärkommandant in Belgisch-Kongo gewesen und sein Vater hatte in Afrika das Licht der Welt erblickt. Dass diese Welterfahrenheit der männlichen Vorfahren für den Nachgeborenen nicht ohne Bedeutung war, verdeutlichen einige wenige Stellen in seinen literarischen Texten, die dem Autobiographischen ansonsten eine geringe Rolle beimessen.

So setzte Federspiel zumindest der ›außerländischen‹ Geburt des Vaters in der modernen ›Fabel‹ »Warum ich lebe« (1985) ein unglaubliches, hintergründiges Denkmal. Jahre zuvor war er in einem seiner beiden wunderbaren Essays über den ihm seelenverwandten Landsmann Blaise Cendrars außerdem auf die zwölfjährige Söldner-Dienstzeit des Großvaters kurz zu sprechen gekommen.

Und in seinem letzten Roman, »Geographie der Lust« (1989), ist es ausgerechnet der Kongo, mit dem der große Tätowierkünstler Omai O'Hara sein Lebenswerk auf dem prachtvollen Gesäß von Laura Granati beginnt. (Nicht unerwähnt bleiben soll auch, dass sich der Mensch Jürg Federspiel darüber freute, den Großvater mit seinem Buch über den Kongo zu Zeiten der bibliothekarischen Datenerfassung durch Karteikarten in der Deutschen Bücherei in Leipzig unmittelbar vor den eigenen Büchern verzeichnet zu wissen, obgleich er dessen Ansichten über den Kolonialismus nicht teilte.) Afrika, der Kongo, das war die konkrete Berührung mit dem Fremden, Anderen, dem Geheimnisvollen zu Hause, in der Schweiz und in der eigenen Familie.

Doch der Kongo war nicht der einzige Teil der Welt, wohin die in Graubünden fest verankerten Federspiels blickten. Sechs Geschwister des Urgroßvaters väterlicherseits waren im 18. Jahrhundert nach Nebraska ausgewandert. Nicht um des bloßen Abenteuers willen, sondern ganz einfach, um zu überleben – Graubünden zählte seinerzeit zu den ärmsten Kantonen der Schweiz.

Neben solchen privaten Hintergründen ist freilich auch das für Schweizer Künstler und Schriftsteller nahezu typische, zumindest zeitweilige Verlassen der kleinen, binnenländischen Heimat anzuführen. Dieses Weggehen, häufig in eine Großstadt, und Wiederkommen, der ›Ausreißer‹, ist bis heute ein bedeutungsvolles Motiv in der hierzulande noch zu wenig in ihrer Vielfalt wahrgenommenen, zu wenig geachteten Literatur unseres Nachbarlandes.

Paris, Berlin – für Jürg Federspiel waren diese pulsierenden Metropolen jenseits »des heimatlichen Grundes« wichtige Stationen; geschrieben hat er allerdings nicht über sie. Sein erster Aufenthalt in New York dagegen wurde zum einschneidenden Erlebnis. Geplant waren 1967 zwei Monate, geblieben ist er zwei Jahre (u.a. in einer Wohnung, die ihm Uwe Johnson überließ). Und obwohl seine Abreise 1969 einem Aufbruch ohne Wiederkehr glich, fuhr er im Herbst desselben Jahres ein weiteres Mal nach »N.Y.«. Erneut war er gekommen, um eine Weile zu bleiben. Es war der Beginn einer von nun an fast lebenslangen intensiven Phase des Ankommens und Bleibens, zu der das Wiederabreisen in die Schweiz gehörte.

Die Auswanderung nach Amerika und das dauerhafte Leben in dieser ihm so existentiell wichtig gewordenen Großstadt kamen für ihn nicht in Frage. Zum einen sei Auswandern für einen Schriftsteller aufgrund seiner Bindung an eine Sprache ohnehin schwierig, zum anderen sah er sich nicht als »permanenten Fortgänger«. So fühlte sich Jürg Federspiel dem Land seiner Herkunft verhaftet, wenngleich ihn dessen Gesinnung bisweilen »deprimierte«. Hinzu kam, dass er »nur mitunter« kosmopolitisch denken konnte und wollte, denn die Weltverhältnisse entsprachen seiner Ansicht nach nicht dieser Idee. Darüber hinaus war er, der Graubündner, der Überzeugung, dass die Schweiz, »ein Elternhaus«,

»für fast alle, die sie verließen, Sehnsucht« bleibe, »so sehr ihnen schweizerische Mentalität verhaßt war«.

Er selbst jedenfalls nahm seine ›schweizerische Mentalität‹ nicht nur an, er versuchte aus dieser Prägung eine Tugend zu machen. Die »Provinzler-Herkunft«, wie er das Aufwachsen in »historischer Windstille« bezeichnete, schärfe das Auge, die Wahrnehmung. Zu diesem ›regionalen‹ Selbstverständnis, das durch persönliche Wesenszüge und Erfahrungen verstärkt wurde, war er in New York gelangt.

Sein dort entstandenes fulminantes »Museum des Hasses. Tage in Manhattan«, das noch im Jahr seiner Rückkehr in die Schweiz, 1969, bei Piper in München erschien, ist auch ein Beispiel dieser im Kleinen geschulten, sich selbst zurücknehmenden, empfindsamen Aufnahme von Sinneseindrücken. Die vitale Riesenstadt, die ihn, den ›Provinzler‹, negativ *und* positiv faszinierte, bot seinen Sinnen einen unfassbar großen, reichhaltigen Kosmos. Sie stieß ihn ab und zog ihn an, zerstörte ihn und baute ihn wieder auf. Und sie provozierte seine rigorose, unbestechliche, leidenschaftliche Art des Wahrnehmens und Schreibens, der sie zugleich auf denkwürdige Weise entsprach.

IV Tatsachendichtung und Fabulierkraft

»Wie schön ist eine Biene, die eben gestochen hat?«
(Jürg Federspiel)

Wer wie Jürg Federspiel mit wachen Augen und offenen Ohren durch diese Welt geht, mag sich immer wieder darüber wundern, was er alles zu sehen und zu hören bekommt. Zwar ist so manch einem dabei schon Hören und Sehen vergangen; blind und taub hetzt oder streift er durch den Alltag, sein einziges eigenes Leben. Im Gegensatz dazu kommt manch anderer aus dem Staunen gar nicht mehr heraus! Die Wirklichkeit übertrifft die Phantasie, sie wetteifert mit dem menschlichen Einfallsreichtum. Wir lernen es schon als Kinder und sind dennoch stets aufs neue verblüfft, wenn sich ausgerechnet diese Lebensweisheit bewahrheitet, im großen wie im kleinen, im guten wie im bösen, im schönen wie im abstoßenden und häßlichen.

Genau an diesem ungeheuerlichen Punkt setzen Federspiels scharfsinnige Texte an – und der Leser kann bei ihrer Lektüre so manches Mal sein blaues Wunder erleben! Zum einen, weil der Autor auf eigenwillige, stets unterschiedliche Weise in ihnen Realität und Fiktion miteinander vermischt und wir nicht wissen, wer hier wen zu übertrumpfen versucht, das Leben die Einbildungskraft oder umgekehrt. Zum anderen, weil alle seine Arbeiten, nicht nur die der Short story verpflichteten Kurzgeschichten, »vom Denkwürdigen einer Gestalt, vom Denkwürdigen einer Geste, eines Satzes, einer Atmosphäre« leben, und dieses Denkwürdige, das er stets vom Merkwürdigen unterschieden wissen wollte, für ihn die menschliche Gemeinheit in ihren vielen Schattierungen war. Nicht, weil er – wie ihm gern unterstellt wurde – eine absonderliche Freude am Bösen und Häßlichen hatte, sondern weil ihn »das Sinnlose des Perfiden, Gemeinen, Verlogenen« am stärksten *bewegte*. Wie der Amerikaner Henry Miller, den er schätzte, wollte Jürg Federspiel den Menschen »in seinem Insgesamt«.

Ausgestattet mit einer unbändigen »Erlebnis- und Fabulierkraft« schaute der ›Provinzler‹ in ihm genau und lange hin, recherchierte der Journalist bis ins letzte Detail und arbeitete der Schriftsteller nach dem Motto »Man soll nie Unwahres erfinden«. Aufgrund dieser Mischung waren ihm die Grenzen zwischen Realität und Fiktion, zwischen Journalismus und Literatur bedeutungslos. Es entstand, was Marco Meier auch mit Blick auf Hugo Loetscher und Niklaus Meienberg als eine Art »Neuen Journalismus« in der Schweiz bezeichnete, und was der Autor selbst, auf Blaise Cendrars bezogen, »dichterische Reportage« und »Tatsachendichtung« nannte.

In der amerikanischen Literatur, welcher Federspiel stets näher stand als der deutschsprachigen, hat diese Art des Schreibens eine gewichtige, variantenreiche und lebendige Tradition. Der Vielbelesene schöpfte daraus, bewusst oder unbewusst, nicht um zu kopieren, sondern weil das Verschwimmen der Grenzen, die Ambivalenz von Wirklichkeit und Phantasie, die Potenzierung des einen durch das andere seinem ureigensten Wesen entsprach.

So hatte der Autor 1966 in der Erzählung »Die Nachbarn. Eine Verfremdung« die Geschichte eines kleinlichen Streits inmitten schweizerischer Idylle mit einer in vier Teilstücken eingeschobenen, durch Kursivdruck abgehobenen Zeitungsmeldung über eine brutale, tödliche Vergewaltigung in der New Yorker Bronx verknüpft. In seiner Montage beziehungsweise Collage »Museum des Hasses. Tage in Manhattan« finden sich tagebuchartige Aufzeichnungen über New York und Washington neben zwei Einaktern, Gedichten, Short stories und Miniaturen, einer Märchenparodie, Medienmeldungen sowie essayistische Betrachtungen. Dabei kommen Gegenwärtiges und Vergangenes ebenso unweigerlich miteinander in Kontakt wie New York, Vietnam und die Schweiz.

Dem literarisch-journalistischen Ich, das Affinitäten mit dem Autor aufweist (Herkunft, Familienstand, Aufenthaltszeit, Wohnanschrift in New York u.a.), geht es hierbei nicht darum zu zeigen, das eine sei besser, schöner oder moralischer und das andere schlechter, häßlicher oder lasterhafter. Sein scharfer, unerbittlicher Blick konstatiert einen unheilvollen Zustand der menschlichen Gemeinschaft insgesamt.

Anders als in der Eidgenossenschaft, wo zum Beispiel Otto Oberholzer im »Museum des Hasses« den »faszinierendste[n] Amerikabericht« der schweizerischen Literatur ausmachte, sah und sieht man sich in der Bundesrepublik davon provoziert. (2006 äußerte ein deutscher Germanist, Federspiels Collage markiere den Beginn des »Subgenre[s] der eidgenössischen Stipendiaten-Amerika-Schmähung«, wobei ihrem Verfasser »noch ein ernsthafter Furor gutzuschreiben« sei.)

Die beiden unterschiedlichen Bewertungen verweisen exemplarisch auf einen ungleichen Umgang mit literarischen Amerikatexten in der deutschsprachigen Schweiz und in der Bundesrepublik. Möglicherweise ist darin ein Grund dafür zu suchen, warum dieser geistreiche, sensible Autor in seinem an lesenswerten Schriftstellern reichen Heimatland wesentlich mehr Wertschätzung genoß und genießt als hierzulande. Wahrscheinlich schien in Deutschland zudem eine Fortschreibung der durch den Zweiten Weltkrieg abgebrochenen Geschichte der deutschsprachigen Großstadtliteratur, die der Schweizer variationsreich betrieb, als unzeitgemäß. Sicher wurde auch schon der Titel von vielen unbewusst abgelehnt, weil er, wie der Autor zu Recht meinte, »negativ ist«. – Jeder dieser Gründe darf auch für die leider geringe Aufnahme seiner Sammlung »Die beste Stadt für Blinde und andere Berichte« (1980) sowie den Band »Wahn und Müll« (1990) geltend gemacht werden.

1982 gelang Jürg Federspiel dann endlich der internationale Durchbruch – dank einer amerikanischen Geschichte, die er ›amerikanisch‹ erzählte, d.h. in seinem unverwechselbar knappen, präzisen, scheinbar unterkühlten und zugleich erzählfreudigen, Fakten und Fiktion miteinander verwebenden Stil: »Die Ballade von der Typhoid Mary«. Zwei Jahre nach ihrer Erstveröffentlichung erschien sie 1984 als seine erste Prosaarbeit in einer Übersetzung auf dem amerikanischen Buchmarkt, wo sie sogleich zu einem Kritiker- und Verkaufserfolg avancierte. Als ein Grund dafür kann die gelungene Übertragung von Joel Agee, dem Sohn des amerikanischen Schriftstellers James Agee und Stiefsohn von Bodo Uhse angesehen werden. Ein weiterer ist die Tatsache, dass dieses Buch über die in den USA legendäre Typhoid Mary aufgrund der Erzählweise (schwarzer Humor, teilweise groteske Überhöhung) amerikanische Leserbedürfnisse in hohem Maße befriedigte. Hinzu kam das an amerikanische Autoren wie Thomas Berger, Thomas Pynchon und E. L. Doctorow erinnernde Verknüpfen von historischen Fakten und Fiktion (Faction).

Äußerst gekonnt und unterhaltsam-spielerisch erfand Federspiel hier ›Wahres‹. Zugleich hüllte er historische Fakten derart freudig-geheimnisvoll in ›Erfundenes‹, dass man sich nur wundern kann. Dabei machte er, der Schweizer, aus der wahrscheinlich irischen Immigrantin nicht nur eine aus seiner Heimat Graubünden stammende junge Frau, er verwandelte auch das 1867 tatsächlich in New York eingetroffene Einwandererschiff »Leibnitz« (dessen Name rein gar nichts mit dem Leibniz der Theodizee zu tun hat!) in ein Typhusschiff. (In Wirklichkeit gab es an Bord die Cholera.) Neben dem vergnüglichen Spiel mit offensichtlichen ›Wahrheiten‹ wie Isaac Newtons Entdeckung des Gravitationsgesetzes, Karl Marx' Satz vom Gespenst, das umgeht, oder Charles Dickens' Bildern von New York, füllt er zudem äußerst kunstvoll mit seiner Figur des Chris Cramer die historische Leerstelle des Bombenwerfers vom Haymarket Square 1886.

Vielleicht zog die unterhaltsame kurze Einwanderer-, Liebes-, Koch- und Stadtgeschichte auch aus diesem Grund so viel Aufmerksamkeit auf sich, fand so viele Leser, wurde in mehrere Sprachen übersetzt, regte einen Comic sowie verschiedene Theateradaptionen an. Sogar eine englischsprachige Verfilmung war vorgesehen: 1996 unterzeichnete Mike Newell, der u.a. als Regisseur für »Four Weddings and a Funeral« (1994), »Harry Potter und der Feuerkelch« (2005) sowie »Die Liebe in den Zeiten der Cholera« (2007) hervortrat, einen dahingehenden Vertrag. Der Film aber wurde bis heute nicht realisiert. Doch das Drehbuch von Rudi Wurlitzer, der u.a. für Volker Schlöndorff und Bernado Bertolucci erfolgreiche Skripte verfasste (»Homo Faber«, 1991; »Little Buddha« 1993), liegt im Schweizer Literaturarchiv in Bern. Jürg Federspiel hatte es dem auf Initiative von Friedrich Dürrenmatt entstandenen nationalen Archiv 2001 zusammen mit anderen Dingen übergeben – als Vorlass, der im Frühjahr 2007 um den Nachlass ergänzt wurde.

*

V Liebe und Haß

»Gerüchte gehen – dass Gott nicht mehr zuschaut.«
(Jürg Federspiel)

In der hierzulande gern auf einige wenige Namen reduzierten deutschsprachigen Literatur unseres Nachbarlandes mangelt es nicht an Schriftstellern, die schwer mit den herkömmlichen Kategorien einzufangen sind. Hilflos wird daher wie im Falle von Jürg Federspiel mit Begriffen wie »Außenseiter« oder »Sonderfall« jongliert. Zweifellos mag eine Bezeichnung wie diese dem einzelnen schmeicheln, unterstreicht sie doch einmal mehr das eigene Gepräge. Doch von der Ein- und Abgrenzung ist es nur ein kurzer Weg hin zur Ausgrenzung. Da diese jedoch vom Unverständnis gegenüber dem als fremd empfundenen Anderen zeugt, sagt sie in erster Linie mehr über den Wertenden aus als über den in dieser Weise Wahrgenommenen.

Es stellt sich also die Frage nach dem Selbstverständnis des Eigenen und die nach dem Geheimnis des Anderen. Dieses Geheimnisvolle, Rätselhafte zog Federspiel an, nicht um in das ›Mysterium‹ des Anderen und damit in das eigene hineinzudringen. Im Gegenteil. Für ihn war das Geheimnis das, was nicht verstanden sein *will*, die »Einladung eines oder einer Unbekannten«. Dies galt für das Leben an sich wie für den Tod, für das menschliche Gegenüber sowie für sich Selbst, und es galt für die Kunst.

Entsprechend seiner Prägungen und seiner Individualität sowie in gewisser Weise auch aufgrund seines Geschlechts (was keinesfalls herabwürdigend gemeint ist) ging es ihm hierbei nicht vordergründig um das Schöne. Ihn faszinierte ›negativ‹, wie er immer wieder betonte, das Abartige menschlichen Seins: alltägliche Demütigungen und Entwürdigungen, Unhöflichkeit und Achtlosigkeit, Misstrauen, Hass und Selbsthass, Gewalt als gegen andere (Menschen, die Natur) oder sich selbst gerichtete verbale oder tätliche Aggression, Rückzug in die Isolation oder in den Wahn. »Wahn und Müll« und »Böses« sind daher nicht nur die Titel zweier Werke (einer Sammlung und eines Gedichts), sie bilden auch Leitmetaphern seines Schaffens, das sich der »Seelenpest« – eine einzigartige Federspielsche Wortschöpfung verschrieben hat. Nicht immer stieß der Autor damit auf das Verständnis der Rezensenten, was seinen Lesern indes gleichgültig war.

Sie schätzten und schätzen die von Karl Heinz Bohrer 1969 gewürdigte »Sicherheit der knappen, ingeniösen Formel«, mit der Jürg Federspiel in seiner gesamten Prosa und Lyrik den allseits unliebsamen Seiten menschlichen Seins zu Leibe rückte. Und sie wissen seine damit verbundene Beschäftigung mit den existentiellen menschlichen Fragen zu würdigen. Was ist Leben? Was ist Tod? Was ist normal, was ist verrückt? Worin besteht der Sinn des menschlichen Seins?

Beharrlich wandte er sich diesen Fragen zu, als Annäherung an ein Geheimnis, nicht um Weisheiten zu verkünden. Wie einige seiner Kollegen in der Schweiz (Friedrich Dürrenmatt, Urs Widmer u.a.) oder der ihm in mancherlei Hinsicht nahestehende ›rasende Reporter‹ Egon Erwin Kisch, fragte er dabei jenseits christlicher Glaubensbekenntnisse auch nach der ›Schöpfung‹ und der Existenz Gottes inmitten des Bösen.

Nicht immer geschieht dies mit der sich gelegentlich unbarmherzig gebenden Härte seiner Texte über New York, in denen wie in seiner Lyrik allerdings immer auch Melancholie mitschwingt. Der ›späte‹ Federspiel, jener der »Ballade von der Typhoid Mary«, der »Geographie der Lust« oder der zwölf Fabeln »Die Liebe ist eine Himmelsmacht«, feierte in seiner Prosa auch kräftig das Fest des Fabulierens, ohne sich in irgendeiner Weise untreu zu werden. Bei diesem Erzählton feierte auch die Presse mit, und die beiden erstgenannten Werke erlebten mehrere Auflagen.

Hier war keiner mehr, der beunruhigte, erschreckte und schockierte. Erwähnt sei allerdings, dass manche Feministinnen seinen sinnenfreudigen, bildreichen Roman »Geographie der Lust« als ›sexistisch‹ und ›pornographisch‹ attackierten. Die Heftigkeit, mit welcher diese Beschuldigungen vorgebracht wurden, mag Jürg Federspiel daran erinnert haben, wie seine einstige Lebenspartnerin Ester Vilar für ihr Buch »Der dressierte Mann« (1971) sogar tätlich angegriffen wurde. Gleichzeitig mag er sich allenfalls darüber gewundert haben, dass er nicht schon früher mit dem Etikett ›frauenfeindlich‹ oder ›machohaft‹ versehen wurde, denn im »Kampf der Geschlechter« ging bei ihm keine der beiden Seiten siegreich hervor.

VI Was bleibt

»Der Tod ist nicht lustig. Der Tod ist nicht traurig. / Es kommt darauf an, wer zurückbleibt, wer geht.« (Jürg Federspiel)

Ausgerechnet zu jener Zeit, als Jürg Federspiel aus dem Leben ging, lag ein Text von ihm in einer Druckerei, den er zwanzig Jahre zuvor auf Wunsch der Grafikerin und Illustratorin Petra Rappo geschrieben und ihr gegeben hatte. Es handelte sich um ein Kinderbuch, das in New York angesiedelt ist. Ein Jahr vorher, 2006, war sein Gedicht »Paracelsus« aus der seit 1984 von Dietrich Bode bei Reclam herausgegebenen, nun »revidierten und erweiterten Ausgabe« der Anthologie »Deutsche Gedichte« gestrichen worden. Im Mai 2007 brachte der Suhrkamp Verlag Federspiels »Geographie der Lust« in der dritten Auflage heraus, im September die mittlerweile siebente Auflage der »Ballade von der Typhoid Mary«.

Denkwürdig erscheinen alle drei dieser Tatsachen, denn während die erste als ein Zufall angesehen werden kann und die zweite als eine in vielerlei Hinsicht fragwürdige Entscheidung gewertet werden darf, mutet die dritte in gewisser Weise zweischneidig an. Einerseits artikuliert sich darin die Wertschätzung des Verlages für einen seiner Autoren, andererseits stellt die Neuauflage einen vielleicht auch tendenziell makaberen, weil zeitgemäßen Tribut an den Büchermarkt dar. – Eine Nachauflage wäre in der rasant vorwärts treibenden Flut der Neuerscheinungen ohne das vorangegangene – dem Verschwinden und selbstgewählten Tod des Autors geschuldete – Medieninteresse garantiert nicht beachtet worden.

Heutzutage bedarf es in der Regel der Verleihung eines Preises an den Autor, seines Todes oder eines ›feierwürdigen‹ Jubiläums, um für Bücher, die seit längerem auf dem Markt sind, neue Interessenten zu finden – wie im Herbst 2007 die Beispiele Doris Lessing und Walter Kempowski zeigten.

Preise und Auszeichnungen hatte es für den Schriftsteller Jürg Federspiel zwischen 1961 und 2000 mehrfach in der Schweiz gegeben. In Deutschland, wo er einen großen Teil seiner Leserschaft hatte und wo die gesamte Prosa dieses »amerikanischste[n] Schweizer[s]« erst bei Piper, zwischenzeitlich bei Luchterhand und seit 1980 bei Suhrkamp erschien, wurde ihm kaum eine Ehrung zuerkannt. So wurde er, wie Pirmin Meier schrieb, durchaus »geschätzt, aber meistens nicht für wichtig genommen«. Umso mehr ist dem kleinen ambitionierten Schweizer Verlag Waldgut zu danken, der sich nach wie vor liebevoll um seine hierzulande zu wenig beachteten Gedichte kümmert.

In seinen Texten arbeitete Jürg Federspiel mit unmissverständlichen moralischen Kriterien und Begriffen, ohne zu moralisieren. Die Titel seiner Bücher sind allesamt einprägsam und aussagekräftig. Sie spiegeln zugleich das Wesen dieses Autors wider, der ›brannte‹, nach oben wie nach unten, in das Licht und in das Dunkel hinein, laut und leise, grimmig und mitfühlend. So wundert es auch nicht, dass sie in seinen Texten alle auftauchen: Engel, Gott, Exterrestrische, Geister – und Menschen.

Wunderbar wundersam, rätselhaft und geheimnisvoll ist jeder Einzelne auf seine Weise.

Jürg Federspiel. Foto: Isolde Ohlbaum.

Porträt Hans Bender. Foto: Isolde Ohlbaum.

Hugo Dittberner

Die Ernte des Sparsamen

Hans Bender zum Neunzigsten

Ab einem bestimmten Alter eines Jubilars, kommt mir vor, kann man nicht gut über ihn schreiben, sondern besser zu ihm, vielleicht noch besser an ihn. – Hans Bender also wird 90, und aufs schönste hat sich das Werk seines Lebensromans, das in den frühen berühmten Short-Stories *Wölfe und Tauben* und *Mit dem Postschiff* sowie in den beiden Romanen *Eine Sache wie die Liebe* und *Wunschkost* (verhältnismäßig) expressiv und lakonisch seine klassisch-modernen Formen und später, entspannter gleichsam, in den Erzählungen *Bruderherz* und *Kraichgauer Geschichten* Wiederaufnahme, Echo, anrührendes Bekenntnis gefunden hat, in den letzten Jahren noch einmal in den Aufzeichnungen und in den Vierzeilern verdichtet, die nun von vielen als glückliche Steigerung seines Schreibens bewundert werden. *Wie die Linien meiner Hand. Aufzeichnungen* (1999) und *Wie es kommen wird. Meine Vierzeiler* (2009) seien hier genannt, stellvertretend auch für kleinere Veröffentlichungen in den beiden Genres.

Der Tonfall der Sätze und, markanter noch, der Verse bannt die Persönlichkeit und die Poesie Hans Benders ins Wenige. Sparsam will diese Dichtung sein und doch natürlich klingen; nicht outriert oder auch nur elaboriert, keinesfalls aufgedonnert. Wir hören dem zu, horchen ihm nach und verlieren dabei keine Zeit und gewinnen Muße. Muße in Nachbarschaft des Schönen, sei es der Kunst, sei es des ländlichen oder urbanen Ambientes.

Das Menschliche der Freunde, des nonkonformistischen Bürgersinns, auch der Komik des Anfälligen kommt aufs Tapet. Wie angenehm in unserer Wüste des Vielen! wird mancher denken. Und er wird in der Regel nicht wissen oder auch nur ahnen, welch riesigem Pensum und Korpus des Schriftlichen von Hans Benders Lebensleistung dies Wenige des vorgebrachten Lebenswerks korrespondiert.

Denn in großer Disziplin hat Hans Bender über all die Jahrzehnte hinweg als Herausgeber nicht nur der *Akzente*, als Freund und Förderer Kontakte geknüpft und in Treue gehalten, so dass für ihn dies literarische Leben mit Büchern und Briefen, aus Lesen und Reisen und Schreiben Heimat geworden ist, sein ganz besonderes und für die Literaturgeschichte der Bundesrepublik spezifisches Echowerk der Literatur, wie es wenige geben dürfte.

Er hat diesen Schatz vor einiger Zeit, noch auf Zureden Heinrich Bölls, als Vorlass dem Kölner Stadtarchiv anvertraut. Es ist deshalb eine bittere Ironie, dass nur wenige Tage nach dem Erscheinen seiner Vierzeiler, wenige Monate vor seinem neunzigsten Geburtstag auch sein Vorlass beim Einsturz des Kölner Stadtarchivs in die Tiefe gerissen wurde; Wertmüll mit all dem anderen Bewahrenswerten.

Die penible Finde- und Restaurationsarbeit mag manches und vielleicht sogar vieles rückgewinnen können – und Hans Benders eigene Brief- und Kartenpost wird noch bei etlichen Empfängern bewahrt sein. Trotzdem ist dies ein großer Verlust, nicht nur für Hans Bender, aber besonders für ihn, da zu diesem feierlichen Anlass alles so glücklich geordnet und in Sicherheit gebracht schien. Unsere Glückwünsche müssen nun auch ein großes Unglück aushalten helfen.

Um so wichtiger ist es heute (und fast scheint es nach solcher Katastrophe schon eine Erinnerung zu sein), das vorhandene Werk zu rühmen. Das will ich tun, indem ich den Brief zitiere, den ich Hans Bender geschrieben habe, bevor ich von dem Kölner Unglück geschockt wurde.

* * *

Lieber Hans Bender,
was für ein schönes Buch ist es geworden; und wie leicht füllen Ihre Vierzeiler die Seiten aus! Viele kannte ich, aber die erneute und neue Lektüre erhöht noch den Reiz, sich dem Tonfall und dem Humor der Lektüre anzuvertrauen; den Einblendungen Ihrer Wahrnehmung ein wenig nachzuhängen. Die Ökonomie, mit der die Beiläufigkeit in ihren vier Zeilen (ihren eigenen vier Wänden sozusagen) zurandekommt, was aber gerade heißt: über diesen Rand hinauskommt. Man freut sich, mit ihnen Luft zu holen.

Wahrlich eine schöne Kulmination Ihrer Kunst, gerade auch indem sie Urteilsfähigkeit und Urteilsfreudigkeit zeigt. Was selten gelingt. Und selbst der Untertitel; das »Meine Vierzeiler«, zu dem ich erst stockte, wird in dem Titelgedicht legitimiert (und fällt übrigens in einem Umfeld mit Titeln wie »Meine Preise« und »Ruhm« wohl weniger auf als nach meinem Taktgefühl). Die Klage, die man, vom schönen Klappentext eingestimmt, von Anfang an mitliest, gibt dem Buch seine Membran. Und wir sind froh über die mitgeschenkte Distanz. So überzeugt schließlich auch das »Meine« an den Vierzeilern.

Ich beglückwünsche Sie also, lieber Hans Bender, zu einem rundum gelungenen und wie selbstverständlichen Werk aus Ihrer Feder. Und ich danke Ihnen für die Widmung unter dem Gedicht, in dem so schön ein wichtiges Motiv unseres Gesprächs nachklingt.

Wie ja überhaupt die größte Kunst der Vierzeiler in diesem Aufnehmen des freundschaftlichen Weltgesprächs liegt, die sehr eigene Form, gemeinsame poetische Erfahrung gültig zu machen. Hans Benders Testate sozusagen – und gerade keine Epigraphe, denn Sie bleiben den Engeln der Kindheit treu.

Lieber Hans Bender, ich danke Ihnen für das Buch und für die freundschaftliche Widmung. Und für die neuen Vierzeiler, die schon einmal das Fortsetzung folgt *sicherstellen; auch für die schöne Schneekarte. Eine große Freude aus dem Kölner Winter.*

Möge diese Freude bleiben und wachsen!

* * *

Hier einige Beispiele aus *Wie es kommen wird. Meine Vierzeiler* (Hanser Verlag, München 2009) von Hans Bender:

Tschechov schreibt aus Melichovo

Ich füttere Spatzen,
beschneide Rosenstöcke,
einen pro Tag.
Mehr tue ich nicht.

An Arnold Stadler

– das Schiff namens Freundschaft –
Gern steigen wir ein.
Besser zu zweit, zu dritt
als allein zu sein.

Wie es kommen wird

Bei mir behalten?
Oder weitersagen?
Du wirst alt sein
und wie Hiob klagen.

Sankt Hieronymus als Vorbild

Im Gehäuse, wie Antonello da Messina
es malte, leben, lesen, schreiben –
Auch der Löwe darf nicht fehlen, der
mich erheitert und behütet.

Gibt es noch Engel?

Ich hätte nichts dagegen,
schwerelos wie sie mich zu bewegen.
Mit ihnen zu musizieren, zu singen.
Mit ihnen mich schlafen zu legen.

Die Autoren & Künstler

Hans Bender, geb. 1919 (am 1. Juli) in Mühlhausen / Kraichgau, lebt in Köln; Mitglied der Akademie der Wissenschaften und der Literatur in Mainz und der Berliner Akademie der Künste; Hrsg. der *Konturen* 1952-54, Mithrsg. der *Akzente* 1954-80. Zahlr. Buchveröffentlichungen, u.a. *Wunschkost*, Roman (1959), *Mit dem Postschiff*, 24 Geschichten (1962), *Worte Bilder Menschen*, Sammelband (1969), *Aufzeichnungen einiger Tage* (1971), *Bruderherz*. Erz. (1987), *Postkarten aus Rom*, autobiogr. Texte (1989), *Hier bleiben wir*, Gedichte (1992), *Die Orte, die Stunden*, Aufzeichnungen (1992), *Geschichten aus dem Kraichgau* (1995), *Wie die Linien meiner Hand*, Aufzeichnungen 1988-98 (1999), *Verweilen, gehen*, Gedichte (2003); zuletzt erschien: *Wie es kommen wird. Meine Vierzeiler* (2009). Hrsg. zahlr. bedeutender Anthologien. – Siehe auch *die horen*, Band 190/1998 (Hugo Dittberner: *Der furchtlose Raucher – Hans Bender zu Ehren*) und 214/2004 (Hugo Dittberner: *»Ich halte mich für Überraschungen bereit …« – Hans Bender zum 85. Geburtstag* / Hans Bender: *Zeit des Struwwelpeter*).
S. 225: Hugo Dittberner: Die Ernte des Sparsamen – Hans Bender zum Neunzigsten.
S. 227: Tschechov schreibt aus Melichovo – Fünf Vierzeiler. Aus: »Wie es kommen wird«, a.a.O.

Otto Julius Bierbaum (Pseudonym: Martin Möbius), geb. 1865 in Grünberg / Niederschlesien, gest. 1910 in Kötzschenbroda (Radebeul) bei Dresden. Studierte Jura und Philosophie (auch Chinesisch) in Zürich, Leipzig, München und Berlin; Mitbegründer des politischen Kabaretts in Deutschland. 1897 erschien sein Roman *Stilpe*; 1906-08 der Roman in drei Bänden *Prinz Kuckuck. Leben, Taten, Meinungen und Höllenfahrt eines Wollüstlings*. Als Lyriker war er souverän in vielen Formen – und als Berliner Boheme-Literat träumte er von einer »Renaissance aller Künste und des ganzen Lebens vom Tingeltangel her«. Sein Gedichtband *Der Irrgarten der Liebe* (1901) war die erfolgreichste Gedicht-Publikation zur Jahrhundertwende.
S. 141: Müde.

Ekkehard Böhm, geb. 1941 in Hirschberg / Riesengebirge, lebt (pensioniert) in Hannover als HAZ-Redakteur für Zeitgeschehen; Studium der Geschichte, Literatur und Politik an der Universität Hamburg, 1971 Promotion; Volontariat und Feuilletonredaktion bei der Tageszeitung *Die Welt*; seit 1976 bei der HAZ. – Siehe auch *die horen*, Band 217/2005 (*Universum Fantasticum*).
S. 163: Endzeit – Über Ernst Jünger, Julien Gracq und Dino Buzzati.

Uwe Bremer, geb. 1940 in Erfurt, lebt in Dannenberg. Besuchte die Kunsthochschule in Hamburg von 1957-60. 1963 Mitbegründer der Rixdorfer Drucke in Berlin. Illustrierte Bücher, gestaltete Plakate und Mappenwerke. Zwischen 1983 und 1995 Dozent für Radierung / Holzschnitt an der intern. Sommerakademie Salzburg. Zahlreiche Ausstellungen im In- und Ausland.
S. 194: Kalendergrafik 1966.

Georg Oswald Cott, geb. 1931 in Salzgitter, lebt in Braunschweig: Lyriker, Erzähler, Essayist, Kritiker und Rundfunkautor. Nach einer Handwerkslehre studierte er Ernährungswissenschaft und Germanistik, arbeitete als Berufsschullehrer – u.a. für Hilfsprojekte in Afrika –, lehrte an der Universität Hannover. Er veröffentlichte Hörspiele, Erzählungen und – vor allem – Gedichte. Einige seiner Gedichtbände wurden von namhaften Künstlern ausgestattet: Herbert Grützner, Helga Schröder, Hans Ticha, Heinz Treiber, Tomi Ungerer, Eric van der Wal, Arno Waldschmidt, Raoul Wüstner – und befinden sich als bibliophile Bücher in öffentlichen und privaten Sammlungen; zuletzt erschienen u.a. *Lessings Grab*, Erz. (1998; 2007 auch auf russisch in Minsk / Weißrussland erschienen); *Tagwerk*, Gedichte (1999); *Karrenspur*, Gedichte (2001); *Die Flugbahn der Elster*, Gedichte (2006). –

Siehe auch *die horen*, Band 180/1995, 181 + 183/1996, 219/2005, 226/2007.
S. 143: Wort aus der Leere – Über den Sprachforscher Werner Kraft.

Hugo Dittberner, geb. 1944 in Gieboldehausen bei Göttingen, lebt in Kalefeld / Echte; Studium der Germanistik, Philosophie und Geschichte, Dr. Phil.; seit 1977 freier Schriftsteller; zahlr. Veröffentlichungen, zuletzt u.a. *Versuch zu rühmen*, Essays (1999); *Morgenübungen*, Gedichte (2000); *Atem holen*, Essays (2006). – Siehe auch *die horen*, Band 180/1995, 190/1998, 202/2001, 214/2004, 218 + 220/2005, 224/2006 (Henning Ziebritzki: *Versuch über das Glück, Hugo Dittberners Gedichte zu lesen*), 226/2007.
S. 225: Die Ernte des Sparsamen – Hans Bender zum Neunzigsten.

WP Eberhard Eggers, geb. 1939 in Hannover, gest. 2004 ebenda. Maler, Grafiker, Illustrator, Seit 1959 zahlreiche Ausstellungen im In- und Ausland. Gestaltete Bücher und Plakate. Erhielt mehrere Preise und Auszeichnungen. Hielt sich seit den 60er Jahren längerfristig in den USA auf, seit 1971 Gastprofessuren an Universitäten in den USA.
S. 191: Kalendergrafik 1964.

Günter Bruno Fuchs, geb. 1928 in Berlin, gest. 1977 ebenda. Maurerlehre und Hilfsarbeit nach dem II. Weltkrieg in Berlin. Kurzfristig Schulhelfer in Ostberlin. Studium an der HFBK und Meisterschule für Grafik in Berlin. Von 1952-57 als Schriftsteller und Grafiker in Reutlingen. Zurück in Berlin (1959 Gründung der *galerie zinke* mit R.W. Schnell, S. Kuschnerus und G. Anlauf) ; rief Ende der 50er Jahre die Werkstatt *Rixdorfer Drucke* ins Leben (1963 Einstieg von J. Vennekamp, A. Waldschmidt, A. Schindhütte und U. Bremer); erhielt 1957 den Kunstpreis der Jugend der Kunsthalle Baden-Baden. Veröffentlichte zahlreiche Gedichte, Erzählungen, Romane, Kinderbücher (zum Teil mit eigener Grafik), siehe u.a. *Das Lesebuch des Günter Bruno Fuchs* (Carl Hanser Verlag, München 1970); Kataloge, Hörspiele und Tonträger.
S. 172: Holzschnitt aus »Fisimatenten«, Eremiten-Presse 1959.
S. 177: Nationalhymne der deutschen Autobahn. Aus: »Kalender 1967«, Eremiten-Presse.
S. 178: Nationalhymne des deutschen Försters. Aus: a.a.O.
S. 190: Kalendergrafik 1966.
S. 200: Müßiggänger, Holzschnitt. Aus: GBF – zinke Berlin 1959-1962. © Künstlerhaus Bethanien, Berlin 1979.
S. 201: Thomas Schaefer: Platz für öffentliche Unordnung – Eine Erinnerung an Günter Bruno Fuchs (3.7.1928 – 19.4.1977).
S. 209: Porträt GBF, Aus: zinke Berlin 1959-1962, a.a.O.

Aldona Gustas, geb. 1932 in Litauen, lebt seit Kriegsende in Berlin (West). Veröffentlichte als Autorin und Zeichnerin mehr als zwanzig Bücher und Kataloge mit Gedichten, Prosa und eigenen Zeichnungen. Mitarbeit an über einhundert Anthologien. Herausgeberin der dtv-Anthologien *Erotische Gedichte von Frauen* (1985) und *Erotische Gedichte von Männern* (1987). Initiatorin der Gruppe *Berliner Malerpoeten* (mit Günter Bruno Fuchs, Günter Grass, Kurt Mühlenhaupt u.a.) . Zuletzt erschien *BerlinerTagebuch-Gedichte*, Eremiten-Presse 2006. 1997 Rahel Varnhagen von Ense Medaille, 1999 Bundesverdienstkreuz am Bande, 2006 Medaille des Verdienstordens der Republik Litauen.
S. 176: mutwillig ging ich barfuß / gebärde mich toll. Aus: »Nachtstraßen«, Eremiten-Presse 1962.

Jürgen Heizmann, geb. 1958 in Freiburg, lebt in Montreal / Kanada. War zunächst Produktionsassistent beim Walter Verlag, danach Studium der Germanistik und Komparatistik in Heidelberg und Montreal, Promotion 1996; seit 1996 Professor für Neuere deutsche Literatur an der Université de Montréal. Buchveröffentlichungen zu Joseph Roth, Hermann

Broch und Thomas Chatterton; veröffentlichte Artikel und Essays zu Goethe, Hans Henny Jahnn, James Joyce, Arno Schmidt, Ror Wolf, Hans Ulrich Treichel, Gerd Fuchs, zum realistischen Schreiben, zum kanadischen und quebecer Film und über Sarajevo als symbolischen Ort des 20. Jahrhunderts (ein Nachwort zur Neuauflage von Gerd Fuchs` Roman *Schinderhannes* erschien 2003 bei Nautilus).
S. 69: »Ist der Mensch ein wunderliches Geschöpf.« – Über den Dichter und Kalendermann Johann Peter Hebel. (1760-1826).

Piet Hooksma, geb. 1946 in Enkhuizen / Ndl.; aufgewachsen im belgischen Lier a. d. Nethe; Studium (Germanistik, Niederlandistik und Zeitungswissenschaften) in Münster und Leiden, Promotion mit einer Diss. über Felix Timmermanns »Pallieter«; zahlr. Publikationen, u.a. *Leuwenhoeck, swammerdamm und die Mikroskopisten.* Ein Beitrag zur Phantastik E. T. A. Hoffmanns; *Der alte Tuinbaas vom Kasteel.* Über Annette von Droste-Hülshoffs niederländisches Erzählfragment »Joseph«; *Ach mijn zusjen is gestorven.* Hoffmann von Fallersleben und die holländische Volkspoesie. Lebt als freier Schriftsteller und Übersetzer in Haarlem / Niederlande.
S. 133: »In het spoor van Uilenspiegel« – Eine Flandernreise zu Charles de Costers Roman »Ulenspiegel und Lamme Goedzak«.

Peter Huchel, geb. 1903 in Groß-Lichterfelde bei Berlin (heute Berlin-Lichterfelde), gest. 1981 in Staufen i. Breisgau; nimmt 1920 am Kapp-Putsch teil; 1923 Abitur an der Oberrealschule Potsdam, Beginn des Studiums der Literatur und Philosophie in Berlin; 1924 erste Gedichtveröffentlichung im *Dürerkalender für das Jahr 1924*, 1925 Studium in Freiburg, 1926 in Wien, ab 1926 Aufenthalt in Frankreich, 1929-31 Reisen nach Ungarn, Rumänien, in die Türkei; 1934-40 in Michendorf / Mark Brandenburg ansässig; 1941-45 Soldat in einer Flak-Einheit bei Berlin, sowj. Gefangenschaft; 1946-49 Berliner Rundfunk; 1948 erste Buchveröffentlichung (*Gedichte* im Aufbau Verlag); 1949-62 Chefredakteur von *Sinn und Form* (Huchel lebt in Potsdam-Wilhelmshorst); Reisen, Preise, 1953: Eine Kündigung als Chefredakteur von *Sinn und Form* wird nach Intervention Bertolt Brechts von Johannes R. Becher zurückgezogen; 1962: Huchel wird gezwungen, die Leitung von *Sinn und Form* an Bodo Uhse abzugeben; Huchel lebt ab 1963 isoliert und überwacht in seinem Haus in Wilhelmshorst, 1971, im April, nach Intervention des Internationalen PEN-Zentrums, Ausreise aus der DDR; Ehrengast der Villa Massimo, 1972 Übersiedlung nach Staufen. – *Gesammelte Werke in zwei Bänden*, hrsg. von Axel Vieregg (Suhrkamp 1984); *Gedichte*, Auswahl und Nachwort von Peter Wapnewski (Suhrkamp 1989); *Die Gedichte* (Suhrkamp 1997); *Wie soll man da Gedichte schreiben – Briefe 1925-1977*, hrsg. von Hub Nijssen (Suhrkamp 2000). – Siehe auch Christoph Meckel: *Hier wird Gold gewaschen – Erinnerung an Peter Huchel*, Libelle Verlag, Lengwil / Schweiz (2009).
S. 170: Landschaft hinter Warschau. Gedichthandschrift – für V. O. Stomps. Aus: »guten morgen vauo – ein buch für den weißen raben v. o. stomps«, Europäische Verlagsanstalt, Frankfurt / Main 1962.

Bernhard Jäger, geb. 1935 in München, lebt heute in Frankfurt a.M.; beginnt 1957 ein Studium an der Werkkunstschule in Offenbach. Mit Thomas Bayrle nach Studiumsabschluß Gründung einer Druckwerkstatt und 1961 des Verlages *Gulliver-Presse*; dort eine Reihe gemeinsamer Buchprojekte und Ausstellungen; seit 1966 verstärkt eigene künstlerische Produktionen. Von 1984-2000 Leitung des Unterrichts an der dem Frankfurter Städel angeschlossenen Abendschule. Mehrfach von der Stiftung Buchkunst mit Preisen ausgezeichnet, erhielt 1998 den Preis der Heitland-Foundation.
S. 171: Lithografie aus »Artistisches ABC«, Eremiten-Presse 1964.

aufbau
VERLAG
Abbildungen: AKG
Die
In Reinhard Stöckels grandioser Abenteuergeschichte
Magie
begegnen sich Gestern
des
und Heute auf wundersame Weise.
Erzählens
Reinhard Stöckel, Der Lavagänger
Roman. 379 S. Gebunden. € 19,95
ISBN 978-3-351-03244-9
www.aufbau-verlag.de

S. 186: Portrait Vauo, Lithographie, 1985. – Siehe auch das Cover-Motiv zu diesem Band (Angaben dort / U 2).

Otto Jägersberg, geb. 1942 in Hiltrup/Westfalen, lebt in Baden- Baden. Autor und Regisseur. Romane: *Weihrauch und Pumpernickel*, 1964; *Nette Leute*, 1967; *Der Herr der Regeln*, 1983. Geschichten: *Der letzte Biss*, 1977; *Vom Handel mit Ideen*, 1984; *Wie Kafka beinah nach Baden-Baden in Groddecks Sanatorium gekommen wäre vielleicht*, 2005. Gedichte: *Wein Liebe Vaterland*, 1985; *Deutsche Tiefe*, 2002. Mitherausgeber der Georg Groddeck-Werkausgabe.

S. 174: Ich bin kein flugbereiter Europäer. Aus: »Fahrradklingeln für Valentina Tereschkowa«, Eremiten-Presse 1963.

S. 185: Armlang gearbeitet und handbreit gehandelt – Zur Stierstädter Bleizeit. Aus: »Vom Handel mit Ideen«, Diogenes 1984.

Peter K. Kirchhof, geb. 1944 in Bremen, lebt in Düsseldorf. Maler, Grafiker, Illustrator, Autor und Herausgeber, Mitglied der *horen*-Redaktion seit 1980. Hrsg.: *Literarische Porträts – 163 Autoren aus NRW* (1991); *Rost und Wasser – Ölbilder, Gouachen, Zeichnungen* (1992); *animals* – Ölbilder, Mischtechniken (2007). – Siehe auch *die horen*, Band 152/1988 + 159/1990 (*Alphabet der Erinnerung I + II*), 177/1995 (*Das Kabarett in Deutschland – Ein Blick zurück nach vorn*) sowie redaktionelle Betreuung zahlr. Künstlerporträts und -podien in den *horen*, so zuletzt u.a. Sarah Haffner (208/2002), Bernhard Dörries (212/2003), Henning Wagenbreth (217/2005), Klaus Hack (220/2005), Ellen Sturm (224/2006), Samuel Bak (225/2007), Rudolf Wachter (228/2007) und Bob Dylan (230/2008).

S. 188: »Bücher verkauft man doch nicht, sonst hat man sie doch nicht mehr.« – Unterwegs zum Büchermacher, Verleger, Drucker, Lektor, Herausgeber und Autor V. O. Stomps. – Verantwortlich für das Stomps-Memorial in diesem Band.

Ulrich Klappstein, geb. 1952 in Hannover; Studium der Germanistik und Politikwissenschaften; Studiendirektor an einem hannoverschen Gymnasium; Publikationen u.a. zu Arno Schmidt, Michael Zeller und Reinhard Jirgl.

S. 113: Schmidts Eduard – Wilhelm Busch im Werk Arno Schmidts.

Sigurd Kuschnerus, geb. 1933 in Berlin, lebt seit 1994 in der Uckermark. 1947-48 Studium an der Käthe-Kollwitz-Kunstschule Berlin, 1948-51 Glasmaler-Lehre; seit 1959 freiberuflich als Maler und Grafiker; zahlreiche gebrauchsgrafische Arbeiten, Filmplakate und -titel, Werbefilme, Wandbilder, Illustrationen und Buchausstattungen; Mitglied der Gruppe »zinke« sowie des Künstlersonderbundes Realismus. Kunstpreise in Berlin und Kitzingen. Zahlreiche Einzel- und Gruppenausstellungen, Bilder in öffentlichen und privaten Sammlungen.

S. 177: Linolschnitt aus »Friedhöfe des Mondes«, Eremiten-Presse 1960.

S. 184: Erinnerung an den Weißen Raben, Eremit auf Schloss Sanssouris. Holzschnitt 1987.

Martin Lowsky, geb. 1945, lebt in Kiel; studierte Mathematik und Romanistik in Tübingen und Heidelberg, Promotion 1975; Redaktionstätigkeit, Schuldienst; Beiträge über Erich Fromm, Theodor Fontane, Paul Valery, Karl May und Arno Schmidt: *Zettelkasten – Aufsätze und Arbeiten zum Werk Arno Schmidts* (1991). – Siehe auch *die horen*, Band 178/1995, 183/1996, 191/1998.

S. 107: Menschen, die verblüffen – Trien' Jans und andere Nebenfiguren bei Theodor Storm, Theodor Fontane und Karl May.

Christoph Meckel, geb. 1935 in Berlin, lebt dort, in Freiburg und in Südfrankreich. Grafikerausbildung in Freiburg und München. Lyriker, Erzähler, Zeichner und Grafiker. Publizierte inzwischen kaum noch zählbar viele Bücher: Lyrik, Prosa, Essay und Roman, Grafik und Zeichnung, zahlreiche Ausstellungen.

Seit 40 Jahren Arbeit an einer *Weltkomödie*, die heute 1.800 Radierungen, Zeichnungen und Holzschnitte umfasst. Seine letzten Veröffentlichungen u.a.: *Dichter und andere Gesellen* (1999), *Zähne*, Gedichte (2000), *Einer bleibt übrig, damit er berichte*, Sieben Erzählungen und ein Epilog (2005), *Seele des Messers* Gedichte (2006), *Merkmal Miniaturen – Peter Ackermann* (2007), *Nachtsaison*, Erzählungen (2008), *Wohl denen die gelebt – Erinnerung an Marie Luise Kaschnitz* (Libelle, 2008), *Hier wird Gold gewaschen – Erinnerung an Peter Huchel* (Libelle, 2009). – Siehe auch *die horen*, Band 205/2002 (*Stiefelstrophen / Echos / Ferne Blitze ... Stimmen & Reden zum »Merkmalgedicht« oder Wie kommt das fremde Gedicht ins eigene?*).

S. 173: Lied (Gedicht-Handschrift und Grafik). Aus: »Gedichtbilderbuch«, Eremiten-Presse 1964.
S. 188: Kalendergrafik 1964.

Pit Morell, geb. 1939 in Kassel, lebt seit 1964 in Worpswede. 1954-57 kaufmännische Lehre in Kassel, 1958 Studium an der Werkkunstschule in Kassel; von 1960-63 kaufmännische Tätigkeit in Bremen. Veröffentlichungen von Lyrik- und Erzählbänden und illustrierten Büchern. Zahlreiche Ausstellungen im In- und Ausland, 1977 Teilnahme an der *documenta*, 1986 Lehrauftrag an der HFBK in Bremen. Wiederholt Studienreisen ins europäische Ausland und nach Japan. Erhielt mehrere Stipendien, Kunst- und Kulturpreise.

S. 180: Signal 002755. Aus: »Tschikeung«, Eremiten-Presse 1963.
S. 180: Linolschnitt (Andruck). Aus: »Tschikeung«, a.a.O.
S. 193: Kalendergrafik 1964.

Heiko Postma, geb. 1946 in Bremerhaven, lebt in Hannover; Studium der Germanistik, Philosophie und Politik, 1975 Promotion mit einer Arbeit über Arno Schmidt; seit 1985 *horen*-Redakteur; veröffentlichte Essays zur europäischen Literatur, Glossen, Buch- und Theaterkritiken, Werkbiographien zu Jules Verne, Heinrich Albert Oppermann, Übersetzungen u.a. von Komödien von Shakespeare, Goldoni, Ludvig Holberg; Buchveröffentlichungen zuletzt u.a.: *Galerie der Detektive* (1997); *Wer irrt hier durch den Bücherwald?* (2000); *»Mit Whisky trotzen wir dem Satan« – Leben und Lieder des schottischen Barden Robert Burns* (2003 ff.). – Siehe auch *die horen*, Band 212/2003: *Vom armen Chatterton*, 217/2005: *Das andere Arkadien. Unterwegs im Universum Fantasticum*; zuletzt u.a. Band 220/2005, 225/2007, 227/2007: Über Walter E. Richartz. – Weitere wichtige Publikationen / Einzelveröffentlichungen (u.a. zu Lichtenberg, Gotthelf, Arthur Conan Doyle, Wilhelm Hauff, Wilhelm Busch, Droste-Hülshoff, die Brüder Grimm etc. sowie seine »literarische Zeitreise durch Hannover«: *»Mein Gott! Da sieht es sauber aus!«* liegen im jmb-Verlag, Jens Bolm, Hannover vor. – Siehe unter *www.heikopostma.de* – Zusammen mit Peter K. Kirchhof verantwortlich für die Auswahl der Texte zu diesem Band.

S. 5: Außer Kurs geraten? – Und dennoch Zeitgenossen! / Zu diesem Band (zusammen mit Johann P. Tammen).
S. 9: »... Dann kriegt der Mensch auf eine Wallfahrt Lust.« – Geoffrey Chaucer (1340-1400) – Dichter der »Canterbury Tales«.

Jens Prüss, geb. 1954 in Rottweil am Neckar, lebt in Düsseldorf; studierte Germanistik und Philosophie an der Heinrich-Heine-Universität Düsseldorf; seit 1979 Autor und Journalist; 1981 Uraufführung seines Theaterstücks *Bildungsreise* in Wien; Veröffentlichungen von Prosa, Essays, Kultur-, Theater- und Literaturkritiken, Hörspielen, Features und Fernsehfilmen; Buchveröffentlichungen u.a. *Die ersten 365 Tage im Leben deines Computers* (1993), zuletzt Satiren in der Anthologie *Feinschmecker + Zeitschmecker* (2006); von 1992-95 Hörspiellektor beim WDR in Köln; Glossen für *Die Zeit* und die *Süddeutsche Zeitung*, Mitarbeiter des Berliner Satire-Magazins *Eulenspiegel*; 1997 erstes Soloprogramm: *Der mit*

dem Löwensenf. – Siehe auch *die horen*, Band 177/1995.

S. 35: Gier als Lebensprogramm – Über Christian Friedrich Daniel Schubart (1739-1791) – Schmuddelkind des Sturm und Drang.

Christa Reinig, geb. 1926 in Berlin, gest. 2008 in München. Im II. Weltkrieg Fabrikarbeiterin, anschließend Trümmerfrau und Floristin. Nach Abendkursen Abitur und Studium von 1950-53 an einer Arbeiter- und Bauern-Fakultät. Bis 1957 Studium der Kunstgeschichte und Archäologie an der Humboldt-Universität zu Berlin. Wissenschaftliche Assistentin und Kustodin bis 1964 am Märkischen Museum Berlin. Erste literarische Veröffentlichungen in der DDR, Mitarbeiterin des *Eulenspiegel.* Nach Entgegennahme des Bremer Literaturpreises 1964 Wohnsitz in München. Zahlreiche Literaturpreise und Ehrengaben. Letzte Veröffentlichungen: *Sämtliche Gedichte* (1984), *Gesammelte Erzählungen* (1986), *Nobody und andere Geschichten* (1989), *Der Frosch im Glas* (1994), *Simsalabim* (1999, zus. mit Hans Ticha) und *Das Gelbe vom Himmel* (2006, zus. mit Hans Ticha).

S. 7: Verwandlung.

S. 172: Der Rächer.

Georg Ruppelt, geb. 1947 in Salzgitter; Studium der Germanistik, Geschichte und Philosophie in Göttingen, Promotion 1978; Bibliotheksdienst, Direktor der Gottfried Wilhelm Leibniz Bibliothek (Niedersächsische Landesbibliothek) in Hannover. Er veröffentlichte ca. 400 Aufsätze und Monographien zu buch- und bibliotheksgeschichtlichen, kulturpolitischen und literarhistorischen Themen sowie belletristische und journalistische Arbeiten. – Näheres siehe *die horen*, Band 217/2005.

S. 94: Der Köchin flicht die Nachwelt keine Kränze? O doch! – Die Bestsellerautorin Henriette Davidis und ihr berühmtes Kochbuch.

Thomas Schaefer, geb. 1959 in Detmold, lebt in Göttingen; Studium der Germanistik, Geschichte und Pädagogik in Göttingen und Wien; Buchhändlerlehre in Göttingen, Verlagsausbildung in München; freier Autor, Literaturkritiker und Herausgeber diverser Anthologien. – Siehe auch *die horen*; Band 224/2006: Über Guntram Vesper.

S. 201: Platz für öffentliche Unordnung – Eine Erinnerung an Günter Bruno Fuchs (1928-1977).

Albert Schindehütte, geb. 1939 in Breitenbach, lebt in Hamburg. Von 1956-59 Studium an der Werkkunstschule Kassel. 1963 Mitbegründer der *Rixdorfer Drucke* in Berlin. Illustrierte zahlreiche Bücher, Plakate. Seit 1997 arbeitet er schwerpunktmäßig in und für die Schauenburger Märchenwache in Breitenbach bei Kassel. Ausstellungen im In- und Ausland.

S. 175: Prospekt(Cover) Eremiten-Presse 1963.

S. 195: Kalendergrafik 1966.

S. 197: Kalendergrafik 1964.

Uve Schmidt, geb. 1939 in Wittenberg, lebt in Frankfurt a.M.; Oberschule in der DDR, Gymnasium in Westberlin. Grafikstudium an der HFBK Berlin. Von 1960-63 Hospitant bei V. O. Stomps in Stierstadt. Lebte von 1963-66 in München und Linz. Zwischenzeitliche Tätigkeiten in der Werbung und für grafische Ateliers, mit internationalen Auszeichnungen. Veröffentlichungen von Lyrik, Prosa, Essays, Nachdichtungen, zuletzt *Unterm Halbmond* (2003), *Kunst aus Stellung* (2005), *Credo* (2006); Herausgaben, Editionen, Drehbücher, Hörspiele und langjähriger Kolumnist.

S. 178: Guten Morgen. Aus: »Schöne Gegen mit Figuren«, Luchterhand 1965.

S. 179: Porträt V. O. Stomps, 1962.

Sibylla Schwarz (auch: Sibylle Schwartz), geb. 1621 in Greifswald, gest. 1638 in Greifswald. Wuchs als Tochter des Greifswalder Bürgermeisters Christian Schwarz auf; begann im Alter von etwa zehn Jahren, Gedichte zu schreiben, Re-

Heiko Postma bei jmb:

Von Büchern und Menschen

»Ich müßte lachen, wenn gerade die Welt unterginge...«
Über den Dicht-, Denk- und Zeichenkünstler Wilhelm Busch.
Kartoniert. 72 Seiten. ISBN 978.3.940970.01.5. 9,80 Euro

Heiko Postma gibt in diesem Buch einen Überblick über das Leben des Meisters, seine spät in Gang gekommene Karriere, seinen eminenten Erfolg beim Publikum und seinen frühen Rückzug aus der großen Öffentlichkeit. Beleuchtet wird Buschs Denken genau wie sein Malen, Zeichnen oder Dichten.

Der Unzeitgeistliche. Über Jeremias Gotthelf
Kartoniert. 60 Seiten. ISBN 978.3.940970.02.2. 9,80 Euro.

»Exzellent!«, rief ich. »Elementar«, sagte er. Über Sherlock Holmes & Dr. Watson.
Kartoniert. 76 Seiten. ISBN 978.3.940970.03.9. 9,80 Euro.

Goldene Körner in des Lesers Phantasie. Über Wilhelm Hauff
Kartoniert. 44 Seiten. ISBN 978.3.940970.04.6. 7,90 Euro.

»Als wenn der Blitz einschlüge«. Über Georg Christoph Lichtenberg
Kartoniert. 66 Seiten. ISBN 978.3.940970.05.3. 9,80 Euro

Märchenblumen und der süße Reiz der Sage. Über Ludwig Bechstein
Kartoniert. 61 Seiten. ISBN 978.3.940970.06.0. 9,80 Euro

»... dann leben sie noch heute!«. Über Jacob & Wilhelm Grimm
Kartoniert. 66 Seiten. ISBN 978.3.940970.07.7. 9,80 Euro

»Und darf nur heimlich lösen mein Haar.« Über Annette v. Droste-Hülshoff
Kartoniert. 74 Seiten. ISBN 978.3.940970.08.4. 9,80 Euro

»Spott zahl ich heim mit Spott und Stolz mit Stolz«
Über Thomas Chatterton.
Kartoniert. 62 Seiten.
ISBN 978.3.940970.09.1. 9,80 Euro

Postma zeichnet ein Porträt des jugendlichen Poeten und genialen Fälschers. Zudem stellt er eine Reihe von dessen (hierzulande kaum bekannten) Arbeiten vor – pseudo-mittelalterliche wie unverfälscht zeitgenössische.

JMB Verlag • Jens Bolm • Am Mittelfelde 1 • 30519 Hannover
Tel.: 0179 / 51 765 99 • Fax: 03212 / 51 765 99
www.jmb-verlag.de • www.heikopostma.de

flexionen der Bedrängnisse im Dreißigjährigen Krieg; erkrankte 1638 an der Ruhr und starb im Alter von 17 Jahren. – Ihre Gedichte erschienen 1650 posthum, hrsg. von ihrem Lehrer Samuel Gerlach (*Deutsche Poetische Gedichte*). Die »frühreif-genialische« Barockdichterin war so eine Zeitlang berühmt als »pommersche Sappho«, geriet aber im 18. Jahrhundert in Vergessenheit; 1980 erschien ein photomechanischer Nachdruck des 1650 erschienenen Buches, hrsg. und mit einem Nachwort von Helmut W. Ziefle. Bern / Frankfurt am Main / Las Vegas, Verlag Peter Lang. Siehe auch Helmut W. Ziefle: *Sibylle Schwarz, Leben und Werke*, Bonn 1975.

S. 4: Mein Alles ist dahin / Mein Trost in Lust und Leiden.

Rudi Schweikert, geb. 1952 in Mannheim, lebt dort als freier Autor und Lektor; Studium der Germanistik und Philosophie; Veröffentlichungen u.a.: *Germanistisches Elend*, Kritiken (1985); *Arno Schmidts Lauban* (1990); *Arno Schmidt und Sir Galahad* (1995); *Das gewandelte Lexikon* (2002); *Ihr kennt meinen Namen, Sir? Studien zur Namensgebung bei Karl May* (2006) sowie zahlr. Herausgaben, u.a.: *Kurd Lasswitz, Auf zwei Planeten* (1979/1984/1998); *Schwarze Siegel – Texte Franz Freiherr Gaudys* (1986); *Karl Mays Spuren in der Literatur* (zus. mit Hansotto Hatzig, 1987-93); *Jahrbuch der Gesellschaft der Arno-Schmidt-Leser* (1991); *Hans Wollschläger* (1995); *»Da war ich hin und weg« – Arno Schmidt als prägendes Leseerlebnis* (2004); Mithrsg. der Schriftenreihe der Ges. d. Arno-Schmidt-Leser sowie weitere Forschungen zu Sir Galahad u.a.m. – Siehe auch *die horen*, Band 178/1995, 183/1996, 191/1998.

S. 123: Tittlebat Titmouse wird wach und macht Toilette – Empfehlung eines Romans von Samuel Warren, den Arno Schmidts Daniel Pagenstecher der Lektüre nicht wert fand, und ein kurzer Vergleich mit James Joyces »Ulysses«.

Victor Otto Stomps, geb. 1897 in Krefeld, gest. 1970 in Berlin; 1901 Umzug der Familie nach Berlin, wo der Vater Direktor und Syndikus der Deutschen Bank wurde; 1915 Freiwilliger im I. Weltkrieg, 1918 Kriegsgefangenschaft in Frankreich; 1919 Studienbeginn: Jura, nach zwei Semestern Germanistik und Psychologie; 1922 München: Tätigkeit am Theater und in versch. Verlagen; 1924 Berlin: Mit Jean Gebser Betrieb einer Handpresse unter dem Namen »Die Rabenpresse«; 1926 Gründung der »Kunst- und Buchdruckerei / Verlagsanstalt Stomps und Gebser« und des Verlages »Die Rabenpresse«, 1937 aufgelöst / umgewandelt: Gründung des »Verlages Victor Otto Stomps«: 1945 als Soldat (Oberstleutnant und Regimentskommandeur) in Russland und Frankreich, 1947 Amerikanische Gefangenschaft; 1948 Lektor in Heidelberg, 1949 Gründung des Verlages »Eremiten-Presse« und der Druckerei »Stomps und Knaupp« in Frankfurt/Main, Vertreter für versch. Verlage, 1951 Auflösung der Druckerei; 1952 Verleger der Zs. *Konturen*, hrsg. von Hans Bender, 1954 Übersiedlung mit dem Verlag »Eremiten-Presse« nach Stierstadt im Taunus ins »Schloss Sanssouris«; 1965 Fontane-Preis; 1967 Ausscheiden aus dem Verlag, Übersiedlung nach Berlin, Gründung des Verlages »Neue Rabenpresse« in Berlin. – Zahllose Veröffentlichungen und Würdigungen, u.a.: *Guten Morgen VauO – ein Buch für den weißen Raben V. O. Stomps*, hrsg. von Günter Bruno Fuchs und Harry Pross, mit einem Vorwort von Hermann Kasack (Europäische Verlagsanstalt, Frankfurt/Main 1962); *Rabenpresse und Eremiten-Presse V. O. Stomps*, Ausstellungsbuch (1965); *Für St. Mops*, Gulliver-Druck aus Anlass der Verleihung des Fontane-Preises (Bad Homburg 1965); *Der streitbare Pegasus*. Ein Brevier zum 70. Geburtstag von V. O. Stomps, hrsg. von Günter Bruno Fuchs (Herbig-Verlag, Berlin 1967).

S. 170: Peter Huchel: Landschaft hinter Warschau – für V. O. Stomps.

S. 171: Saloppes S – Schiller und Stomps / Über den Verleger, Autor & »alphabetischen Fährtensucher«

Victor Otto Stomps / Ein Memorial als Spiegel der Zeit. Mit Texten und Bildern zahlr. Autoren & Künstler. – Ausgewählt und komponiert von Peter K. Kirchhof.

Sibille Tröml, geb. 1965 in Plauen / Vogtland, lebt in Leipzig; Studium an der Universität Leipzig (u.a. Germanistik, Anglistik, Amerikanistik); DAAD-Lektorin an der University of Birmingham / Großbritannien 1992-95; Hauptverantwortliche Tutorin des Master-plus-Programms *German Studies / Culture and Communication* an der Technischen Universität Dresden; Projektleiterin des *Leipziger literarischen Herbstes* 1999; seit 2000 Geschäftsführerin des Sächsischen Literaturrates e.V.; 2007 Verteidigung der Promotion an der Freien Universität Berlin. – Buchbesprechungen und Interviews in *Berliner LeseZeichen*; Besprechungen u.a. in *Zeitschrift für Germanistik, Weimarer Beiträge*; Aufsätze zu Walter Vogt und Christoph Geiser in: Romey Sabalius (Hrsg.): *Neue Perspektiven zur deutschsprachigen Literatur der Schweiz* (1997); *Literaturlandschaft Sachsen*, Handbuch (Hrsg., Leipzig 2007). Im Herbst 2009 erscheint bei Peter Lang: *Amerika als ›Zwischenlösung‹. Eine generationsspezifische Untersuchung zu Amerikabildern in der Erzählprosa von Autoren der Bundesrepublik Deutschland und der deutschsprachigen Schweiz bis 1990.*

S. 211: Der Mensch als Rätsel und Geheimnis – Jürg Federspiel (1931-2007).

Johann P. Tammen geb. 1944 in Hohenkirchen / Friesland, lebt in Bremerhaven-Weddewarden; Hrsg. der Zeitschrift für Literatur, Kunst und Kritik, *die horen* und der »edition *die horen*« mit Beiträgen zur europäischen Poesie. Zahhlr. Veröffentlichungen, zuletzt erschien das Künstlerbuch *Sags dem Meer* mit Widmungsgedichten und –texten aus vierzig Jahren. Mit Farbholzschnitten von Lothar Seruset (Witzwort 2009).

S. 4: Außer Kurs geraten? – Und dennoch Zeitgenossen! – Zu diesem Band (zus. mit Heiko Postma).

Johannes Vennekamp, geb. 1935 in Istanbul, lebt in Landsatz an der Elbe und Berlin. 1963 Mitbegründer *der Rixdorfer Drucke*. 1970 Preisträger der Biennale Krakau. Zahlreiche illustrierte Bücher und Mappenwerke, Ausstellungen im In- und Ausland.

S. 189: Kalendergrafik 1964.

S. 196: Kalendergrafik 1964.

Guntram Vesper, geb. 1941 in Frohburg/Sachsen, lebt in Göttingen. Kam 1957 über West-Berlin in die Bundesrepublik. War Hilfsarbeiter, Heimschüler und Student. Zahlreiche Veröffentlichungen von Gedichten und Prosa seit 1964 (Debüt mit dem Gedichtband *Fahrplan* bei V. O. Stomps in der Stierstädter Eremiten-Presse). Wurde 1985 zum Mitglied der Deutschen Akademie für Sprache und Dichtung, 1990 zum Mitglied der Akademie der Wissenschaften und der Literatur in Mainz gewählt. Erhielt mehrere Kunst- und Kulturpreise; Peter-Huchel-Preis 1985, Gastprofessuren in Essen und Mainz. Jüngste Veröffentlichung: *Bullenbuch und Mordgeschichte. Frohburger Schreibversuche* (2008). – Siehe auch *die horen*, Band 224/2006: Thomas Schaefer über G. V.: *Aus dem tiefen Innern des Landes – Eine Lanze für Guntram Vesper.*

S. 175: rückkehrer. Aus: »Kleines Lyrik-Alphabet«, Eremiten-Presse 1963.

S. 181: Stomps in Gießen – Eine Erzählung.

Arno Waldschmidt, geb. 1936 in Kassel, lebt in Gifkendorf und Berlin. Lehre als Schaufenstergestalter; Studium der Gebrauchsgrafik an der Kasseler Werkkunstschule; gründete 1961 zusammen mit Ch. Chruxin, D. Lübeck, F. Werner und A. Schindehütte die Künstlergruppe »situationen 60«. Rief – nach dem Umzug nach Berlin – 1963 zus. mit Günter Bruno Fuchs, Johannes Vennekamp, Uwe Bremer und Albert Schindehütte die Werkstatt *Rixdorfer Drucke* ins Leben. Zahlreiche Plakate, Flugblätter, Buchprojekte, Ausstellungen im In- und Ausland.

S. 181: Porträt V. O. Stomps. Holzschnitt, Corvinus-Presse 2008.

S. 192: Kalendergrafik 1966.

Kolophon

Quellen & Hinweise

Zur Illustration des Beitrages von Jürgen Heizmann über Johann Peter Hebel haben wir ein Motiv (Ausschnitt) von Heinrich Reichelt einbezogen (Seite 82), das wir dem Band *Logis in einem Landhaus* von W. G. Sebald entnommen haben (Fischer TB 14862, Fischer Taschenbuch Verlag GmbH, Frankfurt am Main 2000). – Frans Masareels großartige Illustrationen zum »Ulenspiegel« (Seite 132, 137 + 140) stammen aus der dtv Dünndruck-Ausgabe *Charles de Coster – Thyl Ulenspiegel* (dtv 2010, Deutscher Taschenbuch Verlag GmbH & Co. KG, München 1976). – Fotos und ein Brief-Faksimile zu Georg Oswald Cotts Beitrag über Werner Kraft (Seite 151, 157 + 161) entnahmen wir dem *Marbacher Magazin 75/1996* zu Werner Kraft (1896-1991), bearbeitet von Jörg Drews (© Deutsche Schillergesellschaft, Marbach am Neckar 1996) – mit freundlicher Genehmigung des Werner-Kraft-Archivs sowie aus *Werner Kraft (1896-1991) Bibliothekar und Schriftsteller*. Aus: Kleine Schriften der Niedersächsischen Landesbibliothek, bearbeitet von Ulrich Breden, Hannover 1992 (Seite 142). – Bernhard Jägers Illustration (Ausschnitt) auf unserem *horen*-Cover dieser Ausgabe basiert auf einer Original-Flachdruck-Grafik für den Band *Victor Otto Stomps: Die Fabel Honigmund*, bebildert von Bernhard Jäger, mit einem Vorwort von Harry Pross und einem Nachwort von Uve Schmidt, erschienen im Merlin Verlag, Andreas Meyer VerlagsGmbH & Co KG, Gifkendorf 1984. – Weiterhin von der *horen*-Redaktion hinzugezogen wurden für die Komplettierung des Stomps-Memorials in diesem Band u.a. *VauO Stomps: Fabel vom Bahndamm*, mit Holzschnitten von Günter Bruno Fuchs & Albert Schindehütte, herausgegeben von Hans Bender, im Verlag der Eremiten-Presse, Düsseldorf 1977 sowie *guten morgen vauo – ein buch für den weißen raben v. o. stomps*, herausgegeben von Günter Bruno Fuchs & Harry Pross, Vorwort: Hermann Kasack, Europäische Verlagsanstalt, Frankfurt am Main 1962. – Günter Bruno Fuchs` Holzschnitt *Müßiggänger* entnahmen wir dem Katalog *Günter Bruno Fuchs: zinke * Berlin 1959-1962 (Anlauf * Fuchs * Schnell)*, herausgegeben vom Künstlerhaus Bethanien, Berlin 1979; daraus auch das Porträtfoto von Günter Bruno Fuchs, dessen Autorschaft im vorgenannten Katalog leider nicht fixiert ist. Günter Bruno Fuchs zu Ehren sollte es hier aber nicht fehlen.

Wir danken!

Wir danken allen beteiligten Autorinnen und Autoren, deren Verlagen und anderen Rechte-Inhabern, aus deren Fundus wir diesen *horen*-Band textlich und illustrativ grundieren und leserfreundlich ausgestalten konnten. Da, wo wir im Zuge unserer Recherchen zwar auf sinnreich einzubeziehendes Material, nicht aber auf hinreichend copyright-klärende Anhalte stießen, bitten wir im Nachhinein um relevante Hinweise auf Rechte, die noch abzugelten wären. – Für wertvolle Tipps und Vermittlung von Bildern, Fotos und Dokumenten danken wir Georg Oswald Cott, Piet Hooksma, Jens Prüss, Jo-Hanns Thomsen und Sibille Tröml. – Bernhard Jäger sagen wir Dank für seine Zustimmung zur Verwendung seiner Stomps-Illustration für unser diesmaliges Cover.

Verlag + Redaktion *die horen*

www.die-horen.de

Unverhoffte Himmel / Zeitgenössische makedonische Poesie. Herausgegeben von Norbert Randow & Johann P. Tammen.
ISBN 978-3-89701-987-6.
172 Seiten, 18,-- Euro.

Ausgewählte Gedichte von Michail Rendžov, Radovan Pavlovski, Bogomil Gjuzel, Eftim Kletnikov, Simjon Simev, Katica Kjulavkova, Liljana Dirjan, Vera Čejkovska, Jordan Danilovski & Saša Gigov Giš. – Nachdichtungen von Annemarie Bostroem, Stefan Döring, Ulrike Draesner, Elke Erb, Kerstin Hensel, Uwe Herms, Gregor Laschen, Richard Pietraß, Brigitte Struzyk, Johann P. Tammen und Ernest Wichner. – Mit einem Vorwort von Norbert Randow und Bildern von Jovan Balov.

Königs Schiffe vor Eden – 15 Jahre »Poesie der Nachbarn – Dichter übersetzen Dichter« / Bilder und Reflexionen. Herausgegeben von Gregor Laschen.
ISBN 978-3-89701-986-8.
180 Seiten, 18,– Euro.

Eine Dokumentation. Mit Fotos von Ingo Wilhelm, Isolde Ohlbaum, Paul van Schie, Anita Schiffer-Fuchs u.v.a.m. – Mit einem Vorsatz von Gregor Laschen und poetologischen Texten vieler der in 15 Jahren am Projekt beteiligten Autoren. – »Diese zwischen den Literaturen vermittelnde Werkstatt hat sich wahrlich bewährt.«

Walter Hinck / FAZ

Atmen lang von Babel her / Poesie aus Griechenland. Herausgegeben von Gregor Laschen.
ISBN 978-3-89701-985-X.
208 Seiten, 13,-- Euro.

Gedichte von Katerina Angelaki-Rooke, Stratis Paschalis, Maria Kyrtzaki, Maria Topali, Mimis Souliotis und Charis Vlavianos – Nachdichtungen von Róža Domašcyna, Gerhard Falkner, Dorothea Grünzweig, Rolf Haufs, Gregor Laschen und Johann P. Tammen. – Mit einem Nachwort von Torsten Israel und neun Bildern von Hans Arp.

»POESIE DER NACHBARN – DICHTER ÜBERSETZEN DICHTER.«

Eine literarische Reihe ausgewählter Gedichte der europäischen Moderne.

Die bibliophile Quadratbuchreihe. Zweisprachig, illustriert, kommentiert und mit bio-bibliographischen Daten der beteiligten Dichter und Nachdichter.

»Poesie Vis-à-vis« – Blicke zum Nachbarn.

» Es ist eine Lust, in diesen Büchern zu lesen, die zweisprachig und in exzellenter Aufmachung einen wahren Vorschein spiegeln vom europäischen Traum der Gemeinsamkeiten. «

LUDWIG HARIG / SÜDDEUTSCHE ZEITUNG

» Mal wieder so ein Abend querdurch, so ein Wühl und Planschabend. Bücherbadetag. Allein die Alben der ›edition die horen‹, herausgegeben von Gregor Laschen: Zweisprachig natürlich ... Gott erhalt's! «

BENEDIKT ERENZ / DIE ZEIT

„Dieses Schattenspiel macht den Kern der Tierbilder von Peter K. Kirchhof aus. Er lässt sie nicht los, wie man Bestien loslässt, um den Schrecken zu bannen. Er entlässt uns in die Welt seiner erfundenen Geschöpfe, und er lässt uns dabei wissen, dass es nicht die seinen sind, sondern auch Wesen aus den Kammern unserer Vorstellungskraft..."

Gerald Sammet

Peter K. Kirchhof „animals"
Katalog mit 32 Seiten und
über 30 Farbabbildungen,
Format 21 cm x 21 cm
Text von Gerald Sammet

Direktbezug € 10,–plus € 2 Versand über Peter K. Kirchhof, Hansaallee 165, 40549 Düsseldorf oder E-Mail: peter.k.kirchhof@hotmail.de

„animals" auf www.peter-k-kirchhof.de

»Lesen als Entdeckungsreise.«

Als ein »Glück für alle Menschen« bezeichnet es der Dichter Jorge Luis Borges, daß es Island gibt, die »geheime Insel«, das Land »des großen konkaven Gedächtnisses, das keine Sehnsucht ist«. Und er rührt damit vor allem an dem Natur-, Geschichts- und Geistort Island, dem es gelungen sei, seine »erloschene Mythologie« zu erretten.

»Wortlaut Island«, dieses Lesebuch zur isländischen Gegenwartsliteratur, will aber auch mehr sein als ein Bündel poetischer Reminiszenzen, weniger Rückblick als Gegenwartsdurchmessung – ein Spiegel der Zeit und des sich vollziehenden Wandels.

Island, das wird hier augenblicklich deutlich, ist keine Insel fernab, sondern ein Mittelpunktsort unserer Zeit und Welt.

Mehr als siebzig Autoren, Lyriker und Erzähler, von der Generation der »Atomdichter«, den großen Modernisierern der isländischen Poesie, bis hin zu den jüngst erst Reüssierten, in Island aber längst auch populären Nachfahren einer mehr als tausendjährigen weltweit unvergleichlichen Literaturtradition, bilden hier den Chor der Stimmen, die den »Wortlaut Island« orchestrieren.

Eine imponierende Vielheit poetischen Sprechens und ein Kaleidoskop der Wahrnehmungen, aufgesogen in einem inselhaften, von vielfältigen Umbrüchen gezeichneten Kosmos, der uns so nah – und doch immer noch fremd ist.

»Es ist nicht ein beliebiges Irgend etwas, das isländische Dichter rühmen, es ist das Singen selbst, das Bannen, das Beschwören ...«

Ludwig Harig / Süddeutsche Zeitung

Wortlaut Island. Isländische Gegenwartsliteratur. Herausgegeben von Franz Gíslason, Sigurður A. Magnússon und Wolfgang Schiffer. – Mit Bildern von Bernd Koberling. – Paperback / 344 Seiten, 19,50 Euro. ISBN 978-3-89701-570-8.

edition **die horen** im Wirtschaftsverlag NW Verlag für neue Wissenschaft GmbH, Postfach 10 11 10, D-27511 Bremerhaven. Telefon 04 71/9 45 44 61, Telefax 04 71/9 45 44 88.
E-Mail: vertrieb@nw-verlag.de

edition
die horen
DAS *FREMDE* LESEN!

»EIN MELANCHOLISCH SKEPTISCHER GESANG, DER DAS LEBEN BESCHWÖRT GEGEN DAS LAMENTO DER STEINE.«

Wend Kässens

Johann P. Tammen – Rezitation
Vitold Rek – Kontrabaß
Susanna Risch – Sopran / Rezitation

TASO MUSIC PRODUCTION
SUNNY MOON – IMP CD 401
65 Min., 18,– Euro

Über lange Zeit hat VITOLD REK, »ein großer Musiker auf der europäischen Bühne des Jazz« (Jazz Times, USA), gerühmt als »derzeit kultiviertester Spieler seines Instruments« (Ulrich Olshausen, FAZ), sein Baßspiel auf die Wortmusik des Lyrikers JOHANN P. TAMMEN einschwingen lassen: »Bereits Anfang der neunziger Jahre begann die Zusammenarbeit von Lyriker und Musiker«, notierte Peter Niklas Wilson im Begleitheft zum Poesie & Musik-Album »Die Erde, das singende Brot«: »Ein dichtes Beziehungsgeflecht der Töne ist daraus gewachsen, eine innige Symbiose, die schlichte Musikuntermalung oder banale Illustration gesprochenen Worts transzendiert. – Man hört einfach Wort, Wortmusik, Musik.« Vitold Reks Instrument, der Baß, ist hier zu erleben »als Klangskulptur: Mannigfaltig ergänzen sich die klanglichen Ebenen in dieser dichten Stunde. Mal liefert der Kontrabaß nur kleine akustische Vignetten zwischen den Gedichten, mal alternieren Rezitation und Kontrabaß-Rezitativ im Laufe eines Poems, mal stehen reiner Text, reine Musik hintereinander, mal wird der Text durch die Vertonung für Sopran und Kontrabaß besonders tief in die Musik hineingesogen, wobei SUSANNA RISCHs kongeniale Interpretation dem Wort-Musik-Gespann eine weitere Dimension hinzufügt.«

»Erdig, nach Meer, Salz und Tabak duften und schmecken die Gedichte von Johann P. Tammen.«

Ernest Wichner

edition **die horen**

im **Wirtschaftsverlag NW Verlag für neue Wissenschaft GmbH**
Postfach 10 11 10, 27511 Bremerhaven
Telefon (04 71) 9 45 44 61, Telefax (04 71) 9 45 44 88
Email: vertrieb@nw-verlag.de